超人气网店设计素材展示

396个
关联多图推荐格子模板

330个
精美店招模板

660款
设计精品水印图案

2000款
漂亮店铺装修素材

大型多媒体教学光盘精彩内容展示

一、丰富实用的教学视频教程

（一）赠送超值实用的视频教程

1. 5 小时手把手教您装修出品质店铺的视频教程
2. 15 个网店宝贝优化必备技能视频教程
3. 造成爆款视频教程
4. 5 小时与书同步的淘宝、天猫、微店开店与运营视频教程

（二）部分视频内容目录展示

1. 15 个网店宝贝优化必备技能视频教程目录

- 技能 01：调整倾斜的照片并突出主体
- 技能 02：去除多余对象
- 技能 03：宝贝图片照片降噪处理
- 技能 04：宝贝图片照片清晰度处理
- 技能 05：珠宝模特美白处理
- 技能 06：衣服模特上妆处理
- 技能 07：模特人物身材处理
- 技能 08：虚化宝贝的背景
- 技能 09：更换宝贝图片的背景
- 技能 10：宝贝图片的偏色处理
- 技能 11：修复偏暗的宝贝图片
- 技能 12：修复过曝的宝贝图片
- 技能 13：修复逆光的宝贝图片
- 技能 14：添加宣传水印效果
- 技能 15：宝贝场景展示合成

2. 手把手教你把新品打造成爆款视频教程目录

（1）爆款产品内功
- ¤ 爆款产品之选款
- ¤ 爆款产品之拍照
- ¤ 爆款产品之详情

（2）爆款基本功
- ¤ 爆款基本功之标题设置
- ¤ 爆款基本功之产品上架
- ¤ 爆款基本功之橱窗推荐
- ¤ 爆款基本功之基础销量

（3）爆款流量武器
- ¤ 活动获取流量
- ¤ 淘宝客获取流量
- ¤ 直通车获取流量

（4）爆款转化全店盈利
- ¤ 关联销售产品
- ¤ 爆款复购提升及后备爆款培养

（5）爆款案例分析

二、超值实用的电子书

（一）新手开店快速促成交易的 10 种技能

- 技能 01：及时回复买家站内信
- 技能 02：通过千牛聊天软件热情地和买家交流
- 技能 03：设置自动回复，不让客户久等
- 技能 04：使用快捷短语，迅速回复客户
- 技能 05：使用移动千牛，随时随地谈生意
- 技能 06：保存聊天记录做好跟踪服务
- 技能 07：巧用千牛表情拉近与买家的距离
- 技能 08：使用电话联系买家及时跟踪交流
- 技能 09：与买家交流时应该注意的禁忌
- 技能 10：不同类型客户的不同交流技巧

（二）不要让差评毁了你的店铺——应对差评的 10 种方案

主题一：中差评产生的原因及对店铺的影响
1. 中差评产生的原因
2. 中差评对店铺的影响

主题二：应对差评的 10 种方案

- 方案一：顾客没有问题——谦卑心态、积极应对
- 方案二：对症下药——根据问题根源来针对处理
- 方案三：拖沓不得——处理中差评要有时效性
- 方案四：适当安抚——对情绪激动的顾客给予适当安抚
- 方案五：客服处理——客服处理中差评的方法流程
- 方案六：主动防御——运营严丝密缝，不留漏洞
- 方案七：留存证据，自我保护——应对恶意中差评
- 方案八：中差评转化推广——通过回评把差评转化为推广机会
- 方案九：产品是商业之本——重视产品品质、描述一致
- 方案十：有诺必践——承诺一定要兑现

主题三：常见中差评问题处理及客服沟通技巧
1. 常见中差评问题处理技巧
2. 中差评处理中，客服常用沟通技巧

（三）你不能不知道的 100 个卖家经验与盈利技巧

1. 新手卖家开店认知与准备技巧

- 技巧 01：网店店主要具备的基本能力
- 技巧 02：个人开淘宝店要充当的角色
- 技巧 03：为店铺做好市场定位准备
- 技巧 04：新手开店产品的选择技巧
- 技巧 05：主打宝贝的市场需求调查
- 技巧 06：网店进货如何让利润最大化
- 技巧 07：新手开店的进货技巧
- 技巧 08：新手代销产品注意事项与技巧
- 技巧 09：掌握网上开店的流程
- 技巧 10：给网店取一个有卖点的名字

2. 网店宝贝图片拍摄与优化相关技巧

- 技巧 11：店铺宝贝图片的标准
- 技巧 12：注意商品细节的拍摄
- 技巧 13：利用自然光的拍摄技巧
- 技巧 14：不同商品拍摄时的用光技巧
- 技巧 15：新手拍照易犯的用光错误

    技巧 16：用手机拍摄商品的技巧
    技巧 17：服饰拍摄时的搭配技巧
    技巧 18：裤子拍摄时的摆放技巧
    技巧 19：宝贝图片美化的技巧与注意事项
  3. 网店装修的相关技巧
    技巧 20：做好店铺装修的前期准备
    技巧 21：新手装修店铺的注意事项
    技巧 22：店铺装修的误区
    技巧 23：设计一个出色的店招
    技巧 24：把握好店铺的风格样式
    技巧 25：添加店铺的收藏功能
    技巧 26：做好宝贝的分类设计
    技巧 27：做好店铺的公告栏设计
    技巧 28：设置好广告模板
    技巧 29：增加店铺的导航分类
    技巧 30：做好宝贝推荐
    技巧 31：设置好宝贝排行榜
    技巧 32：设置好淘宝客服
  4. 宝贝产品的标题优化与定价技巧
    技巧 33：宝贝标题的完整结构
    技巧 34：宝贝标题命名原则
    技巧 35：标题关键词的优化技巧
    技巧 36：如何在标题中突出卖点
    技巧 37：寻找更多关键词的方法
    技巧 38：撰写商品描述的方法
    技巧 39：写好宝贝描述提升销售转化率
    技巧 40：认清影响宝贝排名的因素
    技巧 41：商品发布的技巧
    技巧 42：巧妙安排宝贝的发布时间
    技巧 43：商品定价必须考虑的要素
    技巧 44：商品定价的基本方法
    技巧 45：商品高价定位与低价定位法则
    技巧 46：抓住消费心理原则巧用数字定价
  5. 网店营销推广的基本技巧
    技巧 47：加入免费试用
    技巧 48：参加淘金币营销
    技巧 49：加入天天特价
    技巧 50：加入供销平台
    技巧 51：加入限时促销
    技巧 52：使用宝贝搭配套餐促销
    技巧 53：使用店铺红包促销
    技巧 54：使用彩票拉熟方式促销
    技巧 55：设置店铺 VIP 进行会员促销
    技巧 56：运用信用评价做免费广告
    技巧 57：加入网商联盟共享店铺流量
    技巧 58：善加利用店铺优惠券
    技巧 59：在淘宝论坛中宣传推广店铺
    技巧 60：向各大搜索引擎提交店铺网址
    技巧 61：让搜索引擎快速收录店铺网址
    技巧 62：使用淘帮派推广

    技巧 63：利用淘帮派卖疯主打产品
    技巧 64：利用 QQ 软件推广店铺
    技巧 65：利用微博进行推广
    技巧 66：利用微信进行推广
    技巧 67：微信朋友圈的营销技巧
    技巧 68：利用百度进行免费推广
    技巧 69：店铺推广中的八大误区
  6. 直通车推广的应用技巧
    技巧 70：什么是淘宝直通车推广
    技巧 71：直通车推广的功能和优势
    技巧 72：直通车广告商品的展示位置
    技巧 73：直通车中的淘宝类目推广
    技巧 74：直通车中的淘宝搜索推广
    技巧 75：直通车定向推广
    技巧 76：直通车店铺推广
    技巧 77：直通车站外推广
    技巧 78：直通车活动推广
    技巧 79：直通车无线端推广
    技巧 80：让宝贝加入淘宝直通车
    技巧 81：新建直通车推广计划
    技巧 82：分配直通车推广计划
    技巧 83：在直通车中正式推广新宝贝
    技巧 84：直通车中管理推广中的宝贝
    技巧 85：修改与设置推广计划
    技巧 86：提升直通车推广效果的技巧
  7. 钻展位推广的应用技巧
    技巧 87：钻石展位推广的特点
    技巧 88：钻石展位推广的相关规则
    技巧 89：钻石展位推广的黄金位置
    技巧 90：决定钻石展位效果好坏的因素
    技巧 91：用少量的钱购买最合适的钻石展位
    技巧 92：用钻石展位打造爆款
  8. 淘宝客推广的应用技巧
    技巧 93：做好淘宝客推广的黄金法则
    技巧 94：主动寻找淘宝客帮助自己推广
    技巧 95：通过店铺活动推广自己吸引淘客
    技巧 96：通过社区活动增加曝光率
    技巧 97：挖掘更多新手淘宝客
    技巧 98：从 SNS 社会化媒体中寻觅淘宝客
    技巧 99：让自己的商品加入导购类站点
    技巧 100：通过 QQ 结交更多淘宝客

三、超人气的网店装修与设计素材库

- 28 款详情页设计与描述模板（PSD 分层文件）
- 46 款搭配销售套餐模板
- 162 款秒杀团购模板
- 200 套首页装修模板
- 396 个关联多图推荐格子模板
- 330 个精美店招模板
- 660 款设计精品水印图案
- 2000 款漂亮店铺装修素材

四、PPT 课件

　　本书还提供了较为方便的 PPT 课件，以便教师教学使用。

淘宝、天猫微店

开店、装修、运营与推广

从入门到精通

凤凰高新教育 ◎ 编著

北京大学出版社
PEKING UNIVERSITY PRESS

内容提要

本书全面、系统地讲解了淘宝、天猫、微店三大网店的开店、装修、运营、管理、营销与推广的相关方法和技巧，旨在帮助没有开网店但想开网店创业的新手学到经验，避免走弯路，以及帮助已有网店但经营效果不理想、赚不了钱的店主快速改变经营思路、策略与方法，救活店铺并实现赢利。

全书分为3篇，总共14章内容。第1篇为淘宝开店篇（第1章～第5章）。系统地讲解了淘宝开店与经营的相关知识，内容包括淘宝网注册并申请开店、淘宝店铺的商品发布与开张营业、淘宝店铺商品的经营与管理、网店商品的拍摄与店铺装修、淘宝店铺的营销宣传与推广。第2篇为天猫开店篇（第6章～第10章）。系统地讲解了天猫开店的相关知识，内容包括天猫商城入驻条件与申请开店、天猫店铺后台的高效管理、天猫店铺的商品交易与管理、天猫店铺的装修与设计、天猫店铺的营销与推广。第3篇为微店经营篇（第11章～第14章）。介绍了经营微店的相关知识，内容包括注册与使用微信公众号、开通微店及微店的装修、微店商品的管理与营销推广、微店的售后、包装、物流服务。

本书不仅适合广大毕业生、在校大学生、初创业者、兼职寻求者、自由职业者，也适合有产品、有门店想扩大销售渠道的商家与个体老板学习参考，还可作为各类院校或培训机构电子商务相关专业的教材参考用书。

图书在版编目（CIP）数据

淘宝、天猫、微店开店、装修、运营与推广从入门到精通 / 凤凰高新教育编著. —北京：北京大学出版社，2017.8

ISBN 978-7-301-28377-6

Ⅰ.①淘… Ⅱ.①凤… Ⅲ.①网店 – 运营管理 Ⅳ.① F713.365.2

中国版本图书馆 CIP 数据核字（2017）第 128368 号

书 名	淘宝、天猫、微店开店、装修、运营与推广从入门到精通 TAOBAO、TIANMAO、WEIDIANKAIDIAN、ZHUANGXIU、YUNYINGYUTUIGUANGCONGRUMENDAOJINGTONG
著作责任者	凤凰高新教育 编著
责任编辑	尹 毅
标准书号	ISBN 978-7-301-28377-6
出版发行	北京大学出版社
地 址	北京市海淀区成府路 205 号　100871
网 址	http://www.pup.cn　新浪微博：@北京大学出版社
电子信箱	pup7@pup.cn
电 话	邮购部 62752015　发行部 62750672　编辑部 62580653
印 刷 者	三河市博文印刷有限公司
经 销 者	新华书店
	787 毫米 ×1092 毫米　16 开本　印张 20.75　彩插 2　529 千字 2017 年 8 月第 1 版　2020 年 7 月第 3 次印刷
印 数	5501—7000 册
定 价	49.00 元

版权所有，侵权必究

举报电话：010-62752024　电子信箱：fd@pup.pku.edu.cn

图书如有印装质量问题，请与出版部联系。电话：010-62756370

Preface 序言

"电子商务"开创了全球性的商业革命,带动商业步入了数字信息经济时代。近年来我国电子商务发展迅猛,不仅创造了新的消费需求,引发了新的投资热潮,开辟了新的就业增收渠道,为"大众创业、万众创新"提供了新空间,同时加速与制造业融合,推动服务业转型升级,催生新兴业态,成为提供公共产品、公共服务的新力量,成为经济发展新的原动力。

商务部、中央网信办、发展改革委三部门联合发布的《电子商务"十三五"发展规划》中,预计到2020年将实现电子商务交易额超过40万亿元,同比"十二五"末翻一番,网络零售额达到10万亿元左右。电子商务正以迅雷不及掩耳之势,进入到百姓生活的方方面面,可以说,电子商务已经成为网络经济中发展最快、最具潜力的新兴产业,而且是一个技术含量高,变化更新快的行业,要做好电子商务产业,应认清行业的发展趋势,快速转变思路,顺应行业的变化。电商行业的发展呈现了以下5个较为鲜明的发展趋势。

移动购物。2016年天猫"双十一"全天交易总额为1207亿元,其中手机端贡献了81.87%的占比,这是阿里巴巴举办"双十一"8年来的最高交易额,比2015年全天交易额的912亿元、手机端贡献的68%,有了大幅度增长。随着智能终端和移动互联网的快速发展,移动购物的便利性越来越突出。在主流电商平台的大力推动下,消费者对于通过移动端购物的接受程度也大大增加,用户移动购物习惯已经养成。无线购物正在迅猛地发展,21世纪不仅仅是PC端网购的时代,更是手机端网购的新时代。

电子商务向三、四、五线城市及农村电商渗透。如果说前10年是电子商务的起步和发展阶段,一、二线城市享受着电子商务带来的产业升级变化和大众的生活便利,那么,后10年会是三、四、五线城市,以及农村电商发展的黄金时期。随着国家政策的大力扶持,以及交通运输、网络物流的改善,电商正在逐渐渗透到三、四、五线城市及农村电商市场。

社交购物。社交购物的模式大家一定不陌生,在我们的社交平台上已经充斥着各种各样的电商广告,同时通过亲人、朋友等向我们推荐,作为我们的购物参考。社交购物可以让大家在社交网络上更加精准地营销,更个性化地为顾客服务。

大数据的应用。大家知道如果以电子商务的盈利模式逐渐作为一个升级。最低级的盈利是靠商品的差价。往上一点的是为供应商商品做营销,做到返点。再往上一点的盈利是靠平台,通过流量、顾客,然后收取平台使用费和佣金提高自己的盈利能力。再往上一点是金融能力,也就是说为我们的供应商、商家提供各种各样的金融服务得到的能力。而在电子商务迅猛发展的今天,我们要通过电子商务顾客大量的行为数据,分析和利用这个大数据所产生的价值,这个能力是当前电子商务盈利的最高层次。

精准化营销和个性化服务。这个需求大家都有,都希望网站为我而设,希望所有为我推荐的刚好是我要的,所以以后的营销不再是大众化营销,而是精准化营销。而这个趋势也是基于数据应用来实现的,通过数据的分析为顾客提供个性化的营销和服务。

然而,随着我国电子商务的急剧发展,互联网用户正以每年100%的速度递增,电子商务人才严重短缺,预计我国在未来10年大约需要200万名电子商务专业人才,人才缺口相当惊人。行业的快速发展与人才供应不足的矛盾,形成电子商务领域巨大的人才真空。从社会调查实践来看,大量中小企业正在采用传统经济与网络经济相结合的方式生产经营,对电子商务人才的需求日益增加。

面对市场对电子商务人才的迫切需求,人才的培养已得到普遍重视,国内很多大学及职业院校都已开设了电子商务专业,力争在第一时间将符合需求的专业人才推向市场。目前市场上关于电子商务的图书很多,但很多图书内容时效性差、技术更新落后、理论多于实际操作。北京大学出版社出版的这套电子商务教程,结合了当前几大主要电商运营平台(淘宝、天猫、微店三大平台),并针对电商运营中重要的岗位(如网店美工、网店运营推广)和热点技术(如手机淘宝、大数据分析、爆款打造)等,进行了全面的剖析和系统的讲解。我相信这套教程是中国电子商务人才培养、产业发展创新的有效补充,能为电商企业、个体创业者、电商从业者带来实实在在的帮助。互联网的发展很快,电商的发展更是如此,相信电商从业者顺应时代发展,加强学习,一定能做出自己更大的成绩。

中国电子商务协会副会长
李一杨

Foreword 前言

◇ 致读者

随着网上购物的推广和普及，网上开店已经成为许多人实现创业梦想的捷径。目前，网上开店不仅成为一种时尚，更成为一些人的主业。电子商务正以迅雷不及掩耳之势，走进百姓生活的方方面面。可以说，网络经济已经成为当今发展最快、最具潜力的新兴产业。

目前，电子商务已经成为推动中国经济发展的一项重要产业，国家已在多领域、多层面推动和促进互联网电子商务产业的发展。而淘宝、天猫是目前最具有代表性，也最具优势的电商创业平台，每年踊跃加入淘宝、天猫创业的新人络绎不绝！

微商，是继阿里巴巴、淘宝、天猫之后，移动互联网时代最先进的电子商务模式。从2013年的诞生，到2014年的快速发展，再到2015年的微商创业大爆发，目前，超过6亿部智能手机用户的广阔市场，为微商创业者提供了巨大的商业发展空间，微商已成为当下很多普通创业者的创业与致富之路。

电子商务的高速发展，网店卖方市场竞争越来越激烈，卖家，如果没有专业运营管理知识以及有效的营销推广，将很难和先前开店已经做大的卖家竞争。

本书就此问题给大家带来了福音。本书作者作为较早的一批淘宝卖家，先后在淘宝、天猫、微店开设了自己的店铺，总结了大量淘宝、天猫、微店开店、装修、管理与推广的方法。帮助没有开网店但想开网店创业的新手学到经验，避免走弯路，以及帮助已有网店但经营效果不理想，赚不了钱的店主快速改变经营思路、策略与方法，救活店铺并实现赢利。

本书作者也经历过痛苦、迷茫，有过想放弃的念头，但最终因为坚持而收获了快乐，收获了自信，也收获了成功。写这本书，是希望给准备踏上或者已经踏上这条艰苦之路的朋友们一些实用的、有效的操作方法和经验。

◆ 本书内容

全书按照"淘宝开店经营与管理→天猫开店经营与管理→微店经营与管理"为写作线索,分为3篇,总共14章内容。

第1篇为淘宝开店篇(第1章~第5章)系统地讲解了淘宝开店与经营的相关知识,内容包括淘宝网注册并申请开店、淘宝店铺的商品发布与开张营业、淘宝店铺商品的经营与管理、网店商品的拍摄与店铺装修、淘宝店铺的营销宣传与推广。

第2篇为天猫开店篇(第6章~第10章)系统地讲解了天猫开店的相关知识,内容包括天猫商城入驻条件与申请开店、天猫店铺后台的高效管理、天猫店铺的商品交易与管理、天猫店铺的装修与设计、天猫店铺的营销与推广。

第3篇为微店经营篇(第11章~第14章)介绍了经营微店的相关知识,内容包括注册与使用微信公众号、开通微店及微店的装修、微店商品的管理与营销推广、微店的售后、包装、物流服务。

◆ 本书特色

本书充分考虑初学开店用户实际情况,通过通俗易懂的语言、翔实生动的实例,系统完整地讲解了"淘宝开店→天猫开店→微店经营"的相关内容,具有以下特色。

● 真正"学得会,用得上"。全书围绕当前最实用、最流行的三大创业平台淘宝、天猫、微店来讲述开店的流程、经营管理及营销推广等方面的知识。在写作上照顾到初学开店者——"无基础、无经验"的实际,通过图文结合、技巧与经验结合的方式进行直观的讲述。

● 图文讲解,易学易懂。本书在讲解时,一步一图,图文对应。在操作步骤的文字讲述中分解出操作的小步骤,并在操作界面上用"①、②、③……"的形式标出操作的关键位置,有些地方还标识出操作的关键提示文字,以帮助读者快速理解和掌握。

● 案例丰富,参考性强。全书总结了14个"实用经验分享"的内容,汇总成功卖家的经验心得,吸取成功卖家的方法、策略,并将他们之所以成功的宝贵技巧加以总结和提炼,帮助读者提高开网店的成功率,以及提高网店产品的销售量,赚取更多的利润,让读者少走弯路。

◆ 超值光盘

本书配套光盘内容丰富、实用、超值,全是干货,不仅赠送有网上开店的相关视频教程,还赠送有皇冠卖家运营实战经验与技巧的相关电子书。另外,还为新手开店的卖家提供了丰富的网店装修模板,能有效帮助淘宝、天猫、微店卖家,尤其是新手卖家快速掌握网店的装修、运营、营销与推广技能。具体内容如下。

一、丰富的视频教程

（1）5小时与书同步的淘宝、天猫、微店开店与运营讲解视频

（2）5小时手把手教您装修出品质店铺的视频教程

（3）15个网店宝贝优化必备技能的视频教程

（4）手把手教你把新品打造成爆款的视频教程

二、超值实用的电子书

（1）新手开店快速促成交易的10种技能（电子书）。

（2）不要让差评毁了你的店铺——应对差评的10种方案（电子书）。

（3）你不能不知道的100个卖家经验与营利技巧（电子书）。

三、超人气网店设计素材库

- 28款详情页设计与描述模板
- 46款搭配销售套餐模板
- 162款秒杀团购模板
- 200套首页装修模板
- 396个关联多图推荐格子模板
- 330个精美店招模板
- 660款设计精品水印图案
- 2000款漂亮店铺装修素材

四、PPT课件

本书还提供了精美的PPT课件，以方便教师教学使用。

以上资源也可以关注封底"博雅读书社"微信公众号，找到"资源下载"栏目，根据提示获取。

◆ 读者群体

本书尤其适合以下类型的读者学习参考。

- 学生朋友：想兼职开网店、微店的在校学生，或即将毕业想自己创业的大学生。
- 职场白领：有着稳妥的工作，希望兼职开展副业，增加自己收入的人群。
- 商家和老板：自己有商铺或工厂，有独到的货源，想进军电商市场增加收入、扩大销售渠道的商家或个体老板。
- 电商从业人员：有自己的网店，但经营效果不理想、缺乏经营指导，想改善网店经营现状的网店卖家群体。
- 各类院校或培训机构电子商务相关专业的学生、学员。

● 商家和老板：自己有商铺或工厂，有独到的货源，想进军电商市场增加收入、扩大销售渠道的商家或个体老板。

● 电商从业人员：有自己的网店，但经营效果不理想、缺乏经营指导，想改善网店经营现状的网店卖家群体。

● 各类院校或培训机构电子商务相关专业的学生、学员。

本书由凤凰高新教育策划并组织编写。全书由开店经验丰富的网店卖家、运营经理、网店美工等人员共同参与、编写，同时也得到了众多淘宝、天猫、微店卖家及运营高手的支持，他们为本书道出了自己多年的运营实战经验，在此表示衷心的感谢。同时，由于互联网技术的飞速发展，网上开店的相关规则也在不断地变化，书中疏漏和不足之处在所难免，敬请广大读者及专家指正。

读者QQ群：586527675
读者信箱：2751801073@qq.com
投稿信箱：pup7@pup.cn

Contents 目录

第 1 篇　淘宝开店

第 1 章　淘宝网注册并申请开店

1.1　注册为淘宝会员　/2
　　1.1.1　注册电子邮箱　/2
　　1.1.2　注册淘宝会员　/3
1.2　开通支付宝账号　/6
　　1.2.1　支付宝的注册与激活　/6
　　1.2.2　支付宝实名认证　/7
1.3　认证并申请店铺　/9
1.4　成功创建店铺　/13
1.5　下载并安装淘宝助理　/14

第 2 章　淘宝店铺的商品发布与开张营业

2.1　设置好店铺信息　/18
　　2.1.1　店铺基本信息设置　/18
　　2.1.2　开通店铺二级域名　/19
2.2　准备发布商品信息　/20
　　2.2.1　店铺商品布局与样式　/20
　　2.2.2　准备商品信息与资料　/21
2.3　店铺商品的发布方法　/23
　　2.3.1　以"一口价"方式发布　/23
　　2.3.2　以"拍卖"方式发布　/26
2.4　使用淘宝助理批量发布商品　/27
　　2.4.1　创建并上传宝贝　/27
　　2.4.2　批量编辑宝贝　/29
2.5　推荐自己的优势商品　/30
　　2.5.1　商品推荐原则　/30
　　2.5.2　使用橱窗推荐　/30
　　2.5.3　使用店铺心选推荐　/31

第 3 章　淘宝店铺商品的经营与管理

3.1　优化商品命名与描述　/35
　　3.1.1　商品标题结构与组合方式　/35
　　3.1.2　选好关键词让流量暴涨　/35
　　3.1.3　撰写宝贝描述的思路　/37

　　3.1.4　撰写宝贝描述的内容及方法　/ 38
　　3.1.5　优化宝贝图片，做好视觉营销　/ 42
3.2　在线修改出售中的宝贝　/ 43
　　3.2.1　修改宝贝标题、价格、库存数量　/ 44
　　3.2.2　宝贝下架、上架的方法　/ 45
　　3.2.3　合理选对商品上架时间　/ 46
3.3　提升店铺销量的技巧　/ 47
　　3.3.1　设置限时限量促销商品　/ 47
　　3.3.2　设置评论有礼　/ 49
　　3.3.3　创建搭配套餐营销　/ 50
　　3.3.4　创建淘金币营销活动　/ 52
3.4　掌握买卖双方交易流程　/ 54
　　3.4.1　买家确认购买　/ 54
　　3.4.2　卖家修改价格　/ 55
　　3.4.3　买家确认付款　/ 55
　　3.4.4　卖家根据订单发货　/ 55
　　3.4.5　买家收货　/ 56
　　3.4.6　回复买家的评价　/ 56
3.5　理性对待买家评论　/ 57
　　3.5.1　如何对待中差评　/ 57
　　3.5.2　引导买家修改评价　/ 58
3.6　管理好店铺的收支账目　/ 58
　　3.6.1　退还买家货款及运费　/ 59
　　3.6.2　将支付宝中的销售额转入银行账户　/ 59

第4章　网店商品的拍摄与店铺装修

4.1　店铺商品的拍摄技巧　/ 63
　　4.1.1　网店商品的拍摄器材　/ 63
　　4.1.2　不同商品的拍摄技巧　/ 65
4.2　商品图片的常规优化处理　/ 67
　　4.2.1　调整图片尺寸　/ 67
　　4.2.2　替换图片背景　/ 68

　　4.2.3　优化图片色调　/ 72
　　4.2.4　为图片添加边框　/ 72
　　4.2.5　为图片添加水印　/ 74
4.3　店铺的店标与店招设计　/ 75
　　4.3.1　设计与制作静、动态店标　/ 76
　　4.3.2　将店标上传至店铺　/ 78
　　4.3.3　店招设计方法与原则　/ 79
　　4.3.4　将素材添加到图片空间　/ 80
　　4.3.5　给店铺装修好店招广告　/ 81
4.4　店铺宝贝详情页的设计与装修　/ 82
　　4.4.1　分类区图片效果设计　/ 82
　　4.4.2　添加宝贝分类　/ 83
　　4.4.3　添加自定义页面　/ 84
　　4.4.4　添加自定义链接　/ 86
4.5　制作店铺的促销广告　/ 88
　　4.5.1　制作新商品促销广告　/ 88
　　4.5.2　制作特价商品促销广告　/ 89
　　4.5.3　制作节日商品促销广告　/ 92

第5章　淘宝店铺的营销宣传与推广

5.1　店铺的免费推广　/ 99
　　5.1.1　利用微博推广　/ 99
　　5.1.2　利用搜索引擎推广　/ 99
　　5.1.3　在淘宝论坛中宣传推广　/ 100
5.2　参加淘宝官方活动推广　/ 101
　　5.2.1　报名天天特价活动　/ 101
　　5.2.2　参加淘抢购大促销活动　/ 103
　　5.2.3　加入免费试用报名活动　/ 104
5.3　店铺内部的活动促销推广　/ 105
　　5.3.1　设置店铺红包宣传与推广　/ 105
　　5.3.2　设置店铺优惠券宣传与推广　/ 106
　　5.3.3　设置店铺"满就送"宣传与推广　/107

5.4 通过淘宝客宣传与推广 / 109
　5.4.1 轻松搞定淘宝客招募 / 109
　5.4.2 达成淘宝联盟加入条件 / 110
　5.4.3 做好淘宝客推广的黄金法则 / 110
　5.4.4 主动寻找淘宝客帮助自己推广 / 111
　5.4.5 让店铺吸引更多淘宝客
　　　　推广的技巧 / 111

5.5 通过淘宝直通车宣传与推广 / 112
　5.5.1 申请加入淘宝直通车推广 / 112
　5.5.2 加入直通车的展示位置 / 113
　5.5.3 设置淘宝直通车推广计划 / 113
　5.5.4 合理设置分配推广计划 / 114
　5.5.5 选择参加直通车的宝贝 / 114
　5.5.6 设置直通车计划的投放 / 116

第 2 篇　天猫开店

第 6 章　天猫商城入驻条件与申请开店

6.1 天猫商城招商类别 / 120
　6.1.1 品牌旗舰店 / 120
　6.1.2 专卖店 / 120
　6.1.3 专营店 / 121
6.2 天猫商城招商标准 / 122
　6.2.1 了解商城入驻相关条件 / 125
　6.2.2 了解商城入驻所需材料 / 125
　6.2.3 了解入驻相关资费标准 / 133
6.3 申请入驻天猫商城 / 133
　6.3.1 企业支付宝账号的检测 / 134
　6.3.2 提交入驻资料 / 135
　6.3.3 等待天猫官方审核 / 138
　6.3.4 完善店铺信息 / 140
　6.3.5 店铺成功入驻并上线 / 141

第 7 章　天猫店铺后台的高效管理

7.1 添加店铺账户管理 / 144
　7.1.1 新建员工 / 144
　7.1.2 设置部门结构 / 145
　7.1.3 设置岗位管理 / 146
　7.1.4 客服分流 / 147
7.2 设置店铺相关信息 / 148
　7.2.1 天猫店铺的基本设置 / 148
　7.2.2 认识天猫店的名称与
　　　　LOGO 的重要性 / 149
7.3 店铺商品分类管理 / 149
　7.3.1 添加手工分类 / 149
　7.3.2 添加自动分类 / 150
7.4 店铺商品发布规则 / 152
　7.4.1 标题和类目属性 / 152
　7.4.2 各品类商品主图 / 153
　7.4.3 常用编辑方法 / 155
　7.4.4 天猫新品打标 / 157
　7.4.5 发布全新商品 / 159
7.5 宝贝编辑与下架管理 / 162
　7.5.1 编辑与修改宝贝信息 / 162
　7.5.2 宝贝下架管理 / 163

第 8 章　天猫店铺的商品交易与管理

8.1 设定交易模块显示 / 167

8.1.1 下载并安装千牛 / 167
8.1.2 添加商品交易模块 / 168
8.1.3 添加其他模块 / 169

8.2 店铺交易订单的管理 / 170
8.2.1 店铺订单的管理 / 170
8.2.2 店铺的动态评分 / 170
8.2.3 天猫发票业务的处理 / 171
8.2.4 店铺退款与售后管理 / 172

8.3 使用生意参谋实时观察店铺流量 / 172
8.3.1 正确理解各项指标及作用 / 173
8.3.2 进入生意参谋平台 / 179
8.3.3 生意参谋功能模块详解 / 180

8.4 掌握生意参谋的核心功能 / 186
8.4.1 一眼发现店铺问题 / 186
8.4.2 洞悉实时直播数据 / 187
8.4.3 店铺引流有高招 / 188

第9章 天猫店铺的装修与设计

9.1 天猫店铺的基本装修 / 191
9.1.1 确定店铺装修风格样式 / 191
9.1.2 设计店铺店招 / 192
9.1.3 店铺导航的设计 / 193
9.1.4 添加店铺收藏模块 / 194

9.2 打造宝贝爆款详情页 / 196
9.2.1 了解详情页的分类 / 196
9.2.2 认识详情页的内容组成 / 198

第10章 天猫店铺的营销与推广

10.1 提高店铺流量与访客量 / 206
10.1.1 掌握天猫店铺内免费流量的来源 / 206
10.1.2 做好天猫直通车、钻展的推广 / 207

10.2 网购盛宴，做好"双11"营销活动 / 209
10.2.1 认识"双11"的重要意义 / 209
10.2.2 透视"双11"活动的流程 / 210
10.2.3 做好"双11"活动准备 / 210
10.2.4 "双11"报名及招商规则 / 211
10.2.5 "双11"活动热身、预售 / 212
10.2.6 "双11"当天一战定胜负 / 213
10.2.7 一定做好"双11"活动的售后服务 / 213

10.3 乘胜追击，做好"双12"品牌营销 / 214

10.4 设置店铺整店商品的促销优惠活动 / 214
10.4.1 店铺"满×××送×××" / 214
10.4.2 全场打折促销活动 / 215
10.4.3 开通"蚂蚁花呗"信用支付 / 216

10.5 设置店铺部分商品的促销优惠活动 / 217
10.5.1 单品包邮、打折 / 217
10.5.2 买A产品送B产品 / 218
10.5.3 设置新品预售活动 / 220

10.6 其他店铺营销活动 / 220
10.6.1 派发店铺红包 / 220
10.6.2 使用店铺优惠券 / 221

10.7 建立店铺VIP会员制度 / 222

10.8 天猫店铺的其他推广渠道 / 225
10.8.1 参加"聚划算"团购活动 / 225
10.8.2 寻找优质分销商 / 227

第 3 篇　微店经营

第 11 章　注册与使用微信公众号

11.1　注册微信公众号　/ 230
　　11.1.1　使用邮箱注册　/ 230
　　11.1.2　设置头像　/ 233
　　11.1.3　设置微信号　/ 234
　　11.1.4　下载微信二维码　/ 235
11.2　账号安全设置　/ 236
　　11.2.1　绑定微信公众号安全助手　/ 236
　　11.2.2　开启风险操作保护　/ 238
　　11.2.3　开启风险操作提醒　/ 238
11.3　信息管理　/ 239
　　11.3.1　实时消息管理　/ 239
　　11.3.2　用户管理　/ 240
　　11.3.3　素材管理　/ 242
11.4　系统功能的使用　/ 245
　　11.4.1　群发功能　/ 245
　　11.4.2　高级功能　/ 246
11.5　微信的数据分析　/ 250
　　11.5.1　用户分析　/ 250
　　11.5.2　图文分析　/ 251
　　11.5.3　菜单分析　/ 252
　　11.5.4　消息分析　/ 252
　　11.5.5　接口分析　/ 253

第 12 章　开通微店及微店的装修

12.1　开通微店的基本操作　/ 258
　　12.1.1　注册账号　/ 258
　　12.1.2　微店的 11 个功能模块　/ 260
　　12.1.3　开通微店担保交易　/ 264
12.2　了解微店买家的支付方式　/ 265
　　12.2.1　微信支付　/ 265
　　12.2.2　支付宝支付　/ 268
　　12.2.3　网银支付　/ 269

12.3　微店的装修技巧　/ 270
　　12.3.1　微店的封面装修　/ 270
　　12.3.2　微店的店招装修　/ 271
　　12.3.3　微店的导航装修　/ 273
　　12.3.4　微店的广告装修　/ 275
　　12.3.5　微店的宝贝图片装修　/ 277

第 13 章　微店商品的管理与营销推广

13.1　微店商品的管理　/ 284
　　13.1.1　商品的添加　/ 284
　　13.1.2　快速预览商品　/ 286
　　13.1.3　做好商品分类　/ 286
　　13.1.4　一键分享商品　/ 288
13.2　微店店内的活动促销推广　/ 289
　　13.2.1　商品满减优惠　/ 289
　　13.2.2　店铺优惠券　/ 290
　　13.2.3　店铺限时折扣　/ 290
13.3　微店店外的商品推广　/ 291
　　13.3.1　利用微博进行推广宣传　/ 291
　　13.3.2　利用 QQ 进行推广宣传　/ 294
　　13.3.3　店主自主推荐　/ 297
　　13.3.4　加入分成推广　/ 299
13.4　实时查看并管理订单　/ 300
　　13.4.1　待处理订单　/ 300
　　13.4.2　已完成订单　/ 301
　　13.4.3　一键导出订单　/ 302

第 14 章　微店的售后、包装与物流

14.1　合理节约快递成本　/ 305
14.2　选择好的快递公司　/ 306
14.3　微店的售后服务　/ 306
　　14.3.1　建立微信客户档案　/ 307
　　14.3.2　重视对老买家的维护　/ 307

14.4 微店商品的包装讲究 / 308
  14.4.1 认识包装的重要性 / 308
  14.4.2 常使用的包装材料 / 308
  14.4.3 特殊商品的包装方法 / 309
  14.4.4 微店商品的包装技巧 / 312
14.5 发货方式多选择 / 313
  14.5.1 使用平邮发货更省钱 / 313
  14.5.2 使用快递发货更迅速 / 314
  14.5.3 同城交易 / 315

14.6 理性对待顾客退换货 / 315
14.7 大件商品的打包技巧 / 316
14.8 货物损坏与丢件的处理方法及预防"丢包"事件 / 316

附 录 电子商务常见专业名词解释（内容见光盘）

第1篇

淘宝开店

第1章 淘宝网注册并申请开店

本章导读	知识要点
计算机与网络技术的快速发展，成就了当前如火如荼的电子商务产业，选择网上开店，成为很多在职人员、才毕业的大学生的创业梦想，以及增加个人收入的一个机会。本章主要给读者介绍如何在淘宝网上注册、申请开店，以及店铺认证和淘宝工具的安装等内容。	● 注册为淘宝会员 ● 开通支付宝账号 ● 认证淘宝店铺 ● 创建店铺 ● 下载并安装淘宝助理

1.1 注册为淘宝会员

要在淘宝网开店,必须要注册为淘宝网的会员。本节主要给读者介绍注册淘宝网会员的方法与途径。

1.1.1 注册电子邮箱

注册淘宝网会员时,用户需要通过手机或邮箱进行注册,由于电子邮箱更便于接收来自淘宝的各种信息,因此推荐使用邮箱注册淘宝账户。

下面以163邮箱为例,介绍注册新邮箱的步骤。

第1步 打开浏览器,在地址栏中输入"http://www.163.com",按【Enter】键进入163邮箱登录主页面,单击【注册】按钮即可,如图1-1所示。

图 1-1

第2步 在打开的页面中,单击【注册手机号码邮箱】选项,在【手机号码】后面的文本框中输入手机号码,在【图片验证码】后面的文本框中输入右侧图片中的字符,最后单击【免费获取验证码】按钮,如图1-2所示。

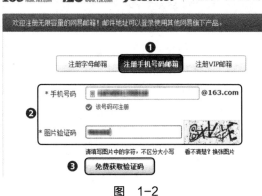

图 1-2

第3步 查看手机短信,在【短信验证码】后面的文本框中输入短信中的验证码,在【密码】和【确认密码】后面的文本框中输入邮箱的密码并再次确认密码,单击选择【☑同意"服务条款"和"用户须知"、"隐私权相关政策"】复选框,最后单击【立即注册】按钮,如图1-3所示。

第4步 经过以上操作,在打开的登录手机端页面中,单击页面最下边的【完成注册,进入邮箱】链接,如图1-4所示。

图 1-3

> **问**:已经有了电子邮箱,还需要注册吗?
>
> **答**:如果已经有了电子邮箱,就可以使用已经有的电子邮箱地址,无须重新注册新的电子邮箱。
>
> 同时这个电子邮箱也很重要,淘宝网会向这个邮箱发送所有的交易信息,而且也用于激活淘宝会员账号,起到保护账号安全的作用。

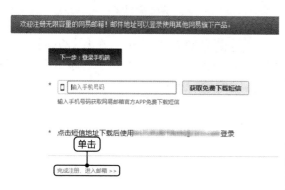

图 1-4

1.1.2 注册淘宝会员

在邮箱注册完毕后,就可以进行淘宝网会员的注册了。

下面以使用"邮箱注册淘宝会员"为例,介绍具体注册淘宝会员的步骤。

第1步 打开浏览器,在"地址栏"中输入 http://www.taobao.com,按【Enter】键进入淘宝网首页,在打开的淘宝网首页中单击页面左上角的【免费注册】链接,如图1-6所示。

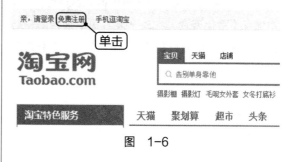

图 1-6

第2步 打开【淘宝网账户注册】页面,查看注册协议后,单击【同意协议】按钮,如图1-7所示。

第3步 网页跳转到【设置登录名】页面,在此页面中,单击页面最下边的【通过邮箱注册】链接,如图1-8所示。

第5步 即可进入163网易邮箱主页面,如图1-5所示。

图 1-5

图 1-7

图 1-8

第4步 在打开的【设置登录名】页面中,在【电子邮箱】后面的文本框中输入邮箱账号,使用鼠标【按住滑块,拖动至最右边】进行邮箱验证即可看见【验证通过】提示,单击【下一步】按钮,如图1-9所示。

图 1-9

第5步 打开【验证手机】页面,在此页面中的【手机号码】后面的文本框中输入手机号码,单击【下一步】按钮,如图1-10所示。

图 1-10

第6步 查看手机短信,在【校验码】后面的文本框中输入短信中的校验码,单击【确定】按钮,如图1-11所示。

图 1-11

第7步 打开提示页面,在本页中系统会提示"验证邮件已发送到邮箱",单击【立即查收邮件】按钮,如图1-12所示。

图 1-12

第 8 步 返回到刚注册好的邮箱首页,单击【未读邮件】链接图标,如图 1-13 所示。

图 1-13

第 9 步 在打开的【未读邮件】页面中,此时会看见由淘宝网发送过来的邮件,单击并打开该邮件,如图 1-14 所示。

图 1-14

第 10 步 经过以上操作,在打开的淘宝网邮件内容中,单击【完成注册】按钮,如图 1-15 所示。

第 11 步 此时,网页跳转到【填写账户信息】页面中,在【登录密码】和【再次确认】后面的文本框中输入相同的密码,在【设置会员名】下边的【会员名】文本框中输入会员名,单击【确定】按钮即可,如图 1-16 所示。

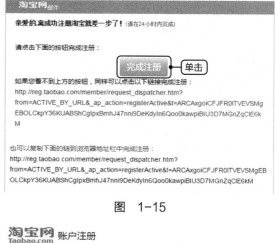

图 1-15

图 1-16

问:淘宝会员名,一经注册还能修改吗?

答:淘宝网规则明文规定淘宝会员名一经注册成功就不能修改。

淘宝会员名不仅对应着一个会员的个人账户,同时还对应该会员的实际身份、支付宝账号、会员个人信用,以及与交易记录相关联。

随意改动既不利于会员的交易安全,也不利于淘宝维护安全的交易环境。更多淘宝会员名注册的规则与实施细则的详细内容可查看淘宝官方网规则频道(rule.taobao.com)。

第12步 经过以上操作，即可弹出注册成功的提示页面，提示当前账号注册成功，如图1-17所示。

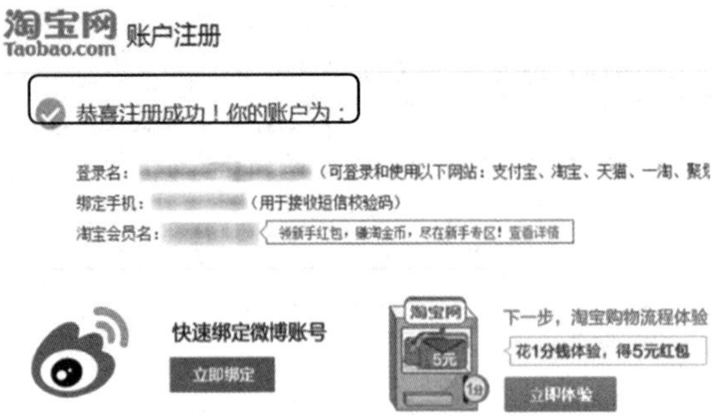

图 1-17

> **问**：会员账户会因为会员名违规被淘宝收回吗？
>
> **答**：会。对于会员名存在不允许出现的信息，或严重违规达到查封账户的会员，淘宝会回收该会员名对应的会员账户。

1.2 开通支付宝账号

支付宝作为国内领先的独立第三方支付平台，致力于为中国电子商务提供"简单、安全、快速"的在线支付解决方案，是淘宝网及其他在线交易的重要支付工具。在本节中将继续介绍开通支付宝账号的相关知识。

1.2.1 支付宝的注册与激活

注册淘宝网会员后，支付宝平台会自动发送一封支付宝激活邮件，打开并对该支付宝账号进行激活即可使用了。

下面以"注册与激活支付宝"为例，介绍具体的操作步骤。

第1步 先登录注册淘宝会员的邮箱账号，再打开支付宝平台发送的邮件并单击【立即登录支付宝】按钮，如图1-18所示。

第2步 此时，页面跳转到【设置身份信息】页面，在【支付密码】和【再输入一次】后面的文本框中分别输入密码并再次确认输入密码，在【真实姓名】和【身份证号码】后面的文本框中分别输入姓名和身份证号码，选中【我同意支付宝服务协议】复选框，单击【确定】按钮，如图1-19所示。

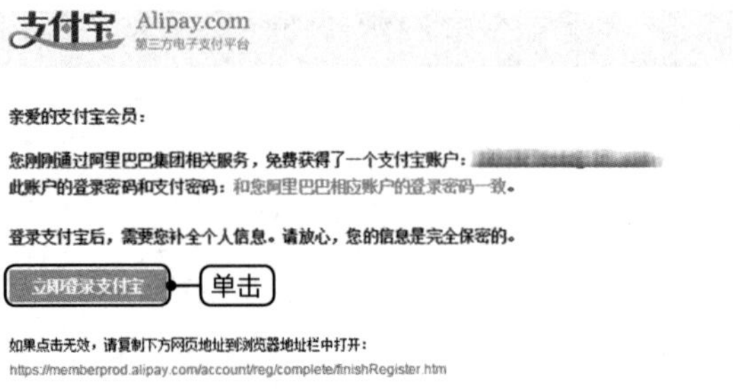

图 1-18

> **问**：为什么支付宝账户名和邮箱账户相同？
>
> **答**：在注册淘宝网会员时，若选中"同意支付宝协议并开通支付宝服务"复选框，淘宝网将会自动为用户创建一个以注册邮箱为名称的支付宝账号。

> **问**：银行卡必须是凭本人身份证开通的银行卡而且手机号码必须是与银行卡绑定的号码吗？
>
> **答**：这里的"银行卡"必须是凭本人身份证开通的"银行卡",而且手机号码必须是与"银行卡"绑定的号码,如果不清楚"银行卡"预留手机号码,可以带"身份证"和"银行卡"到银行营业厅咨询绑定。

图 1-19

第3步 经过以上操作,即可进入【设置支付方式】页面中,在此页面中的【真实姓名】后面的文本框中输入个人的真实姓名,在【银行卡卡号】后面的文本框中输入银行卡卡号,在【手机号码】后面的文本框中输入手机号码,并选中【☑免费开通余额宝服务,……】复选框,单击【同意协议并确定】按钮即可,如图1-20所示。

1.2.2 支付宝实名认证

对支付宝账户进行注册并激活后,要正常使用支付宝账户,还需要进行实名认证。

下面以"支付宝的实名认证"为例,介绍具体的操作步骤。

第1步 打开浏览器,在地址栏中输入 https://auth.alipay.com/ 网址,按【Enter】键进入支付宝登录官网首页,在【用户支付宝账户】图标和【登录密码】图标后面的文本框中分别输入用户支付宝账户和登录密码,单击【登录】按钮,如图1-21所示。

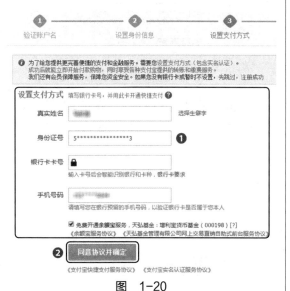

图 1-20

图 1-21

第2步 登录并打开用户的支付宝账户，在支付宝账户首页的左上角可以看到支付宝未认证状态，鼠标移动到支付宝上方单击【未认证】链接图标，如图1-22所示。

图 1-22

第3步 在打开的【支付宝实名认证】页面中，单击【立即验证】按钮，如图1-23所示。

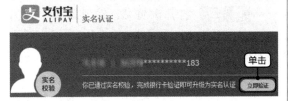

图 1-23

问：这里的支付宝实名认证有什么作用？

答：【支付宝实名认证】服务是由支付宝（中国）网络技术有限公司提供的一项身份识别服务，同时也会核实会员身份信息和银行账户信息。

第4步 即可进入【身份信息验证】页面中。在确认身份信息无误后，单击【下一步】按钮，如图1-24所示。

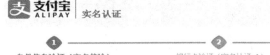

图 1-24

第5步 网页跳转到【快捷验证银行卡】页面，在此页面中的【银行卡卡号】和【手机号码】后面的文本框中分别输入银行卡卡号和手机号码，单击【下一步】按钮，如图1-25所示。

图 1-25

第6步 查看手机短信，❶在【校验码】后面的文本框中输入短信中的校验码，❷单击【下一步】按钮，如图1-26所示。

图 1-26

第7步 网页跳转到【身份信息已使用】页面，在此页面中单击【继续认证】按钮，如图1-27所示。

图　1-27

第8步 在打开的页面中，单击【上传证件】按钮，如图1-28所示。

图　1-28

第9步 在完成了【上传证件】后，即可真正完成支付宝实名认证，实名认证后的账号就具有开店、银行卡快捷支付以及支付宝余额支付等功能，如图1-29所示。

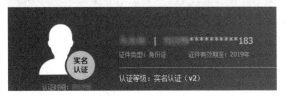

图　1-29

问：在网店交易中，支付宝的使用有什么好处呢？

答：支付宝的使用可以让买卖双方都得到有效的利益保障。

对于买家而言，购物时无须到银行汇款，同时货款由支付宝保管，收货满意后才付钱给卖家，安全放心。

对于卖家而言，商品销售后无须到银行查账，通过支付宝即可方便查看，并且支付宝中账目分明，便于查看每一笔交易的详细信息，最重要的一点，就是支付宝在很大程度上作为了卖家信用的有效体现。

1.3　认证并申请店铺

在完成注册淘宝会员和支付宝实名认证操作后，我们就可以申请开通淘宝店铺了。

下面就以"认证淘宝店铺"为例，介绍具体的操作步骤。

第1步 打开浏览器，在地址栏中输入http://taobao.com/，按【Enter】键进入淘宝首页主页面，单击网页右上角的【卖家中心】下的【免费开店】链接即可，如图1-30所示。

图　1-30

第2步 在打开的【免费开店】页面中，新版的店铺类型为【个人开店】和【企业开店】。这里我们以申请个人店铺为例，单击【个人开店】按钮，如图1-31所示。

图 1-31

> 问：个人淘宝开店需要准备哪些资料呢？
>
> 答："个人淘宝开店"需要准备如本人手持身份证半身照，本人身份证正、反面照以及个人手势照和手机号码等相关资料及证件。
>
> 另外，"企业淘宝开店"需要准备如营业执照副本、固话联系电话、组织机构代码、企业对公银行账号、企业法定代表人身份证等相关资料及证件。

第3步 在打开的【开店条件检测】页面中，单击【未开始淘宝开店认证】右边的【立即认证】链接，如图1-32所示。

第4步 经过以上操作，网页跳转到【尚未进行认证】页面中，单击【立即认证】按钮，如图1-33所示。

图 1-32

图 1-33

第5步 单击切换到【电脑认证】选项卡，在【姓名】和【身份证号码】后面的文本框中分别输入个人姓名和身份证号码，单击【上传并预览】按钮，如图1-34所示。

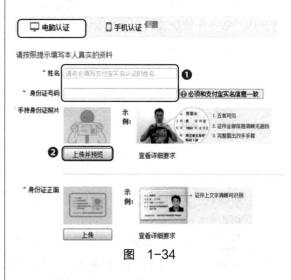

图 1-34

第6步 在电脑上打开【图片储存路径】并上传【手持证件半身照】后，在弹出的【身份证清晰度检查】对话框中，根据下图右上方相应的【操作提示】,即可对刚上传的照片的清晰程度进行预览,预览后单击【确认】按钮,如图1-35所示。

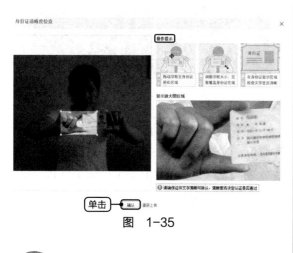

图 1-35

图 1-37

第8步 ❶继续单击【上传】按钮,按照前面上传【手持证件半身照】的方法继续完成【身份证正面照】,❷在【联系地址】后面的文本框中输入个人的联系地址;❸在【联系手机】后面的文本框中输入个人的手机号码,❹单击【获取验证码】按钮,查看手机短信的同时,在【验证码】后面的文本框中输入短信中的验证码,如图1-38所示。

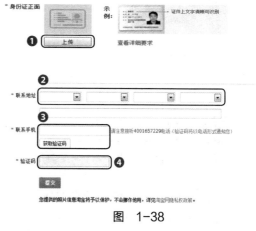

图 1-38

> **问**:如何使用手机认证淘宝店铺呢?
>
> **答**:在认证页面中选择"手机认证"选项,在其页面下方就会显示出手机认证的步骤与方法,用户可以根据提示来完成手机认证淘宝店铺,如图1-36所示。

图 1-36

第7步 稍等片刻,即可将【手持证件半身照】上传成功,如图1-37所示。

> **问**:手机拍照后如何传到电脑中并上传?
>
> **答**:可以通过"数据连线"和"QQ文件助手"传输。
>
> 下面以"QQ文件助手"传输为例,介绍具体的操作步骤:在电脑上登录QQ,打开【QQ应用软件】,这里以苹果手机为例;

打开"动态"图标按钮，选择"将文件（照片）到电脑"选项，（安卓手机打开"动态"选择"文件（照片）助手"选项），选择照片后进入"相册目录"，选中要传输到电脑上的照片，一次可以选择多张（照片上有✓号的为选中的），点击【发送】按钮即可上传。将电脑上的【QQ文件助手】中的"照片"另存到电脑上再上传即可。

第9步 相关信息填写正确后，单击【提交】按钮完成信息的填写，如图 1-39 所示。

图 1-39

第10步 此时，对确认提示信息无误后单击【确定】按钮，如图 1-40 所示。

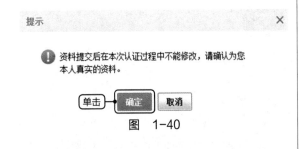

图 1-40

第11步 系统页面重新返回到【需要补充认证材料】页面，根据提示补充认证材料，单击【立即补充】按钮，如图 1-41 所示。

图 1-41

第12步 进入新页面并根据页面提示补充手势照，单击【上传】按钮，再根据前面介绍的操作方法完成上传后，单击【提交】按钮即可，如图 1-42 所示。

图 1-42

第13步 在打开的页面中，选择电脑中准备好的"手势照"照片上传即可，如图 1-43 所示。

图 1-43

第14步 对提示信息确认无误后，单击【确定】按钮，如图 1-44 所示。

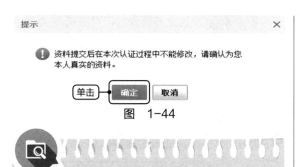

图 1-44

🔍 **问**：在上传手势照时需要注意什么？

答：在我们传手势照片时，须准备免冠拍照并建议素颜；照片五官清晰可见，照片格式为 .jpg、.jpeg、.bmp，且照片大小最大不超过 10MB。

第15步 此时，网页会自动跳转到【认证审核中】页面，如图 1-45 所示。

图 1-45

第16步 在人工审核完成后，即可查看到【淘宝开店认证】已通过，如图 1-46 所示。

图 1-46

🔍 **问**：提交认证淘宝店铺资料后，通常需要几天才能通过审核？

答：提交认证信息后，淘宝需要 1~3 天的审核时间，等资料通过淘宝的审核后，淘宝店铺就能成功开通了。

1.4 成功创建店铺

在淘宝店铺审核通过后，即可开始创建一个自己的网上店铺。

下面以"创建个人的网上淘宝店铺"为例，介绍具体的操作步骤。

第1步 登录到淘宝网首页，单击网页右上角的【卖家中心】下的【免费开店】链接，在进入的【免费开店】页面中，单击【创建店铺】按钮，如图 1-47 所示。

第2步 在弹出的【签署开店协议】对话框中查看【签署开店协议】后，单击【签署开店协议】最下边的【同意】按钮，如图 1-48 所示。

图 1-47

图 1-48

第3步 经过上步操作，即可完成淘宝店铺的创建，并在页面中显示出店铺创建成功的提示信息，如图1-49所示。

图 1-49

1.5 下载并安装淘宝助理

"淘宝助理"是淘宝网针对卖家所提供的一款商品批量发布与管理的工具，淘宝所有卖家都可以使用它来帮助自己管理店铺商品。当然，在使用"淘宝助理"前，需要先到淘宝网中下载并在电脑中安装淘宝助理。

下面以"下载并安装淘宝助理"为例，介绍具体的下载与安装步骤。

第1步 打开浏览器，在地址栏输入"http://zhuli.taobao.com/"，按【Enter】键打开淘宝助理下载页面，单击选择【淘宝版下载】按钮即可，如图1-50所示。

图 1-50

第2步 在弹出的【新建下载任务】对话框中，单击【浏览】按钮为【淘宝助理】设置下载

文件的保存位置，单击【下载】按钮，如图1-51所示。

图 1-51

第3步 双击打开【安装文件】，在弹出的【淘宝助理 - 安装】页面中，单击【下一步】按钮，如图1-52所示。

第4步 在打开的【许可证协议】页面，阅读协议后，单击【我接受（I）】按钮，如图1-53所示。

淘宝网注册并申请开店 第1章

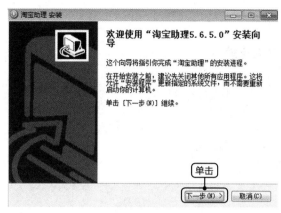

图 1-52

单击【安装】按钮即可开始安装,如图 1-55 所示。

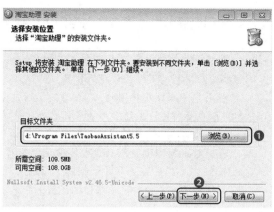

图 1-54

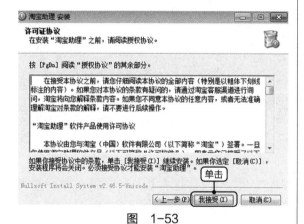

图 1-53

问:在安装淘宝助理软件时,需要注意什么?

答:卖家在安装淘宝助理前,为了确保安装正常运行,建议关闭所有浏览器窗口。如果没有关闭,安装过程中可能会提示用户关闭后继续安装。

第5步 在打开【选择安装位置】提示对话框中,单击【浏览】按钮为淘宝助理软件选择安装位置,建议安装在系统以外的硬盘内,单击【下一步】按钮,如图 1-54 所示。

第6步 在弹出的【选择"开始菜单"文件夹】对话框中,为淘宝助理软件选择安装文件夹后,

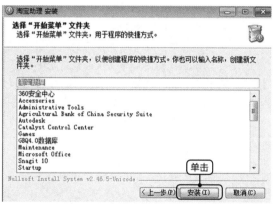

图 1-55

第7步 稍等片刻,在打开的【正在完成"淘宝助理"安装导向】对话框中,单击【完成】按钮即可完成淘宝助理安装,如图 1-56 所示。

图 1-56

page | 15

实用经验分享：用户在创建网上店铺要遵循淘宝规则

根据国家相关规定，用户在创建个人的网上店铺时，淘宝会员名、淘宝店铺名及域名须遵循淘宝相关的规则，不得包含以下信息。

➢ 同中华人民共和国的国家名称、国旗、国徽、军旗、勋章相同或者近似的，以及同中央国家机关所在地特定地点的名称或者标志性建筑物的名称、图形相同的。

➢ 同外国的国家名称、国旗、国徽、军旗相同或者近似的，但该国政府同意的除外。

➢ 同政府间国际组织的旗帜、徽记、名称相同或者近似的，但经该组织同意或者不易误导公众的除外。

➢ 与表明实施控制、予以保证的官方标志、检验印记相同或者近似的，但经授权的除外。

➢ 同红十字、红新月的标志、名称相同或者近似的。

➢ 同第三方标志相同或者近似的，如中国邮政、中国电信、中国移动、中国联通、中国网通和中国铁通等。

➢ 带有民族歧视性的。

➢ 夸大宣传并带有欺骗性的。

➢ 有害于社会主义道德风尚或者有其他不良影响的。

➢ 县级以上行政区划的地名或公众知晓的外国地名，不得作为店标，但是，地名具有其他含义的除外，已经注册的使用地名的店标继续有效。

➢ 带有种族歧视、仇恨、性和淫秽信息的语言。

➢ 违背公序良俗的不良信息或令人反感的信息。

➢ 含有不真实内容或者误导消费者的内容。

➢ 其他涉嫌违反法律法规的内容。

● 会员在选择其淘宝会员名、淘宝店铺名或域名时应遵守国家法律法规，不得包含违法、涉嫌侵犯他人权利或干扰淘宝运营秩序等相关信息。淘宝网会员的会员名、店铺名中不得包含旗舰、专卖等词语。

● 会员名注册后无法自行修改。

➢ 淘宝有权回收同时符合以下条件的不活跃账户。

● 绑定的支付宝账户未通过实名认证。

● 连续6个月未登录淘宝或阿里旺旺。

● 不存在未到期的有效业务，有效业务包括但不限于红包、淘金币、集分宝、天猫点券等虚拟资产及其他订购类增值服务等。

➢ 淘宝会员名、淘宝店铺名及域名中不得包含干扰淘宝运营秩序的信息，包括但不限于以下情形。

● 含有"淘宝特许""淘宝授权"及近似含义的词语。

● 淘宝、淘宝网、天猫、一淘等代表淘宝特殊含义的词语或标识。

● 心、钻、冠等与淘宝信用评价相关的词语或标识。

● 阿里巴巴集团及旗下其他公司的名称或标识。

● 非商盟店铺的店铺名命名"为**商盟"，或非商盟的店铺在店铺中使用商盟进行宣传。

● 不具有相关资质或未参加淘宝相关活动的会员或店铺，使用与特定资质或活动相关的特定含义的词语，例如，台湾馆、香港街、天猫、消费者保障计划、先行赔付等。

第 1 篇

淘宝开店

第 2 章 淘宝店铺的商品发布与开张营业

本章导读

注册淘宝会员、创建淘宝店铺、安装淘宝工具软件后,我们就可以在店铺中发布商品,开始正式营业了,而其中商品发布与展示是开店过程中非常重要的环节。本章主要给读者介绍如何设置店铺信息、发布商品以及如何推荐优势商品等内容。

知识要点

- 设置店铺信息
- 准备发布商品信息
- 店铺商品的发布
- 淘宝助理批量发布商品
- 推荐优势商品

2.1 设置好店铺信息

有了自己的店铺之后，我们卖家应该对店铺的一些基本信息进行详细设置，以便日后让买家对店铺更加了解，也能让买家感受到卖家对店铺与客户的重视程度。

2.1.1 店铺基本信息设置

在淘宝网，进入任意一家店铺，都会有一个不同版式的店铺介绍，这个介绍信息是卖家对网店经营产品的一种概括，也是一种独特、新颖，且在最短时间内吸引顾客的方法，如图2-1所示。

图 2-2

图 2-1

下面以某鞋店为例，介绍设置店铺基本信息的具体操作步骤。

第1步 登录到淘宝网,在淘宝网【卖家中心】界面中单击左侧【店铺管理】栏中的【店铺基本设置】链接，如图2-2所示。

第2步 打开【店铺基本设置】页面，❶在【店铺介绍】栏中输入店铺的介绍信息，❷单击【保存】按钮，如图2-3所示。

图 2-3

2.1.2 开通店铺二级域名

我们新手卖家在设置店铺信息时，可以为店铺申请一个独特的二级域名，也就是店铺地址，通常格式为 http://xxx.taobao.com，这样更便于买家访问以及网店的宣传推广。下面介绍设置二级域名具体操作步骤。

第1步 在淘宝网【卖家中心】界面中单击左侧【店铺管理】栏中的【域名设置】链接，如图2-4所示。

图　2-4

第2步 进入【域名设置】页面，单击【更改域名】链接，如图2-5所示。

图　2-5

第3步 ❶ 输入个性域名，❷ 单击【查询】按钮，查询是否有卖家已经使用了这个域名，如该域名可用，❸ 单击【申请绑定】按钮，如图2-6所示。

图　2-6

第4步 在弹出的对话框中单击【确定】按钮，确定更改域名，如图2-7所示。

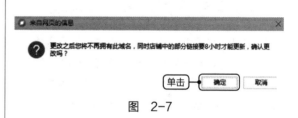

图　2-7

第5步 ❶ 在规则界面中单击选中【同意以上规则】复选框；❷ 单击【绑定】按钮，如图2-8所示。

第6步 此时,即可成功开通二级域名,如图2-9所示。

图 2-9

> 问:申请二级域名有哪些注意事项?
> 答:主要有4个注意事项:❶基本规则:域名不能低于4个字符,不能超过32个字符。只能含有"字母""数字""-",并且"-"不能出现在最前面或最后面。❷已经被使用的域名是不能申请成功的。❸涉及相关非商品性品牌著名、城市地区名、专有词汇、著名网站等,不能申请成功。❹相关驰名商标,以及受商标法约束的部分普通商标,不能申请成功。

2.2 准备发布商品信息

我们在发布商品前,首先需要了解店铺、商品的相关内容,这主要包括店铺商品布局、商品信息及资料等。

2.2.1 店铺商品布局与样式

在网店交易中,买家是无法看到商品实物的,而只能通过卖家所提供的商品实物图片以及商品信息来对商品产生认知,因此,商品展示得越细致、详尽,那么能够带给买家的认知度越高,买家的购买概率也就越大。因而对于网店卖家来说,商品的展示效果是非常重要的。

商品展示内容,也就是当买家查看商品页面时,商品页面中所展示出的商品图片与相关的描述内容,而这些内容在发布前是需要编辑的。在我们的图片与描述内容固定后,展示页面的布局以及设计就成为重点,在商品布局上,一般采用以下三种布局方式,如图2-10所示。

1. 常规布局方式

该布局方式是多数网店商品所采用的布局,在页面上方显示关于商品的描述内容,而在页面下方依次排列商品的各种实物效果图片,在商品全景图展示时,多采用该方式。

2. 顺序布局方式

该布局方式为图文混排,首先显示商品的描述内容,下方同步搭配商品实物图,接下来继续显示局部或细节描述内容,并同步搭配实物图片。这种布局方式便于买家查看图片的同时,通过相应的说明内容,对商品更进一步地了解。采用该方式时,可以一侧编排,也可以双侧编排,如果仅一侧编排,那么与常规布局基本相同,双侧编排则多用于展示细节图。

3. 穿插布局方式

该布局方式的功能与顺序布局方式相同,不同的是将上下顺序调整为左右顺序,而且采用该布局时,可以调换图文的左右顺序,让图文对应更加直观。但是采用该布局方式会限制图片的大小,因而多适用于展现商品局部效果。

常规布局　　顺序布局　　穿插布局

图 2-10

问：新手发布商品信息时选择布局有什么技巧吗？

答：在淘宝网发布商品时，绝大多数卖家都采用常规布局方式发布，这是因为如果采用其他布局，编排起来的难度就较大，而且一些特殊的编排，必须通过 HTML 代码才能实现。其实还有一种更灵活的方式，那就是将所有商品图片与文字内容设计到一张图片中，这样只要直接在商品描述中上传图片即可，这样不但实现了灵活编排，而且只要通过插入一张图片就能完成所有操作，简单省事。

2.2.2 准备商品信息与资料

我们在发布商品前，首先需要准备好商品的相关资料，主要包括经过处理后的商品图片、关于商品的介绍内容等。

1. 宝贝图片

对于商品图片，建议保存为 .jpg 格式，这里提示一点，就是淘宝详情页面默认最宽能够显示 750 像素的图片。如果全屏显示，可以显示 950 像素的图片，但一般情况下，都是采用左右双栏，所以我们在处理图片时，最好将宽度控制到 750 像素，如图 2-11 所示。

图 2-11

2. 宝贝的类别和属性

商品类别也就是宝贝的分类情况。淘宝规定卖家发布宝贝时必须对应相应的分类，否则会被屏蔽或者下架。因此在选择分类时应格外注意。

用户在发布宝贝时可以在分类列表区域中选择自己所销售商品的详细分类，也可以直接输入查找你的商品类目，如这里输入"连衣裙"，单击"快速查找"按钮即可。如图 2-12 所示。方式为从左到右，一般先选择商品大类，然后进一步选择小的分类、品牌等。

图 2-12

3. 宝贝的基本信息

了解商品类别后，就须对准备商品的基本信息进行设置。在发布宝贝时，卖家需要根据自己的商品情况，正确选择关于商品的各个属性和基本信息，如图 2-13 所示。

图 2-13

问：所填写的宝贝基本信息有什么用处？

答：这里所选择的各项信息，最终将以表格形式显示在商品销售页面的上方，如下图所示。买家也会在一定程度上根据卖家所提供的商品属性决定是否购买商品，因此，卖家必须对自己的商品全面了解后，再设置商品属性，从而避免以后由于商品与描述不符而造成交易纠纷。

4. 确定宝贝的标题名称

准备了宝贝的图片和基本信息后，就要重视宝贝的标题了。有许多买家在购物网站浏览商品的过程中，首先关注的就是宝贝名称。一个有特色有吸引力的宝贝名称，不但能增加商品的浏览量，而且还能激起买家的购买欲望。在对商品的命名上，提供以下几点建议。

● 在商品名称前加上自己店铺的名称，建立自己的品牌形象。

● 知名品牌商品，建议在商品名称前添加品牌名称，通过品牌自身的影响力来吸引买家。

● 尽可能在商品名称中添加能表现商品特性的内容，如"新款上市""商品质地""商品风格"等信息。

● 对于一些商品，尽可能在名称中表现出个性、时尚、潮流等特性；季节性或者时间性强的商品，也可以在商品名称中展现出来。

● 实时掌握热门关键词语，并将其与商品名称关联起来，增强买家的关注程度。

5. 制定合理的商品宝贝价格

一般买家在网上购买商品时，都会挑选同类商品中比较便宜的商品进行购买，所以卖家在为自己的商品定价时，如何定制一个合理的价格是非常重要的。这里提供以下一些定价建议。

● 多对比同类商品不同卖家的价格，定价不宜比平均定价过高或过低，要从中找到最佳切入点。

● 运费与定价合理中和，在商品销售总价不变的情况下，巧妙把握买家心理，降低商品价格、提高运费；或者降低运费、提高商品价格。

● 对于一些采用计量单位的商品，可以采用较小的单位来计量，如茶叶商品的价格为200元1千克，那么可以改为10元50克。

● 掌握买家的价格心理，如定价300元与298元，只差2元，但从买家心理而言，298元属于"200多元"，就更容易接受。

6. 宝贝规格

商品信息在很大程度上影响着商品的销售，只有详细、精确的商品规格说明，才能够吸引买家。

（1）详细的商品规格

对于不同的商品，下面显示的属性也不同，如服装类商品，将显示"颜色"与"尺码"两个选项，在其中可以选择商品的颜色与尺码，选择颜色后，还可以自定义颜色名称。

（2）详细特殊规格的定价

根据商品属性的不同，当前面选择后，下方会显示出所选的属性，如服装类显示"颜色"与"尺码"组合列表，前面我们已经定义了商品的价格，这里可以对特殊规格（如加大码等）的价格重新设定。如果没有特殊要求，则可以保持默认。

（3）详细的商品库存

根据"颜色"与"尺码"组合列表来设定不同颜色不同尺码商品的库存数量，库存数量表示着商品的可销售数量，对于卖家而言，就等于该商品自己可以进货的数量，如开始进货5件，但供货商能够长期提供货源，那么这里就可以多填写一点，避免在网店中由于库存数目不足而无法销售。

另外，由于一个店铺中通常会发布数量较多的商品，因而为了避免商品资料混乱，也应该采用合理的结构保存，通常将不同商品的相关资料分类保存到不同的文件夹中，图2-14所示为建议的商品资料保存结构。

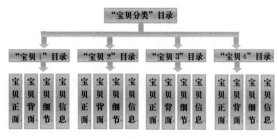

图 2-14

2.3 店铺商品的发布方法

在准备好商品信息与资料后，卖家就可以发布商品了。发布商品的第一步，就是先选择要采用哪种销售方式进行发布，在淘宝网中主要提供了"一口价"与"拍卖"两种发布方式，下面分别介绍两种方式。

2.3.1 以"一口价"方式发布

一口价是指提供固定的商品价格，买家可以以此价格立即购买商品。一般情况下，卖家都是使用一口价的方式来发布宝贝。

下面以"服装类商品"为例，介绍具体的操作步骤。

第1步 打开淘宝网后，登录并进入【卖家中心】页面，在左侧【宝贝管理】下单击【发布宝贝】链接，如图2-15所示。

图 2-15

第2步 页面将直接跳转到【一口价选择类目】页面，在这里选择要发布的商品类别；确认后单击下方的【我已阅读以下规则,现在发布宝贝】按钮，如图2-16所示。

图 2-16

第3步 ❶选择宝贝类型为【全新】，❷并设置宝贝的其他属性，如图2-17所示。

第4步 进一步设置宝贝的相关属性，如袖型、所含成分、面料、图案、年龄、风格以及季节等信息，如图2-18所示。

第5步 输入【宝贝标题】【宝贝卖点】，以及设置宝贝销售【价格】(一口价),如图2-19所示。

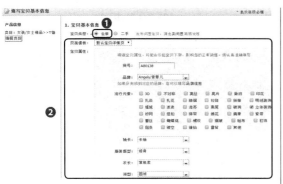

图 2-17

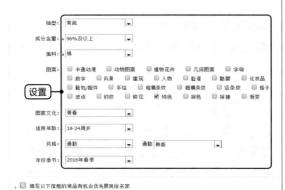

图 2-18

图 2-19

第6步 设置【宝贝规格】，设置宝贝的主要颜色分类，以及相应的宝贝图片颜色，设置【尺码】等信息，如图2-20所示。

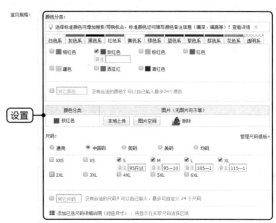

图 2-20

第7步 设置宝贝的【宝贝数量】【商家编码】以及宝贝【商品条形码】等商品信息，如图2-21所示。

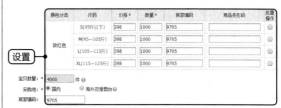

图 2-21

第8步 在【宝贝图片】栏中，单击切换到【图片空间】选项卡，如图2-22所示。

图 2-22

问："货号"与"商家编码"应该怎么填写？

答：在商品信息区域中，"货号"与"商家编码"两项内容可以任意填写，只要能便于自己区分商品与商家来源即可。如果是网店代销，那么货号就最好与代销商提供的货号一致，这样便于以后联系代销商发货或询问是否有货等。

第9步 在打开的对话框中，❶单击选择文件夹，❷依次选中需要的宝贝图片（即主图），如图2-23所示。

图 2-23

第10步 选中了宝贝图片后，即可将该图上传到店铺，如图2-24所示。

图 2-24

第11步 在【宝贝描述】栏中（即宝贝详情），单击【电脑端】选项，然后在选项栏中单击【上传图片】按钮，如图2-25所示。

图 2-25

第12步 ❶单击切换到【从图片空间选择】选项卡，❷再单击选择需要的图片所在的文件夹，❸依次选中所需的商品宝贝图片，❹添加图片完成后，单击【插入】按钮，如图2-26所示。

第13步 经过以上步骤操作后，即可将其插入到宝贝描述栏目板块中，如图2-27所示。

第14步 设置商品宝贝【在店铺中所属的分类】【宝贝物流及安装服务】等信息，如图2-28所示。

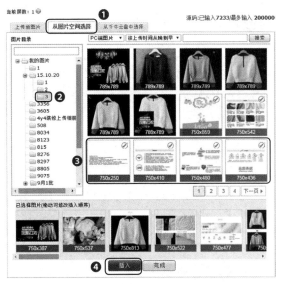

图 2-26

图 2-27

图 2-28

问：如何设置运输费用？

答： 运输费用建议卖家最好设置一个固定的运费模板，单击上图【新建运费模板】链接 新建运费模板 即可在弹出页面设置运费模板。根据买家距离的远近和不同的运输方式来设置不同的运输费用，每次发布商品的时候直接点击【选择运费模板】按钮即可。买家在拍卖时选择不同的运输方式，淘宝会自动为你显示相应的费用。

第15步 ❶ 继续设置【售后保障信息】以及【其他信息】，❷ 确认所有信息后单击【发布】按钮，如图2-29所示。

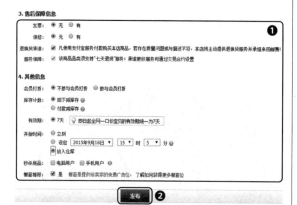

图 2-29

第16步 既可将宝贝成功发布，也可单击【继续发布宝贝】链接继续发布宝贝，如图2-30所示。

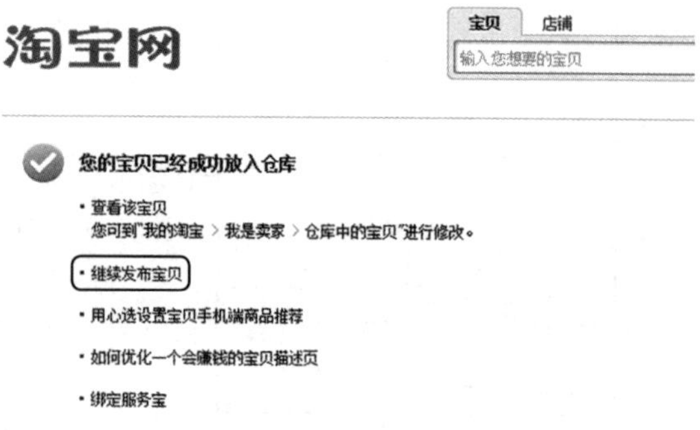

图 2-30

宝贝发布成功后可以单击"我的淘宝"页面左侧的【出售中的宝贝】链接查看该商品，通常需要30分钟后商品才可以在店铺、分类搜索中显示出来。

2.3.2 以"拍卖"方式发布

拍卖是指商品仅设置最低起拍价，让买家竞价购买，在指定的拍卖时间内，出价最高的买家可以购买到该商品。一般情况下用于店铺搞活动促销时使用。

第1步 打开淘宝网后，登录并进入【卖家中心】页面，在左侧【宝贝管理】下单击【发布宝贝】链接，如图2-31所示。

图 2-31

第2步 ❶ 单击【拍卖】选项。❷ 在这里为自己发布的宝贝选择正确的类别，❸ 然后单击【快速找到类目】按钮，❹ 确认无误后单击【我已阅读以下规则,现在发布宝贝】按钮，如图2-32所示。

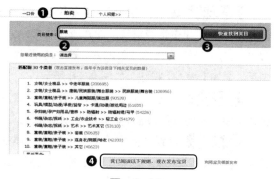

图 2-32

第3步 输入【宝贝标题】【起拍价】及【宝贝数量】，如图2-33所示。

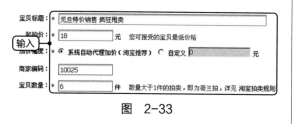

图 2-33

第4步 设置其他宝贝发布信息，具体方法和前面一口价一样，完成后单击下方的【发布】按钮，如图2-34所示。

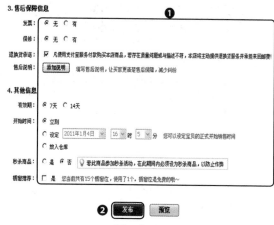

图 2-34

2.4 使用淘宝助理批量发布商品

淘宝助理软件可以实现网店商品的离线编辑和上传，同时也可解决在线上传宝贝时容易出现的断线、网络故障等问题，不至于把辛苦编辑的商品资料丢失。

2.4.1 创建并上传宝贝

如果用户是上传自己的商品，则首先需要在淘宝助理中建立一个宝贝模板，然后在模板中进行商品资料的填写编辑，完成后直接上传到店铺即可。下面介绍具体的操作步骤。

第1步 打开淘宝助理，❶单击【宝贝管理】选项，进入【宝贝管理】页面，❷单击【创建模板】链接，如图2-35所示。

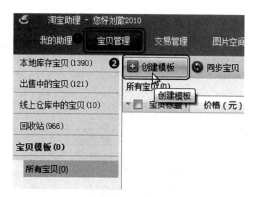

图 2-35

第2步 弹出【创建宝贝模板】框，输入【宝贝的基本信息】，填写完整后，单击【保存】按钮，如图2-36所示。

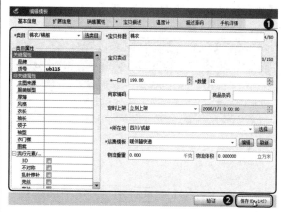

图 2-36

第3步 通过以上步骤操作后，即可完成模板的创建，如图2-37所示。

第4步 在【宝贝模板】宝贝列表框中，选择宝贝后【右击鼠标】，在打开的菜单中单击【复制宝贝】命令，如图2-38所示。

图 2-37

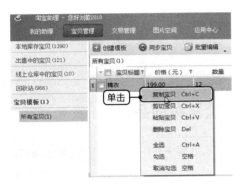

图 2-38

第5步 在【本地库存宝贝】宝贝列表框中【右击鼠标】，在打开的菜单中单击【粘贴宝贝】选项，即【宝贝模板】中的宝贝就复制到了【本地库存宝贝】中，如图 2-39 所示。

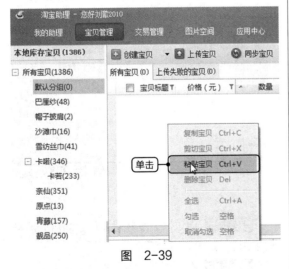

图 2-39

第6步 对宝贝自身特有的属性进行编辑完善后，单击【保存并上传】按钮，如图 2-40 所示。

图 2-40

第7步 弹出【上传宝贝】对话框，❶ 在图片分类中选择【宝贝图片】选项，❷ 然后单击【上传】按钮，如图 2-41 所示。

图 2-41

第8步 此时，即可通过模板，成功上传宝贝（如需再上传宝贝，即可从步骤4开始操作），如图 2-42 所示。

图 2-42

问：可以将"宝贝模板"中的模板直接上传到线上店铺？

答："宝贝模板"中的宝贝模板是无法上传到线上店铺的，这也是很多新手卖家经常会犯的错误。建立模板后，需要把"宝贝模板"中的宝贝复制到"本地库存宝贝"中，完善宝贝信息然后保存并上传。

内容，在确认填写内容无误后单击【保存】按钮，如图2-44所示。

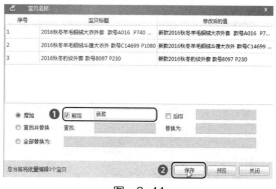

图 2-44

第3步 单击【保存】或【保存并上传】按钮，成功批量更改宝贝名称，如图2-45所示。

2.4.2 批量编辑宝贝

批量编辑宝贝的功能是淘宝助理推出的实用性很强的功能之一，大大减少了卖家在发布宝贝、修改宝贝时的工作量，这里针对批量编辑中最常用、最典型的几个功能为卖家进行讲解。

1. 编辑宝贝名称

淘宝助理中可以批量编辑宝贝名称，这样不但可以减少卖家工作量，而且方便优化宝贝标题。下面介绍具体的操作步骤。

第1步 打开淘宝助理，在【宝贝管理】页面中，❶选中要批量编辑的宝贝，❷单击【批量编辑】下拉按钮，❸在【标题】选项中单击【宝贝名称】命令，如图2-43所示。

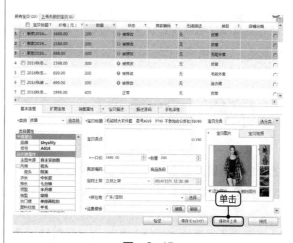

图 2-45

2. 编辑宝贝价格

如果宝贝价格需要调整，同样可以在淘宝助理中，进行批量修改。下面介绍具体的操作步骤。

第1步 打开淘宝助理，❶在【宝贝管理】页面中，选中要批量修改价格的宝贝，❷单击【批量编辑】下拉按钮；❸在出现的下拉菜单中单击【价格】命令，如图2-46所示。

第2步 弹出【价格】对话框（提供了【新的价格】【新的公式】2种批量编辑方式）。❶选择【新的公式—加】单选项，并填写增加的数值，❷最后单击【保存】按钮，如图2-47所示。

图 2-43

第2步 弹出【宝贝名称】对话框（提供了【增加】【查找并替换】【全部更换为】3种批量编辑方式）。单击选中【前缀】复选框，并填写要添加的

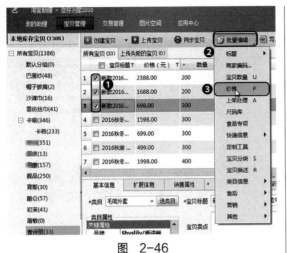

图 2-46

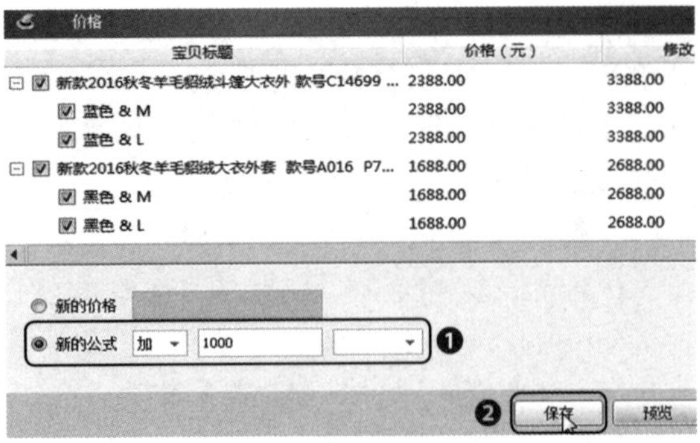

图 2-47

第3步 返回【宝贝管理】页面,单击【保存】或【保存并上传】,即完成更改设置。

2.5 推荐自己的优势商品

开店一段时间的卖家应该会发现,在我们逐步发布商品的过程中,后来发布的商品会在店铺首页中优先显示,而之前发布的商品则会按发布顺序显示在后面。

2.5.1 商品推荐原则

商品推荐是通过搜索的方法让您的宝贝能有更多的浏览量及点击率,当买家选择搜索或者点击"我要买"根据类目来搜索时,橱窗推荐宝贝会优先排在前面。

每个卖家都可以根据信用级别和销售情况获得不同的橱窗推荐位,每一个正常申请开店且成功拥有店铺的卖家都会有 5 个橱窗推荐位,随着交易量的增加以及信誉等级的提高,橱窗推荐位会渐渐按照橱窗位的相关规则而递增。卖家橱窗推荐位有一定的规则与原则。

● 根据信用评价获得橱窗推荐位,如表 2-1 所示。

● 根据开店时间的扶持,开店前三个月可获得 10 个橱窗位。

● 每周统计各类产品支付宝成交金额(以买家付款到支付宝为准),超过基数的前 1000 名可以获得 5 个橱窗位。

● 每周统计出各类产品支付宝额排名,前 20 名可获得 20 个橱窗位。

表 2-1

规则	说明	信用分 卖家信用+买家信用的一半	奖励数量
第一条	根据信用评价获得橱窗推荐位	0~3 分	5
		4~10 分	10
		11~40 分	15
		41~90 分	20
		91~150 分	25
		151~250 分	30
		251~1000 分	35
		1001~5000 分	40
		5001~10000 分	45
		10001 分及以上	50
第二条	根据开店时间的扶持	开店时间少于 3 个月	10

2.5.2 使用橱窗推荐

淘宝网中的顾客在选购商品时,由于淘宝网中的商品种类繁多,买家在搜索某类商品时,往往会显示出数百页的商品列表,那么,怎么样才能使自己的商品被更多买家所看到呢？同样，使用橱窗推荐，也可以让卖家的招牌商品在淘宝网中推荐出来，在淘宝商品列表中，橱窗推荐的宝贝会优先显示在未推荐商品的前面，从而增加被买家看到的概率。设置橱窗推荐，下面介绍具体操作步骤。

第1步 登录到淘宝网并进入【卖家中心】，在【宝贝管理】栏中单击【橱窗推荐】选项，如图 2-48 所示。

2.5.3 使用店铺心选推荐

店铺心选推荐是淘宝推出的一个新功能，即掌柜推荐，通过【心选】功能，可以让自己推荐的商品出现在每个宝贝介绍页面的底部或者店铺中间（自定义模块下方）的推荐位上，当有买家浏览我们的其他宝贝及店铺时，就能够第一眼看到这些被推荐的商品。下面介绍具体操作步骤。

第1步 登录到淘宝网并进入【卖家中心】，单击【心选】选项，如图 2-50 所示。

图 2-48

图 2-50

第2步 单击后，页面显示当前所有在售商品列表，在列表中选中要放到橱窗推荐位的商品，选取完毕后，单击页面中商品列表下方的【橱窗推荐】按钮，即可将所选商品放到橱窗推荐位，如图 2-49 所示。

第2步 在打开页面单击【新建计划】链接，如图 2-51 所示。

图 2-51

第3步 ❶输入【计划名称】，❷选择本计划需要投放的宝贝，❸然后在选择推荐内容的【样式】，如图 2-52 所示。

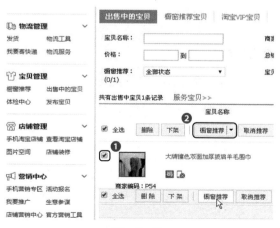

图 2-49

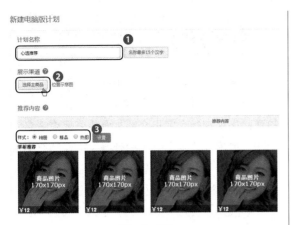

图 2-52

第4步 这里以选择相册样式为例,选择【相册】后,单击【掌柜推荐】下的【商品图片】,如图 2-53 所示。

图 2-53

第5步 弹出【编辑商品】页面,填写【商品链接】,然后点击【上传自定义图】并填写【商品名称】,确定设置无误后单击【确定】按钮,如图 2-54 所示。

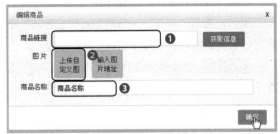

图 2-54

第6步 返回新建电脑版计划页面,单击【发布】按钮,即心选推荐成功,如图 2-55 所示。

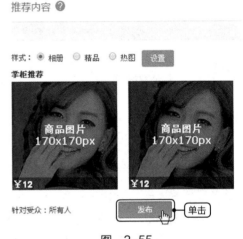

图 2-55

实用经验分享:使用手机进行淘宝开店认证的技巧

淘宝开店认证分为【电脑认证】【手机淘宝客户端认证】和【阿里钱盾认证】三种方式,系统根据网络环境做出指定推荐,目前无法更改认证方式。下面具体讲解使用手机进行淘宝开店认证的步骤及技巧。

前期步骤与【电脑认证】操作步骤相同,当进入【淘宝身份认证资料】页面,且页面提示为【手机认证】→【手机淘宝】客户端认证时,请通过手机淘宝客户端"扫一扫"功能扫描二维码;若未下载【手机淘宝】客户端,请点击二维码图中的"下载淘宝客户端"进行下载,下载安装完成后使用【手机淘宝】客户端中的扫码功能进行认证,如图 2-56 所示。

扫码后根据手机页面提示依次进行操作，如图2-57所示。

（1）验证手机号码（若您之前填写过支付宝绑定手机，则系统会自动显示该号码；若未填写过，可以输入您目前使用的有效手机号码进行验证），如图2-58所示。

（2）填写联系地址（可使用淘宝默认收货地址），如图2-59所示。

（3）拍摄证件照片（手机淘宝客户端认证只须上传手势照片+身份证正面照片），如图2-60所示。

图 2-56

图 2-57

图 2-58

图 2-59

图 2-60

图 2-61

（4）凭证提交成功后提醒，审核时间为48小时，请耐心等待，期间无须催促，如图2-61所示。

（5）认证通过后页面均会提示【认证通过】，您可在【认证通过】后进行开店操作。

在使用手机进行淘宝开店认证中须注意以下事项。

● 须如实填写并认真检查身份证信息、真实经营地址（联系地址）、有效联系手机，以免因信息不符或虚假信息等原因导致认证无法通过。

● 拍摄照片后请仔细检查，确保身份证信息完整清晰、您所拍摄的手势照与示例照相符。

● 如果认证未通过，请根据页面提示进入电脑端【淘宝网】→【卖家中心】→【免费开店】中查看具体原因。

第1篇

淘宝开店

第 3 章　淘宝店铺商品的经营与管理

本章导读

学会发布商品后，店铺就等于正式营业了，卖家就需要学习店铺商品的经营与管理，比如商品名称的优化、宝贝上下架操作、宝贝交易与管理等技能。本章主要给读者介绍如何优化商品命名与描述、在线修改出售中的宝贝、提升店铺销量的技巧，了解买卖双方交易流程、商品的退换货以及店铺收支账目的管理等知识。

知识要点

- 优化商品命名与描述
- 在线修改出售中的宝贝
- 提升店铺销量的技巧
- 掌握买卖双方交易流程
- 换货与退货方法
- 管理店铺收支账目

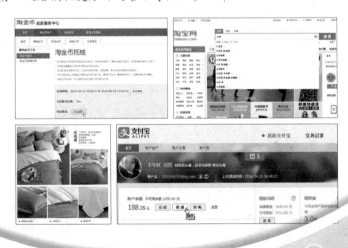

3.1 优化商品命名与描述

在网店经营中,如何能够吸引买家点击商品是一个比较重要的问题,这和商品命名与描述有密切的关系。如果你的标题比较吸引人,那么被点击的次数就会多,由于点击次数比较多,浏览的页面也就会比较多,从而让买家成交的概率变大。

3.1.1 商品标题结构与组合方式

为了尽可能多地增加被搜索中的概率,需要一个好的商品标题,这个标题不仅能吸引人,也能让买家一目了然地知道商品的特性,还能利于关键字搜索。

完整的商品标题应该包括3个部分。

1. 商品名称的"主标题"

这部分需要尽量以比较明确、精练的文字,让客户一眼就能够明白卖的是什么宝贝。

2. 主标题前后的一些"感官词"

感官词在很大程度上能增加买家打开我们的宝贝链接的兴趣。

3. 添加在标题里的一些"优化词"

卖家可以使用与产品相关的优化词来增加宝贝被搜索到的概率。

当然商品标题也不是随便什么文字都可以填的,必须严格遵守淘宝的规则,不然很容易遭到处罚。比如,商品标题需要和商品本身一致,不能干扰搜索。商品标题中出现的所有文字描述都要客观真实,不能在商品标题中使用虚假的宣传信息。

在遵守淘宝的规则的情况下,商品标题主要有下面几种组合方式。巧妙利用各种组合方式,可以更好地吸引顾客。

- 品牌、型号 + 商品名称。
- 促销、特性、形容词 + 商品名称。
- 地域特点 + 品牌 + 商品名称。
- 店铺名称 + 品牌、型号 + 商品名称。
- 品牌、型号 + 促销、特性、形容词 + 商品名称。
- 店铺名称 + 地域特点 + 商品名称。
- 品牌 + 促销、特性、形容词 + 商品名称。
- 信用级别、好评率 + 店铺名称 + 促销、特性、形容词 + 商品名称。

这些组合不管如何变化,商品名称这一项一定是其中的一个组成部分。因为在搜索时首先会使用到的就是商品名称关键字,在这个基础上再增加其他的关键字,可以使商品在搜索时得到更多的入选机会。

3.1.2 选好关键词让流量暴涨

买家搜索商品时会在搜索栏输入商品的关键词,每个人的关键词都不一样。为了能够更好地让买家搜索到你的商品,你的关键字必须在商品

问：对于商品的命名有什么注意事项吗？

答：设置商品标题的注意事项。①宝贝标题30个关键词写满，增加宝贝在搜索中关键词覆盖率。搜索展现概率会增大。②不要盲目对已经是爆款的宝贝进行标题优化。③不要频繁操作关键词优化，宝贝容易搜索降权。④不要在宝贝标题中滥用符号。⑤同类宝贝标题不要完全相同。⑥不要堆砌关键词。⑦不使用与宝贝不相关的关键词。⑧重要关键词完全没必要重复。⑨慎用品牌，不用违规词，不用侵权词。

标题中体现出来，或者在搜索引擎允许的范围内。因此，在有限的关键字额度中，找到最合适的、利用率最高的关键词至关重要。下面介绍几种选择关键词的方式。

1. 搜索下拉框

在淘宝主页面的宝贝搜索栏中，输入"长裙"，在下拉框中可以找到其他相关联的很多的关键词。如"长裙夏、长裙夏连衣裙、长裙夏半身裙"等，如图3-1所示。

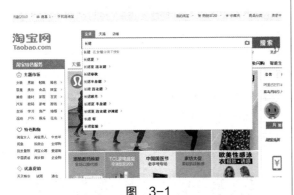

图 3-1

2. 搜索框推荐词

除此之外，在搜索框下方，也会显示一些比较热门的关键词，如图3-2所示。

图 3-2

3. 搜索结果页

在搜索结果中，会显示淘宝推荐的相关关键词，这些也属于优质的关键词汇，如图3-3所示。

图 3-3

4. 参考其他同行的店铺

卖家也可以参考其他商家的商品标题名称是怎么写的。这样你有可能会得到更多的关键词作为预选的关键词，如图3-4所示。

图 3-4

5. 淘宝排行榜

淘宝排行榜（top.taobao.com）是对淘宝近百万店铺前500名排名以及对商品性价比排行的一种导航，它的排行公式是：店铺信用度＋评价得分＋商品价格得分＋店铺开店时间×80%＝排名得分。

如图3-5所示，我们也可以在排行榜中寻找好的关键词。

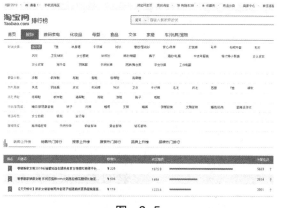

图 3-5

6. 热门工具

除了以上淘宝免费提供的关键词以外，用户还可以通过其他工具来获得更多的关键词，比如淘宝的"生意参谋"等，如图3-6所示。

图 3-6

卖家可以根据以上方法，依次分析每个关键词。在总体规划取舍后，就可以做到最优的选择。网店店主如果想要提升商品点击率的话，从现在开始一定要重视宝贝关键词的优化和选择。

3.1.3 撰写宝贝描述的思路

在网上购物，影响买家是否购买的另一个重要因素就是商品描述，很多卖家也会花费大量的心思在商品描述上，下面首先给大家介绍下撰写商品描述的步骤。

1. 做一个精美的商品描述模板

首先最好有一个精美的商品描述模板，商品描述模板可以自己设计，也可以在淘宝网购买，还可以从网上下载一些免费的宝贝描述模板。精美的模板除了让买家知道店主在用心经营店铺外，还可以对宝贝起到衬托作用，促进商品的销售。

2. 拍摄好的商品照片

在发布商品描述前还要拍摄处理好商品照片。图片的好坏直接关系到交易的成败，一张好的商品图片能向买家传递很多东西，起码应该能反映出商品的类别、款式、颜色、材质等基本信息。在这个基础上，要求图片要拍得清晰、主题突出以及颜色还原准确，具备这些要素后，还可以在上面添加货号、美化装饰品、店铺防盗水印等。

3. 吸引人的开头，快速抓住客户的兴趣

商品描述的开头的主要作用是吸引买家的注意力，立刻唤起他们的兴趣，给他们一个非得继续看下去不可的冲动。

不管写什么样的产品描述，必须首先了解你的潜在客户的需求。了解他们在想什么，找到让他们感兴趣的东西，看看怎么把你的产品和他们的兴趣联系在一起。

4. 突出卖点，给顾客一个购买的理由

找到并附加一些产品的卖点，加以放大，挖掘并突出卖点，很多产品细节与卖点是需要挖掘的。每个卖点都是对买家说服力增加的砝码。你的宝贝描述能够吸引买家的卖点越多，就会越成功。

5. 通过建立信任，打消客户疑虑

利用好买家的评价，并附加在描述里。放些客户好评和聊天记录，增加说服力。第三方的评价会让顾客觉得可信度更高，让买家说你好，其他的顾客才会相信你。

6. 给顾客推动力，让对方尽快采取行动

当顾客已经产生了兴趣，但还在犹豫不决的时候，还需要给他一个推动力。不要让潜在顾客有任何对你说"考虑考虑"的机会。可以在商品描述中设置免费的赠品，并且告诉他，赠送赠品的活动随时都有可能结束，让他尽快采取行动。

3.1.4 撰写宝贝描述的内容及方法

在实体店里是通过导购员为顾客挑选，对顾客加以赞美等手段促成成交，而在淘宝平台中，一个好的宝贝描述胜过一位优秀的导购。因此，针对卖家的产品和店铺定位，制作吸引人眼球的宝贝描述是至关重要的。

1. 宝贝描述的基本内容

我们需要了解宝贝描述里可能需要展示的内容，然后根据卖家店铺商品的实际需要将对应的内容设计到宝贝详情中。

（1）宝贝整体展示图片

宝贝的整体展示图片是非常重要的，可以根据需要展示产品的全貌。如产品的正面图、背面图、侧面图、或场景图等。在详情页中设计时，宝贝的整体展示效果好坏直接关系到买家的视觉直感和购买欲望。如图3-7所示为家纺产品的全貌场景图展示。

图 3-7

（2）宝贝细节图片

制作宝贝细节图的目的在于提高顾客感官体验，增强产品质感。要求拍摄效果清晰，近距离拍摄，主要细节元素突出。细节图必须单独拍摄，不允许在原来主图的基础上进行切割完成，正面、反面、局部（凸显材料和质感）。

细节是近距离展示商品亮点，展示清晰的细节（近距离拍摄），如呈现面料、内衬、颜色、扣子/拉链、走线和特色装饰等细节，特别是领子、袖子、腰身和下摆等部位，如有色差需要说明，可搭配简洁的文字说明，如图3-8所示。

图 3-8

（3）模特图

模特图的功能在于激发潜在需求，展示效果，激发购买冲动。要求拍摄时注意是清晰大图、外景或内景拍摄、图片真实、拍摄效果应符合品牌的定位。也可添加模特资料、模特所试穿的尺码、模特试穿感受等增加模特的真实存在感，模特展示更能激发买家的购物欲望，如图3-9所示。

图 3-9

模特图的主要目的是展示上身效果，所以在设计过程中要注意模特符合品牌的定位、清晰的大图（全身）、呈现正面和侧面的上身效果（每张图片都增加不同信息含量来表现服装），若有多个颜色，以主推颜色为主，其他颜色辅以少量展示，排版宽度一致。

问：模特图需要注意哪些问题？

答： ①展示模特图的正面、背面及侧面不是机械地摆出几个造型，而是在不同的方向展示上身效果，让买家了解自己穿上后是怎样的效果。②商品有多色款式时可以将一个颜色作为主打，最多两个颜色做较多展现。多色的上身效果可以一字排开展示效果，仅作对比展示。③多色的剪裁一致时不需要每个颜色都重复背面、侧面展示。

（4）SKU属性

以文字、表格或图片等多种形式说明产品的材质、规格等相关信息，SKU属性帮助用户自助选择合适的尺码、合适的功能，设计过程应注意该商品特有的尺码描述（非全店通用）、服装类有模特的应展示模特信息，突出身材参数、建议有试穿体验（多样的身材）。时间是维系买家购买欲望的沙漏，使用可视化图标而不是使用文字，可以减少买家了解产品的时间，如图3-10所示。

（5）产品卖点

产品卖点的设计应围绕着顾客为什么购买（好处设计、避免痛苦点）进行设计，要放大产品卖点，一般是工艺、材质等细节说明，让顾客多了解产品的特性，如图3-11所示。

2. 撰写宝贝描述设计举例

宝贝描述是整个商品在淘宝平台出售的重中之重，宝贝描述中加入产品细节能全面地向买家展示宝贝细节，不但买家能够清楚明白宝贝细节，

图 3-10

图 3-11

而且也节约了卖家回答买家关于宝贝细节问题的时间，在制作产品细节模块时产品单独拍摄的细节素材可以进行左右展示，并结合文字对细节进行说明，如图3-12所示。

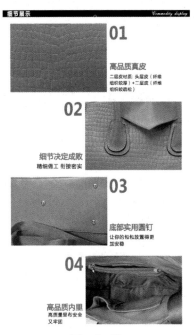

图 3-12

制作宝贝描述可以使用 Photoshop 所有系列版本的软件，如 Photoshop CS5、Photoshop CS6、Photoshop CC 等。

下面以使用 Photoshop 软件制作宝贝细节模板为例，介绍宝贝描述的制作步骤。

第1步 打开 Photoshop 图片处理软件，按【Ctrl+N】快捷键执行【新建】命令，打开【新建】对话框，❶设置宽度为790像素，高度为1700像素，分辨率为72像素/英寸，❷单击【确定】按钮，如图 3-13 所示。

图 3-13

第2步 使用【矩形工具】绘制黑色标题区域，选择【横排文字工具】，输入标题内容，置入商品素材 3.1.4-01.png，放置在标题右侧，使用【矩形工具】绘制第一个细节展示区，如图 3-14 所示。

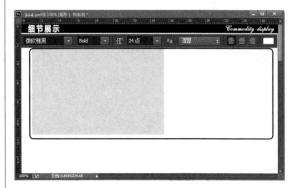

图 3-14

第3步 复制 3 次"矩形 2"细节展示区图层，分别进行左右布局，如图 3-15 所示。

图 3-15

第4步 选中【矩形 2】图层，置入素材 3.1.4-02.png，移动到第一个细节展示区域，按住【Alt】键单击下方的【矩形 2】图层创建剪贴蒙版。使用相同方法添加 3.1.4-03.png、3.1.4-04.png、3.1.4-05.png 素材，并进行调整，如图 3-16 所示。

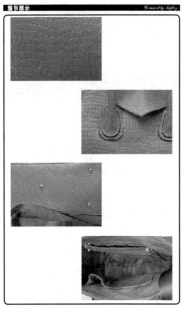

图 3-16

第5步 选择【横排文字工具】,使用"微软雅黑"加粗字体、72点、橙色,依次在素材旁输入序号,如图 3-17 所示。

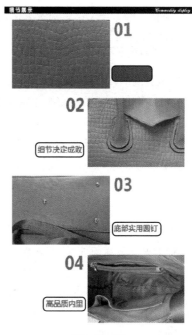

图 3-18

第7步 修改字体大小为22点,颜色为黑色,输入细节的详细内容,并对所有文字位置进行微调,字体效果进行调整,如图 3-19 所示。

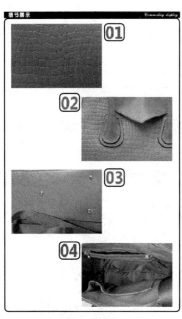

图 3-17

第6步 修改字体大小为32点,分别在素材旁输入细节核心标题,如图 3-18 所示。

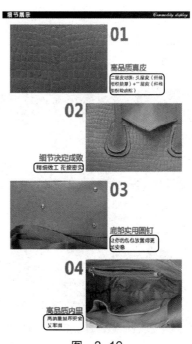

图 3-19

3.1.5 优化宝贝图片，做好视觉营销

在人们接受到的外界信息中，83%以上的是通过眼睛；11%要借助听觉；3.5%依赖触觉；其余的则源于味觉和嗅觉。这个数据或许可以证明视觉的重要，任何事物当我们发现它时，外观的好坏会给人直觉上的判断。一个品牌如何在电商中脱颖而出，一个广告主如何让你的广告被点击，视觉是至关重要的。

根据消费者在购买产品时的心理的变化趋势，我们要把握好"注意与注目""兴趣与好奇心""欲望与希望"这三个环节。卖家通过视觉让买家感知到产品的信息，然后再通过视觉让买家在众多商品中看到你的产品并被吸引，再从看到产品之后又产生好奇心，引发欲望，这是视觉营销的作用。

优化宝贝图片可以使用Photoshop软件、美图秀秀图片处理软件等。

下面以美图秀秀为例，介绍优化宝贝图片的操作步骤。

下图为优化前后对比图，图3-20所示为优化前宝贝图片，图3-21所示为优化后宝贝图片。

图 3-20

图 3-21

第1步 下载安装【美图秀秀】后，单击【美图秀秀】快捷图标，打开页面，单击【打开一张图片】链接，如图3-22所示。

图 3-22

第2步 弹出【打开图片】窗口，❶ 选择需要优化的宝贝图片，❷ 单击【打开】按钮，如图3-23所示。

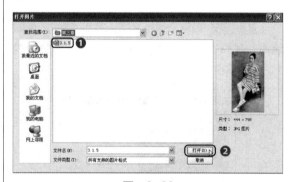
图 3-23

第3步 单击【美容】选项栏下的【瘦脸瘦身】选项，如图3-24所示。

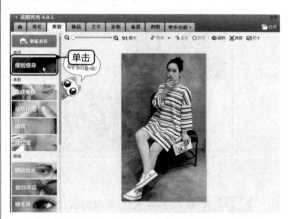
图 3-24

第 4 步 打开【瘦脸瘦身】页面，❶ 单击【整体瘦身】选项，❷ 拖动【瘦身程度】○ 图标，根据图片适当拖动，如图 3-25 所示。

图 3-25

第 5 步 当然也可根据实际情况，选择【局部瘦身】来进行局部优化。完成【瘦脸瘦身】后，单击【应用】按钮，如图 3-26 所示。

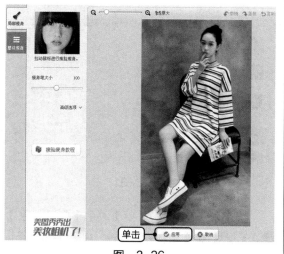

图 3-26

第 6 步 回到【美图秀秀】首页，❶ 单击【美化】选项，❷ 在【特效】中选择合适的优化特效，❸ 选择完成后，单击【保存与分享】按钮，如图 3-27 所示。

图 3-27

第 7 步 弹出【保存与分享】窗口，❶ 选择【保存路径】选项，❷ 单击【保存】按钮。即可完成宝贝图片的优化，如图 3-28 所示。

图 3-28

3.2 在线修改出售中的宝贝

在发布商品后，如果发现有错误的地方，那么可以对商品进行各种编辑，只要是发布商品时填写的资料，都可以重新编辑的。

3.2.1 修改宝贝标题、价格、库存数量

一般来说，出现以下几种情况时，我们就需要对商品进行编辑了。

● 商品分类错误。这个是非常重要的，错误的分类就表示买家可能搜索不到你的商品，如果发布商品时分类错误了，就需要立即更改。

● 商品颜色、款式、规格变化。一个商品往往有多个规格，当某个规格销售完，或者有了新的型号后，就需要删除或添加型号。

● 商品名称更换。如果之前填写的商品名称不是很恰当或者发布后想到更好的名称，就需要对商品名称进行修改。

● 商品价格变化。在销售过程中，如果觉得之前定价不合理，或者促销商品时，就需要对价格进行相应更改。

● 运费的改变。如果商品运费发生了变化，那么也需要相应调整，如某件商品促销时卖家承担运费，或者降低与增加运费时。

● 完善商品资料。发布商品时，没有提供全面的商品资料，如没有详细选择商品属性、开店前发布商品时没有上传图片等，也需要对商品资料进行完善。

下面以修改宝贝标题、价格、库存数量为例，介绍重新编辑宝贝资料的操作步骤。

第1步 在淘宝网【卖家中心】界面中单击左侧【宝贝管理】栏中的【出售中的宝贝】链接，如图3-29所示。

第2步 在显示的出售宝贝页面中，单击要修改宝贝右侧的【编辑宝贝】链接，即可修改宝贝内容，如图3-30所示。

第3步 若要修改宝贝标题、价格、库存数量可以直接在上图【出售中的宝贝】页面编辑。单击宝贝标题后的【编辑宝贝标题】按钮，如图3-31所示。

图 3-29

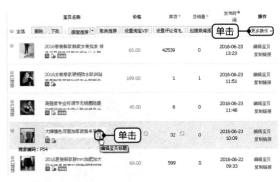

图 3-30

图 3-31

第4步 ❶输入需要更改的【宝贝标题】，确认无误后，❷单击【保存】按钮，如图3-32所示。

图 3-32

第5步 单击宝贝标题后的【编辑价格】图标，如图3-33所示。

图 3-33

第6步 在弹出的编辑框中，❶输入需要更改的宝贝价格，确认无误后，❷单击【保存】按钮，如图3-34所示。

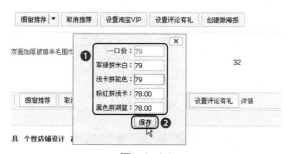

图 3-34

第7步 单击宝贝标题后的【编辑库存】按钮，如图3-35所示。

图 3-35

第8步 在弹出的编辑框中，输入需要更改的【宝贝库存】，确认无误后，单击【保存】按钮，如图3-36所示。

图 3-36

第9步 根据以上步骤，即可完成对宝贝标题、价格库存数量的修改。

3.2.2 宝贝下架、上架的方法

在网上开店后，随着时间的积累，所发布的宝贝也会越来越多，这时就需要卖家根据实际情况对宝贝进行上架、下架的管理操作。

1. 宝贝上架

发布宝贝时可以将宝贝放入仓库中或者把宝贝直接上架。已经下架的宝贝想继续销售时，就需要将宝贝重新上架。下面介绍宝贝上架的操作方法。

第1步 在【卖家中心】界面中单击左侧【宝贝管理】栏中的【仓库中的宝贝】链接，会显示出当前所有未上架与已下架的商品列表，如图3-37所示。

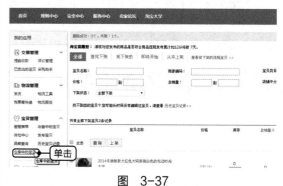

图 3-37

第2步 ❶在页面中选中需要上架的宝贝图片前的复选框，确认选择完成后，❷单击列表下方或者右方的【上架】按钮，如图3-38所示。

图 3-38

第3步 单击后，商品就已经上架销售。上架后的商品可以到【出售中的宝贝】列表中查看，如图3-39所示。

图 3-39

②宝贝下架

在发布宝贝时，我们选择"立刻"发布时，宝贝就会马上上架销售了。当宝贝销售完毕，或者暂时不销售该宝贝时，就可以将宝贝下架（也就是放到仓库里）。

下面介绍为宝贝下架的操作方法。

第1步 在【卖家中心】界面中单击左侧【宝贝管理】栏中的【出售中的宝贝】链接，会显示出当前所有已经上架商品列表，如图3-40所示。

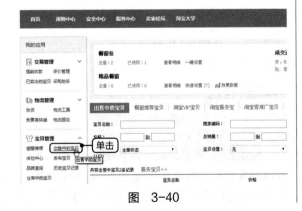

图 3-40

第2步 ❶ 在页面中选中需要下架的宝贝图片前的复选框，确认选择完成后，❷ 单击列表下方的【下架】按钮，如图3-41所示。

图 3-41

第3步 单击后宝贝就已经下架并停止销售，下架后的宝贝将被转移到【仓库中的宝贝】列表中，如图3-42所示。

图 3-42

3.2.3 合理选对商品上架时间

淘宝商品上下架时间的合理安排是淘宝搜索排名的重要影响因素，淘宝商品离下架时间越近的，排名会越靠前。此时，我们要了解上下架的最佳时间。

1. 选择上下架时间周期

宝贝的上下架时间周期一般是7天或者14天，快下架的宝贝都是排在前面的，也可以在"出售中的宝贝"看到这款宝贝的上架时间。而选择周期为7天，比选择周期为14天有更多的上架时间以及更多的展现机会。

2. 商品上下架要在用户网购高峰期

在商品上下架的具体操作中，要根据每个时间段的销售情况来分析上下架的最佳时间。普遍认为最佳上下架时间是中午11点至下午1点，下午3点至5点，晚上7点至12点，在这个时间段内每隔几分钟发布一个新商品。当然，如果店里产品上千种，可以在早上 9 点至晚上 23 点每个时间点都有产品发布最好。

3. 同类商品要分开上架

使用淘宝数据包上架产品估计很方便，但是对搜索来说是很不利的。比如，女装新款衬衫，如果几分钟内用淘宝助理一次性全上去了，那以后每周只有一天的几分钟内你的产品才会排在前面。但是，如果把女装新款衬衫分成 14 份（7 天内每天的两个黄金时间段），在每天的两个黄金时间段隔几分钟上传一个,用 7 天时间全部上架完毕。以后每天就会有女装新款衬衫的产品在黄金时间段排在搜索结果的前列。

> **问**：宝贝为什么不能同时发布？
> **答**：因为，同时发布也就容易同时消失。如果分隔开来发布，那么在整个黄金时段内，你都有即将下架的商品可以获得很靠前的搜索排名，为您带来更多的流量。

3.3 提升店铺销量的技巧

提升店铺销量可以用详尽的产品描述、老顾客的口碑相传、线下的传统媒体宣传、网络广告的强势攻击等，不管采用哪种方式，目的都是一样，让你的店铺、产品，展现在人们的视线里并通过各种方式让他们购买。

但是很多新手卖家都会遇到一个问题，店铺才开张，没有信用度没有自然流量更没有销量，那么卖家在这时就需要利用促销活动来提高销量，当然做促销是一种很好的方式，但是一些促销是需要收费的，提醒大家要谨慎投入，因此，卖家须视情况而定。淘宝促销工具有很多，下面给新卖家介绍一些利用促销活动提升销量的方法。

3.3.1 设置限时限量促销商品

促销做得好，销量就会好，那是必然的！那么怎样才能正确和有效使用"限时限量促销"这个工具呢？限时限量促销是淘宝提供给卖家的一种店铺促销工具，订购了此工具的卖家可以在自己店铺中选择一定数量的商品在一定时间内以低于市场价的价格进行促销活动。

下面以"美折促销"为例介绍设置限时促销步骤。

第1步 在【卖家中心】界面中单击左侧【软件服务】栏中的【我要订购】链接，如图 3-43 所示。

第2步 打开【服务市场】页面，❶ 在搜索栏中输入【美折促销】，❷ 然后单击【搜索】按钮，如图 3-44 所示。

图 3-43

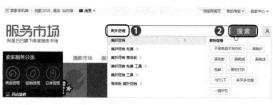

图 3-44

第3步 在打开的【美折促销】购买界面，❶选择【服务版本】和【周期】，确定后，❷单击【立即订购】按钮，如图3-45所示。

图 3-45

第4步 在打开的【立即订购】页面，查看购买内容无误后，单击【同意协议并付款】按钮，如图3-46所示。

图 3-46

第5步 订购成功后，页面会自动跳转，在跳转页面中单击【美折】图标，如图3-47所示。

图 3-47

第6步 进入美折活动页面后，单击【创建新活动】下拉菜单中的【折扣/减价】链接（这里以折扣/减价为例），如图3-48所示。

图 3-48

第7步 在打开的【创建限时打折活动】页面中，❶设置【活动名称】【开始时间】【结束时间】【价格标签】【优惠限购】，❷设置完成后单击【下一步：选择打折商品】按钮，如图3-49所示。

图 3-49

第8步 在打开的【选择活动商品】页面中，❶单击需要进行打折的商品右边的【加入活动】按钮，❷添加完成后，单击【下一步：设置商品折扣】按钮，如图3-50所示。

图 3-50

第9步 在打开的【设置商品折扣】页面中，❶给每件需要打折的商品设置商品折扣。设置完成后，❷单击【完成并提交】按钮，如图3-51所示。

图 3-51

第10步 显示【活动创建成功】页面，完成商品限时促销活动的创建，如图 3-52 所示。

图 3-52

第11步 活动创建成功后，卖家可以在店铺售卖宝贝页面查看，如图 3-53 所示。

图 3-53

3.3.2 设置评论有礼

淘宝的评论有礼是一个留住老客户和增加好评的非常好的办法，同时也是促进成交，提高买家忠诚度，增加可信度的重要宣传方式。

下面介绍设置评论有礼的具体操作步骤。

第1步 ❶ 在【卖家中心】界面中单击左侧【宝贝管理】栏中的【出售中的宝贝】链接，❷ 在出售中的宝贝列表中，选中需要开通评论有礼活动的宝贝前的复选框，如果想要全部宝贝加入，直接选中"全选"前面打钩即可。选择无误后单击【设置评论有礼】按钮，如图 3-54 所示。

图 3-54

第2步 在打开的页面中单击【下一步：设置活动】链接，如图 3-55 所示。

图 3-55

第3步 在打开的【设置活动】页面中输入此活动的【活动名称】，❶ 设置【活动类型】【活动截止时间】【奖励方式】。确认创建无误后，❷ 单击【确认】按钮，即可成功完成评论有礼的活动设置，如图 3-56 所示。

图 3-56

3.3.3 创建搭配套餐营销

搭配套餐是将两个或者两个以上的商品,以搭配的形式组合销售,这种营销方式在很大程度上提高了卖家促销的自主性,同时也为买家提供了更多的便利和选择权,使店铺的促销活动更专业,节省人力成本,并提升商品单价和转化率。搭配套餐能使商品与商品之间环环相扣,增强了每个商品的曝光率,起到连带销售的作用。同时也要合理设置搭配套餐的价格,让买家产生购物冲动,关于这点大家可以根据自己的商品利润来看,原则是搭得多优惠得多,让买家感觉到实惠和实用,遵循这两个原则很重要。

下面介绍创建搭配套餐的操作步骤。

第1步 在【卖家中心】界面中,❶单击左侧【营销中心】栏中的【我要推广】链接,❷在【营销工具】选项卡中单击【搭配套餐】图标,如图3-57所示。

第2步 ❶在打开的【搭配套餐订购】页面中选择服务周期,❷单击【立即订购】按钮,如图3-58所示。

第3步 根据页面提示完成订购操作后,❶在【我是卖家】页面中单击【我购买的服务】项展开按钮,❷在打开的增值服务列表中单击【搭配套餐】选项,如图3-59所示。

图 3-57

图 3-58

图 3-59

第4步 进入【促销管理】页面,❶单击【搭配套餐】选项卡,❷单击【创建搭配套餐】按钮,如图3-60所示。

第5步 打开【创建搭配套餐】界面,❶输入【套餐标题】,❷单击【添加搭配宝贝】按钮,如图3-61所示。

第6步 选择套餐商品,在其右侧单击【添加】按钮,如图3-62所示。

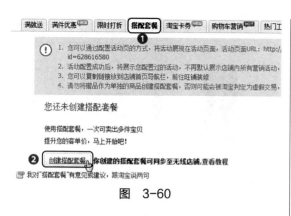

图 3-60

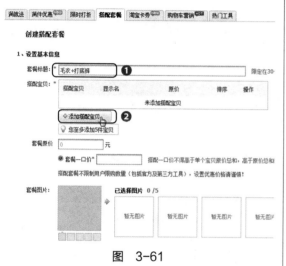

图 3-61

图 3-62

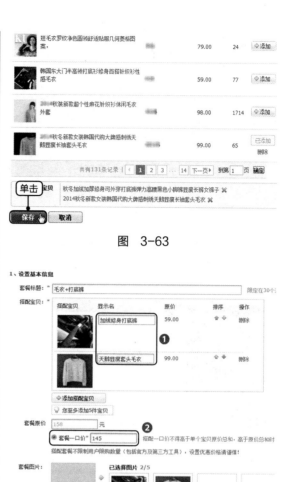

图 3-63

图 3-64

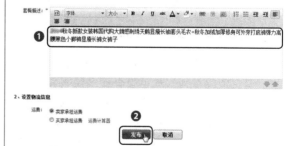

图 3-65

第7步 继续单击【添加】按钮添加套餐商品，添加完成后单击下方【保存】按钮，如图 3-63 所示。

第8步 ❶输入【搭配宝贝】的名称（显示名称必须小于等于 8 个汉字或 16 个字符），并输入【套餐一口价】，如图 3-64 所示。

第9步 ❶输入【套餐描述】，设置物流信息，❷ 确认无误后单击【发布】按钮，如图 3-65 所示。

第10步 此时，即可成功发布搭配套餐，❶ 单击套餐右侧【查看】链接。❷ 在发布搭配套餐成功页面中单击【一键同步】链接，可将该套餐迅速同步至无线店铺，如图 3-66 所示。

图　3-66

第11步 经过上步操作，即可查看到该套餐的详细信息，如图3-67所示。

图　3-67

3.3.4　创建淘金币营销活动

淘金币是淘宝网的虚拟积分。在淘金币平台上，买家能够兑换、竞拍到全网品牌折扣商品，也可以兑换、抽奖得到免费的商品或者现金红包，并可以进行线上线下商家的积分兑入，大大增加卖家的曝光量。图3-68所示正是一款参加了金币营销活动的宝贝。

1．申请淘金币账户

卖家如果需要创建淘金币营销活动，那么需要先申请淘金币账户。下面介绍申请淘金币账户的操作方法。

图　3-68

第1步 在【卖家中心】界面中单击左侧【营销中心】栏中的【淘金币营销】链接，如图3-69所示。

图　3-69

第2步 在【淘金币卖家服务中心】界面中单击【立即申请淘金币账户】按钮，如图3-70所示。

图　3-70

第3步 在打开的页面中单击【同意协议并申请账户】按钮，如图3-71所示。

第4步 弹出提示框，单击【确认】按钮，即可完成淘金币账户的申请，如图3-72所示。

图 3-71

图 3-72

2. 开启淘金币抵钱活动

淘金币专门开设淘金币抵钱频道，设置淘金币抵钱就有机会进频道展示。淘金币抵钱活动设置后即全店宝贝都支持买家进行淘金币抵扣。买家用于抵扣的淘金币，70% 存入卖家淘金币账户，供后期店铺营销活动发放使用。

下面介绍开启淘金币抵钱活动的具体操作方法。

第1步 打开【淘金币卖家服务中心】界面，单击【赚淘金币】栏下【淘金币抵钱】内的【立即运行活动】按钮，如图 3-73 所示。

图 3-73

第2步 ❶设置【最高可抵扣比例】以及【活动时间】,❷单击【同意开通】按钮,如图 3-74 所示。

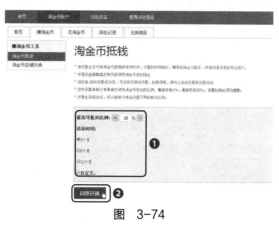

图 3-74

第3步 在弹出的提示框中确定设置后，单击【确定开通】按钮，如图 3-75 所示。

图 3-75

第4步 页面跳转回【淘金币卖家服务中心】页面中，在【淘金币抵钱】右下方单击【添加单品】按钮，如图 3-76 所示。

图 3-76

第5步 ❶复制并粘贴该宝贝链接地址到【添加单品】文本框，❷设置该单品抵扣比例，❸确认无误后，单击【确定添加】按钮，如图3-77所示。

图 3-77

第6步 此时，即可成功运行该单品赚取淘金币活动，如图3-78所示。

图 3-78

问：怎么在淘宝网手机端优先选择成为淘金币抵钱活动的卖家？

答：在淘宝手机客户端，淘金币宝贝有特殊标志+专项筛选，如图3-79、图3-80所示。

图 3-79　　图 3-80

3.4 掌握买卖双方交易流程

在学习了如何管理宝贝之后，接下来就应该了解买卖双方的交易流程。在这过程中，不是买家拍下宝贝就代表完成了交易，其中还涉及修改价格、选择物流及双方评价等内容。

3.4.1 买家确认购买

当买家决定购买宝贝时，他们会下订单，此时卖家收到系统发来的信息，通知卖家该宝贝已被买家拍下，即表示买家已确认购买宝贝。

在【卖家中心】界面中单击左侧【交易管理】栏中的【已卖出的宝贝】链接，即可在【已卖出的宝贝】页面中查看买家拍下的订单，如图3-81所示。

淘宝店铺商品的经营与管理 第3章

图 3-81

3.4.2 卖家修改价格

买家提交订单后，可能会讨价还价，要求优惠打折等，这时卖家就需要修改订单价格。

下面介绍卖家修改价格的操作步骤。

第1步 在【已卖出的宝贝】页面，单击需要修改价格的宝贝后面的【修改价格】链接，如图 3-82 所示。

图 3-82

第2步 弹出【修改订单价格】窗口，设置【涨价或折扣】及【邮费】，确认无误后单击【确定】按钮，如图 3-83 所示。

图 3-83

第3步 自动返回至【已卖出的宝贝】页面，即可查看修改后的订单价格，如图 3-84 所示。

图 3-84

3.4.3 买家确认付款

买家进行付款，当买家完成付款后，系统也会同时发送提示信息，通知卖家买家已付款。

在【卖家中心】界面中单击左侧【交易管理】栏中的【已卖出的宝贝】链接，即可在【已卖出的宝贝】页面中查看拍下的订单已完成付款，如图 3-85 所示。

图 3-85

3.4.4 卖家根据订单发货

买家付款成功后，卖家即可联系快递公司上门取件，然后在线进行发货操作。

下面介绍卖家根据订单发货的操作步骤。

第1步 在【已卖出的宝贝】页面，单击需要发货的宝贝后面的【发货】链接，如图 3-86 所示。

图 3-86

第2步 在打开的【发货】页面中，确认"收货信息与交易详情"以及"发货与退货信息"。如果信息不正确可修改，如图 3-87 所示。

图 3-87

第3步 在【第三步选择物流服务】内容下，
❶ 输入【快递单号】及【物流公司】，确认无误后单击【发货】按钮，如图3-88所示。

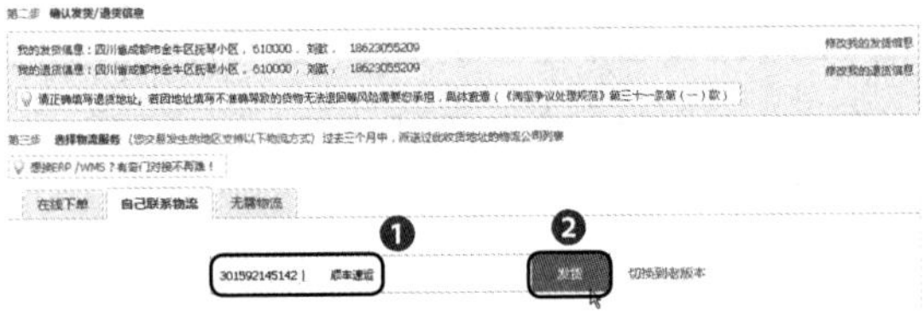

图 3-88

第4步 即可弹出【恭喜您，操作成功】字幕框以及物流信息、收货信息、发货信息、退货信息等详情，如图3-89所示。

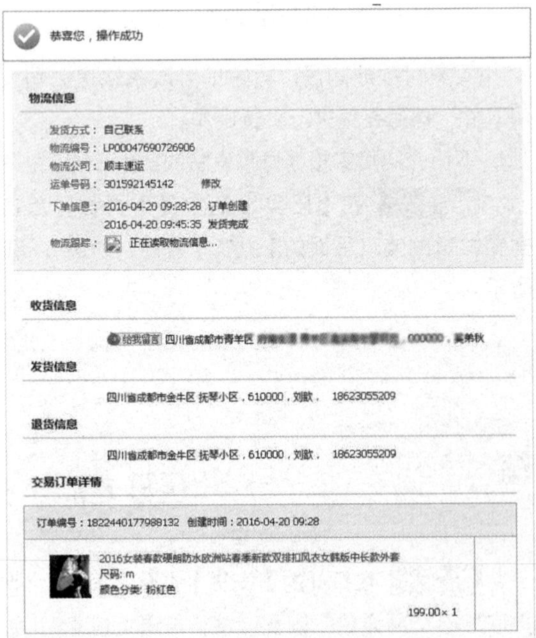

图 3-89

第5步 返回【已卖出的宝贝】页面，可以查看到，宝贝状态已显示为【卖家已发货】，如图3-90所示。

图 3-90

3.4.5 买家收货

当买家收到宝贝后，需要先确认收货并通过输入支付密码将暂存于第三方支付宝的货款支付给卖家，并对收到的宝贝进行评价，如图3-91所示。

图 3-91

买家的评价可在【评价管理】中的【来自买家的评价】中查看，如图3-92所示。

图 3-92

3.4.6 回复买家的评价

当收到买家的评价后，当然卖家也应该做出相对应的评价。

下面介绍卖家进行评价的操作步骤。

第1步 在【已卖出的宝贝】页面，在要评价的宝贝后面单击【评价】链接，如图3-93所示。

图 3-93

第2步 ❶ 对买家的评价选择进行【好评】【中评】【差评】，❷ 并在【评价】列表框中根据实际情况输入相应的评价，❸ 确认无误后单击【发表评论】按钮，如图 3-94 所示。

第3步 即可完成对买家购买商品的评价，如图 3-95 所示。

图 3-94

图 3-95

3.5 理性对待买家评论

当产品销售出去后，买家会根据自己的体验对产品及相关服务进行评价，评论有好评，也有差评。那么作为网店卖家如何理性对待买家的评价呢？接下来给新手介绍相关知识与技巧。

3.5.1 如何对待中差评

买家给卖家中差评不外乎三种情况：第一种是对店铺的产品和服务不满意，心里觉得气愤，因而给差评；第二种是职业差评师为了赚取不正当利益，想借此胁迫卖家；第三种是竞争对手恶意竞争。下面重点讲解如何对待第一情况的中差评。

当卖家收到中差评后，应该主动联系买家，耐心地沟通，诚恳地解释，了解买家因为什么给差评。了解到底是因为质量不好、样式不满意还是与宝贝描述不符，或者是客服人员态度太差，又或者是送货太慢。

其实网上大部分的买家还是挺善解人意的，所以别遇到差评心里就抵触，或是觉得别人是故意的，有可能真的是你的言语或者产品给别人造成了不好的体验。

1. 质量不好或宝贝描述不符

首先应该清楚，由于我们的错误，所以买家才给我们差评的。我们应该真诚地道歉，然后和气地与买家商量解决办法。

如果买家要求换货，那我们应该爽快地答应，并主动承担买家换货邮费。并且在下一次发货时，卖家应该更加注意，仔细地检查，保证客户收到的东西是无质量问题的。要是买家觉得换货太麻烦，想直接退款，那卖家也要表示理解，并且尊重客户的选择，爽快地答应，然后第一时间退款，并且承担客户损失的邮费，卖家的错误不能由买家来埋单。

2. 样式不满意

如果款式不满意就主要是买家的问题了，但切记不要因此认为买家不可理喻无理取闹，卖家应该尽量平和地与买家商量可否进行换货，让买家能感受到我们的诚意，并因此对店铺留下好的印象。

3. 客服服务态度差

如果是因为服务态度差，那么一定要直接进行解释，首先要诚恳地道歉，然后向买家说明具体原因，可能是客服一次性接待的人数太多，没有及时回复信息……切忌听到买家的不满就急着解释，那会让买家觉得我们在推脱责任。

4. 快递运货速度太慢

快递运货速度太慢这个原因是卖家最无奈的，我们完全不能控制这个速度的。就算卖家随时跟踪物流，催着快递，而且比买家还急，可还是不能得到买家的理解。但卖家一定要冷静下来，诚恳地向买家道歉，然后是耐心地解释。这很难做到，但必须慢慢锻炼。因为淘宝的竞争越来越激烈了，在这高手云集、皇冠数不胜数的大平台上，如果别人能做到的，你却做不到，那你凭什么赢？

3.5.2 引导买家修改评价

在淘宝网中，如果买家给予了差评，这时卖家要与买家协调处理，当交易得到良好的解决且得到买家满意后，那么就可以引导买家将差评改为好评。

下面介绍引导买家修改评价的操作方法。

第1步 登录淘宝网，单击【我的淘宝】下拉菜单中的【已买到的宝贝】选项，如图3-96所示。

图 3-96

第2步 在打开的【我的淘宝】页面中单击【评价管理】选项，如图3-97所示。

图 3-97

第3步 在【评价管理】页面中，单击【给他人的评价】选项，如图3-98所示。

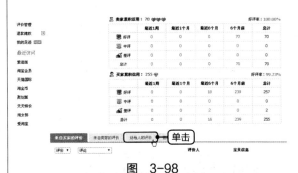

图 3-98

第4步 单击【改为好评】链接，也可以直接单击【删除评价】选项，如图3-99所示。

图 3-99

3.6 管理好店铺的收支账目

为了清晰地了解网店的利润、开支及销售状况，卖家需要对店铺的资金账目进行有效的管理，才能为今后店铺的经营制订合理的规划，比如退还买家货款及运费、将支付宝中的销售额转入银行账户等都是卖家必须掌握的技能。

3.6.1 退还买家货款及运费

买家可能会因为一些特殊情况选择退还货款及运费，比如买家拍错了、不想买等，这时卖家确认退款事情合情合理就需要给买家处理退款申请。

下面介绍退还买家货款及运费的操作步骤。

第1步 在【已卖出的宝贝】页面中，选中已申请退款的宝贝，单击【退款】链接，如图3-100所示。

图 3-100

第2步 在打开的【卖家处理退款申请】页面中，单击【同意退款申请】链接，如图3-101所示。

图 3-101

第3步 ❶ 在打开页面的【支付宝支付密码】文本框中输入支付宝支付密码，与此同时绑定此支付宝的手机号码会接收一组数字校验码，收到后，❷ 在【校验码】文本框中输入这组数字，❸ 确认无误后单击【确认】按钮，如图3-102所示。

图 3-102

问：如果绑定的手机号没有收到校验码怎么办？

答：如果与支付宝绑定的手机号没有收到校验码，卖家可以单击【校验码】文本框右边的【没有收到校验码】链接，绑定的手机会再次接收一组数字校验码。

第4步 进入【退款成功】页面，即退还买家货款及运费成功，买家已支付金额会转入买家的支付宝账户中，如图3-103所示。

图 3-103

3.6.2 将支付宝中的销售额转入银行账户

买家确认收货后，支付宝就会把货款转入卖家的支付宝账户中。如果卖家想把支付宝账户中的销售额转入银行账户，就需要从支付宝账户中提取现金。

下面介绍将支付宝中的销售额转入银行账户的操作步骤。

第1步 在【卖家中心】页面中单击【我的支付宝】账号链接，如图3-104所示。

图 3-104

第2步 在打开的【我的淘宝】页面中单击【进入支付宝】链接，如图3-105所示。

图 3-105

第3步 进入【支付宝】平台即可查看【账户余额】，单击【提现】按钮，如图3-106所示。

图 3-106

第4步 ❶在打开的【提现】页面中，选中绑定的银行卡，❷输入【提现金额】，❸确认无误后单击【下一步】按钮，如图3-107所示。

图 3-107

第5步 进入【确认提现信息】页面，❶在【支付密码】文本框中输入支付密码，❷确认无误后单击【确认提现】按钮，如图3-108所示。

图 3-108

第6步 随即提示【提现申请已提交，等待银行处理】，单击【返回我的支付宝】链接，如图3-109所示。

图 3-109

第7步 即可查看到【账户余额】显示为"0.00元"，如图3-110所示。

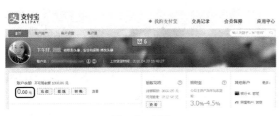

图 3-110

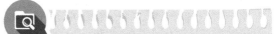

问：如何知道已提现成功?

答：提现申请提交后，银行会在规定时间内处理，处理成功后系统会通知卖家。

实用经验分享：宝贝搜索排名急速提升技巧

图 3-111

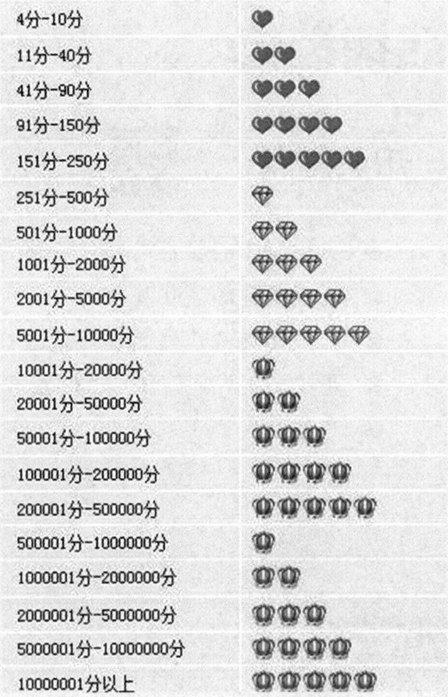

可以说淘宝宝贝搜索排名直接影响着宝贝的流量和销量，既然如此，作为淘宝网店卖家的你就要好好研习下如何提高自己网店宝贝和店铺的排名。

经过测试，我们发现影响宝贝排名的因素主要是卖家信誉、成交量、收藏量、好评率、宝贝的下架时间等这几个因素。

（1）卖家信誉

信誉是淘宝站内搜索排名不变的规则，无论从买家还是排名的角度来考虑，信誉永远是第一位的，但是它的分值目前在不断下降。不过对于新卖家，淘宝有相应的扶持政策，即留出少量位子给新卖家。图 3-111 所示即为卖家信用度等级图。

（2）成交量

这里的成交量是实际的成交量，为了这一点卖家就要努力做营销。这里提醒一点，可能一些卖家会想到刷销量，但是刷单危险，且刷且珍惜。

（3）收藏量

目前来说买家收藏你的店铺是人气排名最重要的一个因素。

（4）好评率

无论是短期还是长期经营，100% 好评对任何一个淘宝网店卖家都是至关重要的。因此，为了以后的每笔生意，还是要做好现在的每单生意。图 3-112 所示即为卖家累积信用的一个案例。

卖家累积信用：71 好评率：100.00%

	最近1周	最近1个月	最近6个月	6个月前	总计
好评	0	0	1	70	71
中评	0	0	0	0	0
差评	0	0	0	0	0
总计	0	0	1	70	71

图 3-112

（5）宝贝的下架时间

这是一个硬性指标，越接近下架的时间，排名越靠前。

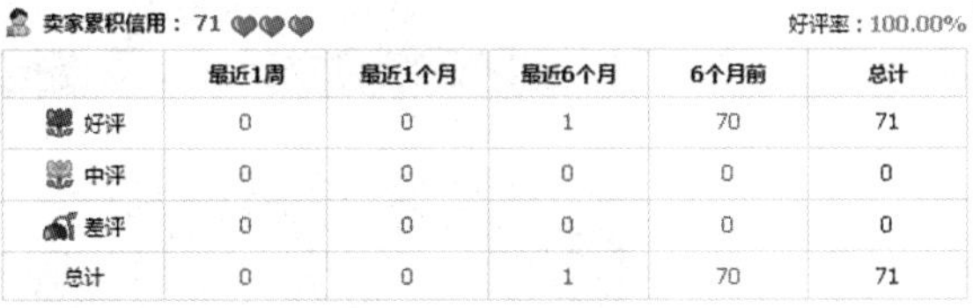

第1篇

淘宝开店

第4章　网店商品的拍摄与店铺装修

本章导读

网店与传统店铺最大的区别就是没有具体实物，网上购物的买家会将第一印象放在店铺中的商品图片及店铺的装修上，因此拍摄出好的商品图片并进行适当的店面美化装修，将直接关系到商品的受关注度，而且会在很大程度上影响买家的购买意向。本章将会讲解店铺商品的拍摄技巧及美化、店铺店标与店招的设计、店铺页面导航与宝贝分类区，以及店铺的促销广告制作等内容。

知识要点

- 店铺商品的拍摄技巧
- 商品图片的美化处理
- 店铺店标与店招的设计
- 店铺宝贝详情页区的装修
- 店铺促销广告制作

4.1 店铺商品的拍摄技巧

无论是在哪个购物网站开通店铺，都需要先学习如何拍摄好的宝贝图片。其拍照方法大致相同，要按照一定的拍摄标准来拍摄，更要了解一些拍摄攻略，知道什么商品需要怎么拍摄。

4.1.1 网店商品的拍摄器材

我们要拍摄优质的照片，就必须准备一些拍摄器材。

1. 相机

数码相机是拍摄网店商品的必备条件。在相机市场会面对各种各样的相机，常常是想买而又无从下手，担心购买了不合用的产品。我们首先要考虑自己的使用目的。对于相机本身，则首先需要考虑的应该是影像质量和分辨率、总体性能特点、影像存储量及价格，如图4-1所示。

图 4-1

（1）数码相机的镜头

设计优良的高档相机镜头由多组镜片构成，并含有非球面镜片，可以显著地减少色偏和最大限度地抑制图形畸变、失真，材质为价格昂贵的萤石或玻璃；而家用和半专业相机的镜头为减轻重量和降低成本，采用的是用树脂合成的镜片。

（2）相机的变焦功能

购买相机时变焦倍数是消费者较为关注的重点。较大的变焦倍数能够使数码相机拍摄的灵活性更强，但也不能简单地认为相机拍摄好坏取决于变焦倍数的大小。

变焦分光学变焦和数码变焦。光学变焦的范围要特别注意，一台相机的最小焦距越小，它的广角拍摄范围就越大，有利于拍摄大场面，而最大焦距越大则远摄能力越强。焦距范围38mm~114mm 和 35mm~105mm 的镜头都为3倍变焦镜头，这类镜头都没有拍摄大场面的能力，但35mm~105mm 的镜头实用性要比前者高出许多。数码变焦是把摄入的图片放大然后对空白部分进行科学填充，也就是所谓的插值法放大。插值成分越多，牺牲的图片细节也就越多，清晰度越低。所以，一般的数码变焦并没有太大的实际意义，因此，在选购数码相机时，要着重看光学变焦范围。

（3）相机的像素误区

像素是衡量数码相机质量的标准之一，也被消费者视为选购数码相机时的重点参考因素，所以许多消费者盲目地追求高像素，结果就走进了高像素的误区。其实像素并不是衡量数码相机质量的唯一标准。

数码相机成像的原理和传统相机有着本质上的差别，它是通过感光组件获得的数据，必须经过处理并组合，才能生成最终的图像文件，所以处理引擎的计算方法直接影响最终图像的质量。因此，我们需要通过数码相机的综合指标来全面考查数码相机的品质。

（4）相机没有最好，只有最适合

选择相机先要了解自身需求。通过综合考虑需要什么类型的相机、需要拍摄的内容及购买相机的预算来选择适合店铺的相机。

2. 三脚架

三角架是必须的，我们拍摄的商品图片都是静态图片，三角架可以有效地稳定相机，防止由于手拿相机细微的颤抖而影响拍摄质量。尤其对于需要拍摄大量商品图片的卖家而言，这一点尤为重要。

普通的三角架价格一般只有几十元钱，但对于拍摄出好的商品图片是非常有用的，我们可以根据自己所销售的商品的大小，来选择高脚三角架或者矮脚三角架。绝大多数三角架都支持伸缩高度调整的，这更便于我们确定拍摄角度与位置。如图4-2、图4-3所示。

3. 灯光设备

要想获得更好的拍摄效果，灯光也是必须的。灯光设备主要有两个作用：一是"照明"，重点在打亮环境，让摄影机可以拍到东西；二是"元素"，光线在画面环境中扮演一个角色，包含了艺术性及画面的语言。在一般商品拍摄中，我们可以有效利用环境中的灯光，比如白天取光线好的位置拍照，如果在室内拍摄就一定要灯光设备的辅助，如图4-4所示。

图 4-4

4. 反光板

反光板的用处是很大的，除了利用自然光线进行拍摄时，很多时候我们都需要人为地改变光线的效果，这在人像或静物拍摄时尤其明显。反光板可以反射光线，在摄影当中常用来进行补光；也可以通过反光板让灯光更加均匀、柔和，对照片的色彩还原度也具有很大影响，如图4-5所示。

图 4-2　　　　图 4-3

图 4-5

4.1.2 不同商品的拍摄技巧

目前网上销售的产品各种各样，不同的类别、不同的款式、不同的材质，都会涉及不同的拍摄方式。下面分类介绍下网店商品图片的拍摄技巧。

1. 服装类大商品的拍摄

要真正地展示所拍的服装，一张主图是不够的，所以要拍摄服装的细节照片。这些细节要对服装质地、做工等进行展示，让买家看得全面，买得更放心，如图4-6所示。

布置、灯光环境等都有一定的要求，准备这样的拍摄条件才能拍出具有专业感的照片，如图4-7所示。

图 4-7

图 4-6

另外，要尽可能真实地还原被拍摄服装的色彩，除了选用色彩还原较好的相机外，还要选择较好的拍摄环境和光线。可以选择在一个空旷的场地，室内室外都可以，在室内拍摄时要尽量选择整洁和单色的背景，照片里不宜出现其他不相关的物体和内容，除非是为了衬托商品而使用的参照物或配饰。室内拍摄对拍摄场地面积、背景

同时，在选用自然光拍摄时，一般应该选择光照充足的天气，光线要足够明亮，必须柔和，太阳光不要直射在被拍照物体上，以免出现反光的现象。对被拍对象的背光部分，可以使用反光板或白卡纸补光。拍摄中不要使用闪补光，如图4-8所示。

图 4-8

2. 小商品类商品的拍摄

小件商品比较适合在简单的环境空间里进行拍摄。由于这类商品本身体积就很小，在拍摄时不会占用很大的空间和面积，所以微型的摄影棚就能解决拍摄环境问题，如图4-9所示。这免去了布景的麻烦，还能拍摄出主体突出的、好看的商品图片。

能够放进微型摄影棚进行拍摄的都属于小件商品，如化妆品、钱包、相机、手机、珠宝配饰等。

图 4-10

我们的视线也最容易被大面积的色块所吸引，同类商品整体拍摄时就可以摆放得看似随意其实是稀疏有序，这样的摆放不仅能够全面地展现商品的主题，而且恰当的疏密和距离还会消除视觉上的紧张感。

（2）主体物的配饰

在目前的网络零售行业竞争激烈的情况下，有很多卖家在拍摄商品时开始附加一些感情色彩，营造出一种购物的氛围。网上的商品照片可以不用是一成不变的简单的排列组合，如图4-11所示。

图 4-9

我们在拍摄小商品照片之前，要对商品进行合理的组合，设计出一个最佳的摆放角度，为拍摄时的构图和取景做好前期准备工作。要考虑商品采用什么摆放角度和组合最能体现其产品性能、特点及价值，这是拍摄者在拍摄之前就要考虑清楚的问题，商品摆放决定了照片的基本构图。

（1）商品摆放角度

拍摄者拍摄小商品时可以用垂直悬挂的方式来摆放，因为人们的视觉习惯是视点朝下，这个角度看东西我们的眼皮感到最轻松，这样的摆放更能看清小商品造型，如图4-10所示。

图 4-11

4.2 商品图片的常规优化处理

拍摄商品实物图后可将照片复制到电脑里，然后对照片进行一系列修饰与美化，从而使照片看起来更加真实美观，达到吸引眼球的目的。对于卖家来说，对商品照片进行适当的美化和修饰都是必要的。目前常用的照片修饰软件主要是 Photoshop，我们在处理照片之前，首先需要把软件安装在电脑中，并学习软件的基本使用方法。

相信读者已经对 Photoshop 有所了解了，知道这是一款处理图片的软件，可能还有一些新手卖家对其操作不是很熟悉，如果熟悉了 Photoshop，以后无论是处理个人照片，或者店铺装修设计，都会特别方便。下面介绍 Photoshop 美化图片的一些基本技能。

4.2.1 调整图片尺寸

现在相机的像素非常高，图片非常大，所以有时需要调整图片大小来满足淘宝网的尺寸要求。如何在保留原图质量的情况下，将这些图片变小，这个问题成为令新手店主头疼的难题。下面以缩小照片为例介绍具体操作步骤。

第1步 启动 Photoshop 软件，单击【文件】菜单，在弹出的菜单中选择【打开】命令，如图 4-12 所示。

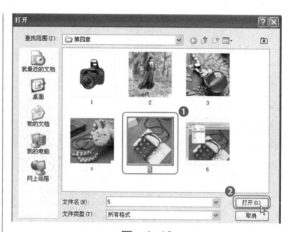

图 4-13

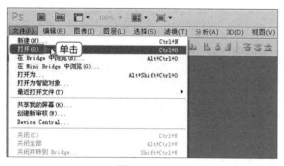

图 4-12

第2步 ❶ 在弹出的【打开】对话框中选择要打开的图片后，❷ 单击【打开】按钮，如图 4-13 所示。

第3步 回到 Photoshop 界面，单击【图像】菜单，在弹出的下拉菜单中选择【图像大小】命令，如图 4-14 所示。

图 4-14

第4步 打开【图像大小】对话框，❶ 在该对话框中设置相应的【宽度】值（高度值会自动根据长宽比例进行调整），❷ 单击【确定】按钮，如图 4-15 所示。

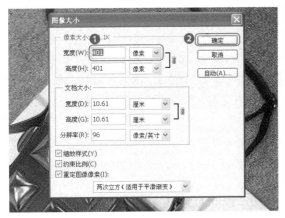

图 4-15

第5步 经过以上操作，即可看到照片已经被调小，如图 4-16 所示。

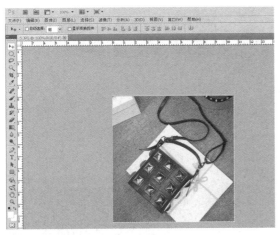

图 4-16

4.2.2 替换图片背景

在优化图片的过程中，有时因为所照的宝贝图片背景不合适当前宝贝，买家就需要替换图片的背景。下面以服装图片为例介绍替换图片背景的具体操作。

第1步 打开图片文件后，图层面板中将显示背景图层，由于背景图层默认为锁定，将鼠标移至该图层进行双击，如图 4-17 所示。

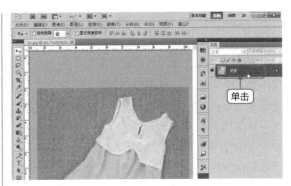

图 4-17

第2步 ❶在打开的【新建图层】对话框中输入图层名称，❷单击【确定】按钮，如图 4-18 所示。

图 4-18

第3步 单击后图层则变为可编辑状态，如图 4-19 所示。

图 4-19

第4步 在工具条中单击【钢笔工具】图标，如图 4-20 所示。

第5步 指针将变为"笔尖状"，然后在要分离图像的边缘单击鼠标，确定路径起点，如图 4-21 所示。

网店商品的拍摄与店铺装修 第4章

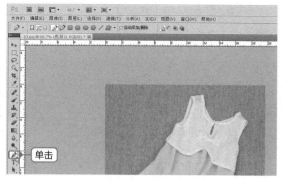

图 4-20

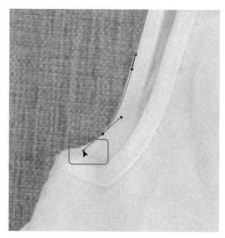

图 4-23

第8步 当两个节点之间的线条被绘制为弧线后，那么后续线条会延续弧线的角度，如果要中止延续弧线，只要按【Alt】键后单击最后一个节点，然后继续增加节点绘制即可，如图4-24所示。

图 4-21

第6步 为了使路径更加精确，可以选择缩放工具后，单击放大图像的显示比例，然后继续使用钢笔工具沿着图像的边缘绘制路径，如图4-22所示。

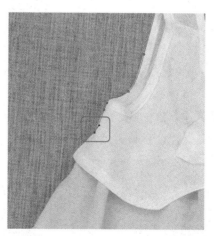

图 4-24

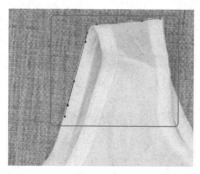

图 4-22

第7步 对于图像的弧线边缘，可以在单击鼠标连接路径线条后，不要松开鼠标按键进行拖动，两个节点之间的线条会随拖动而改变弧线角度，如图4-23所示。

第9步 继续沿着图像边缘绘制线条，绘制结束时，用鼠标单击【起始节点】,将线条轮廓闭合，如图4-25所示。

第10步 在编辑框内任意位置单击鼠标右键，在出现的菜单栏中单击【建立选区】选项，如图4-26所示。

图 4-25

图 4-26

第11步 此时，建立选区为图像的整体轮廓内的区域，如图 4-27 所示。

图 4-27

第12步 单击【选择】菜单，在弹出的下拉中选择【反向】命令，如图 4-28 所示。

图 4-28

第13步 此时，选区变更为除图像外的背景区域，如图 4-29 所示。

图 4-29

第14步 按【Delete】键，删除所选择区域内容，如图 4-30 所示。

第15步 单击【编辑】菜单，在弹出的菜单中选择【拷贝】命令，拷贝图像，如图 4-31 所示。

第16步 单击【文件】菜单，在弹出的菜单中选择【打开】命令，打开新背景素材，如图 4-32 所示。

图 4-30

图 4-33

第18步 单击【编辑】菜单,在弹出的菜单中选择【自由变换】命令,将"图层1"自由变换缩小,如图 4-34 所示。

图 4-34

第19步 变换完成后,单击【文件】菜单,在弹出的菜单中选择【存储为】命令,保存图片,如图 4-35 所示。

图 4-31

图 4-32

第17步 在新背景图层,单击【编辑】菜单,在弹出的菜单中选择【粘贴】命令,将拷贝的图像粘贴到背景图像上,如图 4-33 所示。

图 4-35

4.2.3 优化图片色调

调整图片色调也是买家必须掌握的技能之一，我们可以调整整个图像或图像中一种颜色成分的色相、饱和度和明度。下面以调整某一种颜色为例介绍调整图片色调的具体操作步骤。

第1步 启动 Photoshop 软件，打开需要调整色调的图片，如图 4-36 所示。

图 4-36

第2步 此步骤可参照上例第4步至第10步（注：这里只选择本图橙色部分），如图 4-37 所示。

图 4-37

第3步 单击菜单栏中的【图像】选项，在弹出的下拉菜单中选择【调整】选项，在弹出的级联菜单中单击【色相/饱和度】命令，如图 4-38 所示。

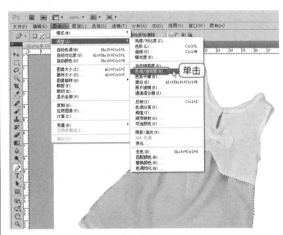

图 4-38

第4步 ❶在弹出的【色相/饱和度】对话框中的【色相】文本框中输入"-146"，在【饱和度】文本框中输入"+5"；❷设置完成后，单击【确定】按钮，如图 4-39 所示。

图 4-39

第5步 经过上步操作，即可完成调整图片的色调，如图 4-40 所示。

4.2.4 为图片添加边框

淘宝店铺上的商品图片，大多都被添加了一些美丽的边框，对于新开店的朋友来说，也可以

图 4-40

通过 Photoshop 来实现这一特色。下面以添加黑色边框为例介绍图片添加边框的具体操作步骤。

第1步 启动 Photoshop 软件，单击【文件】菜单，在弹出的菜单中选择【打开】命令，打开图片，如图 4-41 所示。

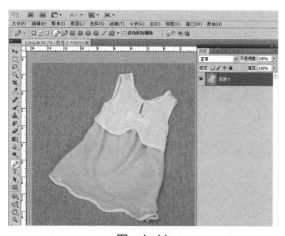

图 4-41

第2步 单击选择菜单栏中的【编辑】选项，在弹出的快捷菜单中选择【描边】选项，如图 4-42 所示。

第3步 在【描边】对话框中设置【宽度】为 2px，单击【颜色】的色块，如图 4-43 所示。

图 4-42

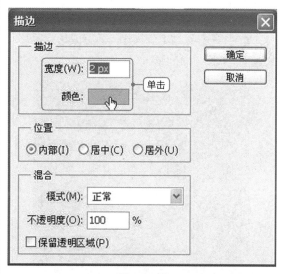

图 4-43

第4步 ❶ 在【选取描边颜色】对话框中，将颜色设置为"#000000"，❷ 设置完成后，单击【确定】按钮，如图 4-44 所示。

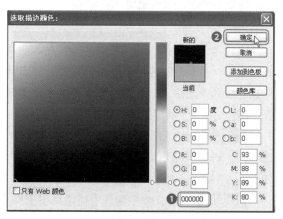

图 4-44

第5步 返回描边对话框，确定无误后单击【确定】按钮，如图4-45所示。

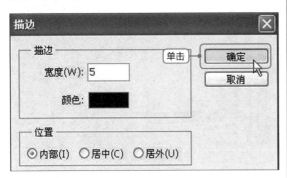

图 4-45

第6步 经过上步操作，即可成功为图片添加边框，如图4-46所示。

图 4-46

4.2.5 为图片添加水印

自己辛苦拍下的图片，在网站很容易就被别人盗用了，怎么办？当然有办法了，加上水印就可以防止别人盗用了。下面以添加店铺名称为例介绍图片快速添加水印效果的具体操作步骤。

第1步 启动Photoshop软件，单击【文件】选项，在弹出的菜单中选择【打开】命令，打开图片，如图4-47所示。

第2步 在工具条中选择【横排文字工具】图标 T ，如图4-48所示。

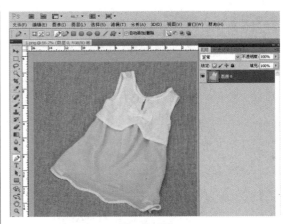

图 4-47

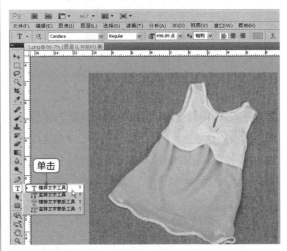

图 4-48

第3步 在图片中输入文字【暖伴囍秀衣阁】，如图4-49所示。

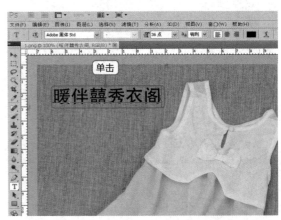

图 4-49

第4步 在【图层】的下拉菜单中的【图层样式】子菜单中单击【投影】命令,打开【投影】对话框,如图4-50所示。

第6步 打开【图层】面板,拖动【不透明度】图标 调整不透明度,如图4-52所示。

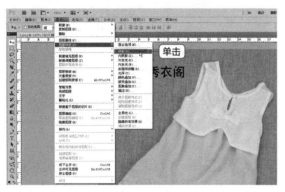

图 4-50

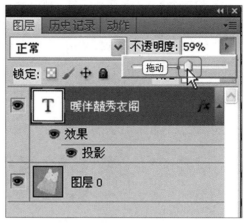

图 4-52

第5步 ❶ 在该对话框中设置相应的参数,❷ 设置完成后单击【确定】按钮,如图4-51所示。

第7步 经过上步操作,即可成功为图片添加水印,如图4-53所示。

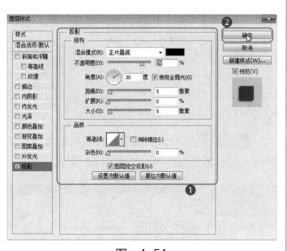

图 4-51

图 4-53

4.3 店铺的店标与店招设计

开通店铺以后,店面非常简陋,让人没法拥有好的购买欲望,卖家可以巧妙应用店铺的店标和店招来吸引买家,它不仅代表买家对店铺的第一印象,更代表店铺的风格、店主的品位以及产品的特性。

4.3.1 设计与制作静、动态店标

店标显示于淘宝网的很多位置,所以一个好的店标设计更能增加店铺的浏览量,如图 4-54 所示店标出现在搜索店铺商品时,如图 4-55 所示店标出现在收藏店铺后推荐中。

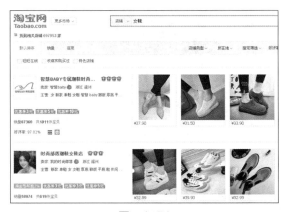

图 4-54

图 4-55

1. 静态店标设计

静态店标一般由文字和图案构成,这其中主要分为三种类型。

● 纯文字店标。
● 纯图案店标。
● 文字+图案组合店标。

许多卖家选择文字和图案组合构成的店标,这种店标图文并茂、易于识别又形象生动。

下面以组合店标为例,介绍制作静态店标的操作步骤。

第1步 启动 Photoshop 软件,单击【文件】菜单,在弹出的菜单中选择【新建】命令,如图 4-56 所示。

图 4-56

第2步 打开【新建】窗口,❶ 在【宽度】和【高度】的文本框中输入"80"像素,❷ 单击【确定】按钮,如图 4-57 所示。

图 4-57

第3步 打开素材文件,将素材图案拖动至 Photoshop 新建文件中,如图 4-58 所示。

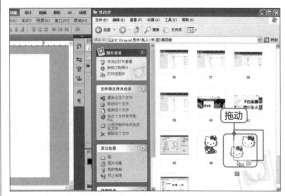

图 4-58

第4步 拖动后，在 Photoshop 中自由调节大小，完成后按【Enter】键，如图 4-59 所示。

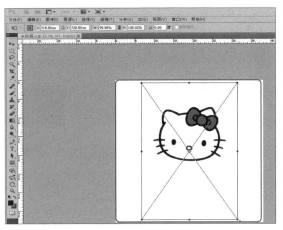

图 4-59

第5步 在工具条中选择【横排文字工具】图标[T]，在图片中输入文字"猫咪专属店"，如图 4-60 所示。

图 4-60

第6步 在属性栏中设置【字体】、【大小】等属性，如图 4-61 所示。

图 4-61

第7步 ❶选择文字"猫咪"，❷单击【选择文本颜色】图框，❸在【选择文本颜色】弹出窗口中选择相应的颜色，❹确认无误后单击【确定】按钮，如图 4-62 所示。

图 4-62

第8步 单击属性栏后【确定】图标✓，如图 4-63 所示。

图 4-63

第9步 保存后，即可完成静态店招的设计，如图 4-64 所示。

图 4-64

2. 动态店标设计

相对于静态店标来讲，动态店标更能吸引买家的注意，动态店标也更具有表现力。

下面以美图秀秀图片处理软件为例，介绍制作动态店标的操作步骤。

第1步 制作保存好静态店标后，启动美图秀秀软件，在【打开】页面，单击【更多功能】选项栏下的【闪图】选项，如图4-65所示。

图 4-65

第2步 在弹出页面中，单击【打开一张图片】按钮，如图4-66所示。

图 4-66

第3步 ❶弹出【打开图片】窗口，选择需要制作使用的店标图片，❷单击【打开】按钮，如图4-67所示。

图 4-67

第4步 进入【闪图】页面，选择合适的闪图特效，如图4-68所示。

图 4-68

第5步 图片随即生成特效动态效果，如果需要在动态图片中再增加闪动图片，即单击【添加一帧】；如需删除某张图片即单击图片右上方【删除】图标❎，确认制作完成后单击【保存】按钮，即完成动态店招的制作，如图4-69所示。

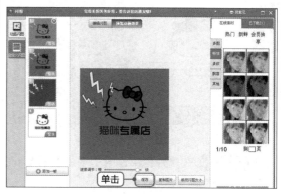

图 4-69

4.3.2 将店标上传至店铺

店标设计完成后，店主需要将店标上传至淘宝店铺让更多买家看见。

下面介绍将店标上传至店铺的操作步骤。

第1步 登录到淘宝网，在【卖家中心】界面下单击【设置店标】链接，如图4-70所示。

图 4-70

第2步 打开【店铺基本设置】界面,在【淘宝店铺】选项下单击【上传图标】按钮,如图4-71所示。

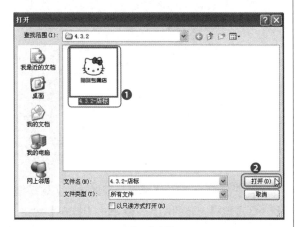

图 4-71

第3步 ❶ 弹出【打开】窗口,选择所需店标,❷ 单击【打开】按钮,如图 4-72 所示。

图 4-72

第4步 确定无误后单击【保存】按钮,即可将店标上传至店铺,如图 4-73 所示。

图 4-73

4.3.3 店招设计方法与原则

店招也就是店铺招牌。在店铺装修页面上方会自动显示店招位置,而卖家需要做的,就是发挥自己的设计能力来为店铺设计一个漂亮的店招。设计店招可以通过图形设计软件进行创意制作,也可在其他设计的基础上进行自我创作,形成自己店铺的风格。

店招设计的好坏对店铺的整体形象和运营有着重要的影响。下面就为大家介绍如何装修设计好这一块。

1. 店铺的店招设计需固定统一的大小

店招就是店铺的招牌,实体店面有自己的招牌,网络店铺也有自己的店招,利用店招来推广店铺的各类产品,宣传店铺的优质服务。淘宝店铺在设计店招的时候要固定其图片的大小,一般是 950 像素 × 150 像素,格式为 jpg、gif,如图 4-74 所示。

图 4-74

2. 店铺的店招设计需符合两项原则

在设计店招的时候,为了使店招能够代表整体的店铺形象,需符合以下两项原则。

- 店招要直观明确地告诉客户自己店铺是卖什么的，表现形式是做好实物照片，如图 4-75 所示。
- 店招要直观明确地告诉客户自己店铺的卖点（特点、优势、差异化）。

图 4-75

3. 店铺的店招设计需新颖独特

随着网上市场发展越来越旺盛，店铺之间的竞争也是异常的激烈，为了能够在激烈的竞争市场中占据一定市场份额，卖家们在店铺上面真是下足了功夫。当顾客浏览到你的店铺时，店铺的每一个方面都能成为影响顾客是否选择购买的因素。如果店铺的店招设计得新颖独特，能够吸引顾客的注意力，并留下深刻的影响，这无疑是培养了潜在的目标客户群，甚至是直接由店招促成了顾客的购买行为，店铺就顺利完成了营销的工作，取得了相应的经济效益，如图 4-76 所示。

图 4-76

4.3.4 将素材添加到图片空间

在所有装修之前，首先要把素材添加到图片空间，装修需要图片时则直接在图片中间选择。

下面介绍将图片放入图片空间的具体步骤。

第1步 登录到淘宝网，在【卖家中心】界面中单击左侧【店铺管理】栏中的【图片空间】链接，如图 4-77 所示。

第2步 在【图片管理】页面中，单击【上传图片】选项，如图 4-78 所示。

图 4-77

图 4-78

第3步 在【上传图片】窗口中，单击【通用上传】栏下的【点击上传】链接，如图 4-79 所示。

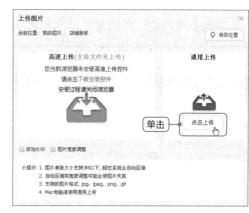

图 4-79

第4步 ❶ 在【选择要上载的文件】选择框中，单击需要上传的图片，❷ 单击【打开】按钮，如图 4-80 所示。

图 4-80

第5步 即可看到文件正在上传中，如图 4-81 所示。

图 4-81

第6步 上传完成后，页面自动回到【图片空间】页面，即可查看已上传至【图片空间】的图片，如图 4-82 所示。

图 4-82

4.3.5 给店铺装修好店招广告

店招设计好后，如何把店招上传至店铺内呢？下面介绍其操作步骤。

第1步 登录到淘宝网，在【卖家中心】界面中单击左侧【店铺管理】栏中的【店铺装修】链接，如图 4-83 所示。

图 4-83

第2步 在【页面编辑】中，从上到下，第一个可编辑框为店招位置。单击店招模板右上方的【编辑】按钮，如图 4-84 所示。

图 4-84

第3步 在【店铺招牌】页面中，单击【选择文件】链接，如图 4-85 所示。

图 4-85

第4步 弹出图片选择页面，因店招图片已经上传至【图片空间】中，所以这里可直接在【从淘盘选择】中选择已上传好的店招，如图4-86所示。

图 4-86

第5步 选择完成后系统自动回到【店铺招牌】页面，单击【保存】按钮，如图4-87所示。

图 4-87

第6步 即可完成上传店招到店铺内的操作，如图4-88所示。

图 4-88

4.4 店铺宝贝详情页的设计与装修

淘宝网为卖家的网上店铺内置了多种装修风格，以方便卖家结合店铺整体的设计规划来从中选择最适合采用的风格，让自己的网店随时有一个新鲜的面貌。

4.4.1 分类区图片效果设计

添加分类区图片能够让店铺首页提高档次，看起来更加美观，而且还能让买家更直观地查看自己想要的宝贝，让买家一眼就能被吸引住，如图4-89所示。

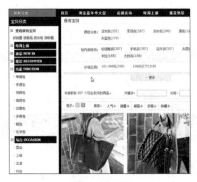

图 4-89

如果嫌自己动手制作宝贝分类图片太麻烦，但又不想只用文字来表达，也可以直接通过网络搜索特定的图片来代替。

下面以百度搜索为例，介绍查找宝贝分类区图片效果的操作方法。

第1步 打开百度搜索引擎，单击【图片】选项，在输入框中输入"宝贝分类图片"等关键词，单击【百度一下】按钮，即可出现相对应的图片，如图4-90所示。

图 4-90

第2步 选择所需要的宝贝分类图片，对其图片上的内容分别进行截图。这里以【夏款】为例对其进行截图，如图4-91所示。

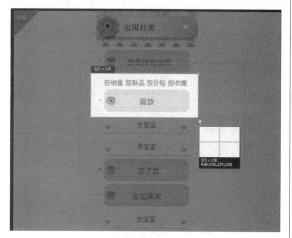

图 4-91

第3步 截图成功后，对图片进行保存，添加至淘宝【图片空间】，如图4-92所示。

图 4-92

4.4.2 添加宝贝分类

合理的宝贝分类可以使店铺的商品更清晰，方便卖家和买家快速浏览与查找自己想要的宝贝。如果店铺发布的宝贝数目众多，那么合理的分类显得尤为重要。

下面介绍创建宝贝分类的操作方法。

第1步 登录到淘宝网，在【卖家中心】界面中单击左侧【店铺管理】栏中的【宝贝分类管理】链接，如图4-93所示。

图 4-93

第2步 在【宝贝管理】页面中，单击【添加手工分类】选项，如图4-94所示。

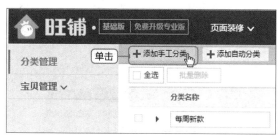

图 4-94

第3步 ❶输入【分类名称】"每周新款"，如需在此名称下添加子分类，❷则单击【添加子分类】按钮，在子分类中输入子分类名称，如图4-95所示。

图 4-95

第4步 完成手工分类后，单击右侧【添加图片】图标，进行图片的添加，如图4-96所示。

图 4-96

第5步 在弹出的图片源选择框中，❶单击选中【插入图片空间图片】单选按钮，❷在【从图片空间选择】所需要添加的分类图片文件，如图 4-97 所示。

图 4-97

第6步 页面自动转回【宝贝分类管理】页面，继续单击子分类右侧【添加图片】图标，如图 4-98 所示。

图 4-98

第7步 使用上述步骤完成添加分类图片，确认无误后单击右上角【保存更改】按钮，如图 4-99 所示。

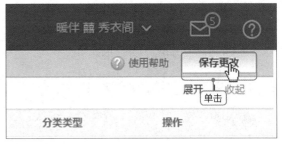

图 4-99

第8步 经过以上操作，即可完成添加宝贝的分类。下图为完成宝贝图片分类后的店铺展示图，如图 4-100 所示。

图 4-100

4.4.3 添加自定义页面

卖家也可以使用自定义页面添加自己需要的板块，比如收藏店铺模板、促销广告板块等，添加自定义页面可以让店铺与众不同，使店铺更加夺人眼球。

下面以添加"收藏店铺"为例，介绍添加自定义页面的具体操作步骤。

第1步 登录到淘宝网，在【卖家中心】界面中单击左侧【店铺管理】栏中的【店铺装修】链接，如图 4-101 所示。

图 4-101

第 2 步 在打开的旺铺装修页面，在【模板】中选择【自定义区】拖动至【页面装修】内需要放置的位置，如图 4-102 所示。

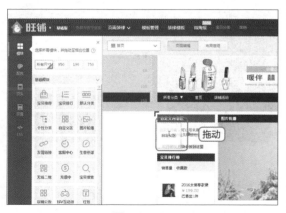

图 4-102

第 3 步 单击【自定义内容区】上的【编辑】链接，如图 4-103 所示。

图 4-103

第 4 步 在打开【自定义内容区】编辑页面中，单击【插入图片空间图片】图标，如图 4-104 所示。

图 4-104

第 5 步 在打开的【从图片空间选择】中，❶选中需要使用的图片，❷单击【插入】按钮，❸确认完成插入后单击【确定】按钮，如图 4-105 所示。

图 4-105

第 6 步 经过以上操作，即可完成自定义内容的添加，如图 4-106 所示。

图 4-106

4.4.4 添加自定义链接

添加自定义链接后，买家点击自定义内容就会打开自定义链接的页面。设置后会更有针对性地为买家提供服务。

下面以添加"收藏店铺"链接为例，介绍添加自定义链接的具体操作步骤。

第1步 在【旺铺装修】页面中，单击【自定义内容区】上的【编辑】链接，如图4-107所示。

图 4-107

第2步 在打开【自定义内容区】页面中，选择已经插入的图片，单击出现的【编辑】选项，如图4-108所示。

图 4-108

第3步 弹出【图片】对话框，如图4-109所示。然后打开卖家店铺首页页面，在【收藏店铺】链接上单击鼠标右键，在出现的下拉菜单中单击【复制链接地址】选项，如图4-110所示。

第4步 返回到编辑对话框，在链接网址文本框内单击鼠标右键，在出现的下拉菜单中单击【粘贴】选项，如图4-111所示。

图 4-109

图 4-110

图 4-111

第5步 粘贴成功后，单击【确定】按钮，如图4-112所示。

图 4-112

第6步 稍等片刻，自动回到【自定义内容区】编辑页面，单击【确定】按钮，如图4-113所示。

第7步 完成添加收藏店铺模板，单击【发布站点】按钮，如图4-114所示。

图 4-113

图 4-114

第8步 在弹出的【发布】对话框中,单击【确定】按钮,如图 4-115 所示。

图 4-115

第9步 在弹出的【发布】对话框中,单击【查看店铺】按钮,如图 4-116 所示。

图 4-116

第10步 打开【店铺首页】页面,单击上述添加的"收藏店铺"的图片模板,如图 4-117 所示。

图 4-117

第11步 稍等片刻后,弹出页面,单击【确认】按钮,如图 4-118 所示。

图 4-118

第12步 如果添加成功,会出现【不能收藏自己的店铺】的字样的页面,说明添加"收藏店铺"模板是可操作的,如图 4-119 所示。

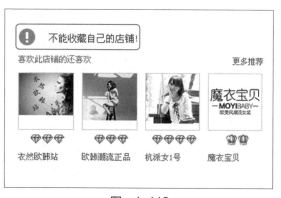

图 4-119

4.5 制作店铺的促销广告

许多卖家为了提高店铺流量，通常会定期根据不同的产品、主题来推出促销活动，这时就需要制作促销广告。

制作好的广告图片除了把握好广告的画面、构图、色彩等基本要素，还要有清晰的推广主题、明确的目标人群定位、独特新颖的表现形式。

4.5.1 制作新商品促销广告

下面使用 Photoshop 软件以制作新商品促销广告为例，介绍具体制作步骤。图 4-120 所示为新商品促销广告最终效果。

图 4-120

第1步 按【Ctrl+N】快捷键执行【新建】命令，在【新建】对话框中，❶设置宽度为 900 像素，高度为 485 像素，分辨率为 72 像素/英寸，❷单击【确定】按钮，如图 4-121 所示。

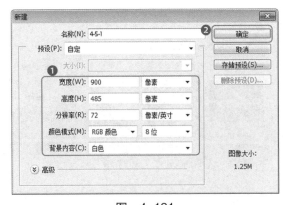

图 4-121

第2步 置入背景素材 4.5.1-01.jpg，调整到合适的大小和位置，再置入模特素材 4.5.1-02.png，放置画面左侧，如图 4-122 所示。

图 4-122

第3步 选择【横排文字工具】，在属性栏设置相应的文字属性，输入英文文案，将文字颜色设为白色，如图 4-123 所示。

图 4-123

第4步 在属性栏修改文字属性，输入产品款式数量将文字颜色设为与衣服相同的颜色，如图 4-124 所示。

第5步 修改文字属性，设置文字颜色为【橙色】，分别用 72 点和 36 点字体大小输入促销文案，如图 4-125 所示。

图 4-124

图 4-127

图 4-125

图 4-128

第6步 选择【矩形工具】，设置填充色为衣服的颜色，在文案下绘制 194 像素 ×38 像素的矩形底图，如图 4-126 所示。

4.5.2 制作特价商品促销广告

下面使用 Photoshop 软件来制作特价商品促销广告，以此为例介绍具体制作步骤。图 4-129 所示为特价商品促销广告最终效果图。

图 4-126

图 4-129

第7步 选择【自定义形状工具】，在属性栏选择【箭头6】形状，绘制在底图上。并输入新品发布时间，如图 4-127 所示。

第8步 置入 logo 素材 4.5.1-03.png 放置在画面左上角，如图 4-128 所示。

第1步 按【Ctrl+N】快捷键执行【新建】命令,在【新建】对话框,设置宽度和高度均为 800 像素,分辨率为 72 像素/英寸,单击【确定】按钮,如图 4-130 所示。

图 4-130

第2步 置入背景素材 4.5.2-01.jpg,调整到合适的大小和位置,如图 4-131 所示。

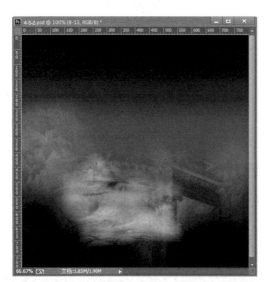

图 4-131

第3步 置入产品素材 4.5.2-02.png,放置在画面右侧,如图 4-132 所示。

第4步 选择【自定义形状工具】,单击属性栏的形状下拉按钮,在打开的自定义形状【拾色器】中,选择【星爆】形状,如图 4-133 所示。

图 4-132

图 4-133

第5步 设置填充色为红色,在画面左下角绘制 399×367 像素的星爆形状,用于放置销量文案,如图 4-134 所示。

图 4-134

第6步 选择【横排文字工具】，分别在属性栏设置相应的文字属性，输入销量文案将"狂销"的颜色设为白色，将"10000"的颜色设为黄色，如图 4-135 所示。

图 4-135

第7步 置入渲染气氛的素材 4.5.2-03.png，置于文案"1000"的右上角，如图 4-136 所示。

图 4-136

第8步 选择【横排文字工具】，在属性栏设置相应的文字属性，输入"震撼低音"将文字颜色设为白色，如图 4-137 所示。

图 4-137

第9步 单击前景色色块，将前景色和为黄色单击背景色色块，将背景色设置为橙色，单击【图层】面板底部的【添加图层样式】按钮，选择【渐变叠加】，在【图层样式】对话框中单击【渐变编辑器】按钮，在【渐变编辑器】对话框中选择【前景到背景】渐变方式，如图 4-138 所示。

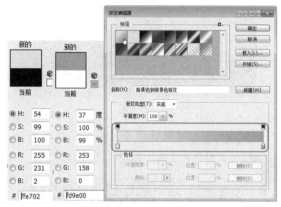

图 4-138

第10步 在【图层样式】对话框中对应相应参数，单击【确定】按钮确定图层样式设置，如图 4-139 所示。

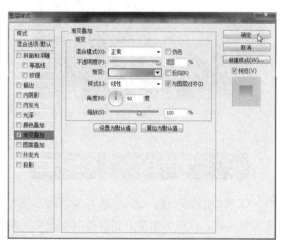

图 4-139

第11步 选择【横排文字工具】，在属性栏设置相应的文字属性，输入白色属性文案，如图 4-140 所示。

图 4-140

第12步 在属性栏修改相应的文字属性,输入颜色为黄色的文案,如图4-141所示。

图 4-141

4.5.3 制作节日商品促销广告

下面介绍使用Photoshop软件来制作节日商品促销广告,以此为例来介绍具体制作步骤。图4-142所示为节日商品促销广告的最终效果图。

第1步 按【Ctrl+N】快捷键执行【新建】命令,在【新建】对话框中,设置宽度为790像素,高度450像素,分辨率为72像素/英寸,单击【确定】按钮,如图4-143所示。

图 4-142

图 4-143

第2步 设置前景色为紫色,按【Alt+Delete】快捷键填充前景色,如图4-144所示。

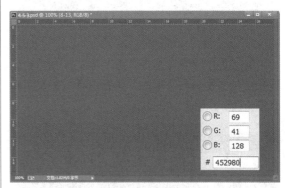

图 4-144

第3步 选择【矩形工具】,设置填充色为黄色,绘制优惠券区域底色,如图4-145所示。

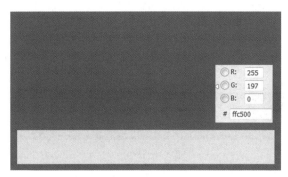

图 4-145

第4步 选择【自定义形状工具】，单击属性栏的【自定义形状】拾色器按钮的下拉按钮，在打开的面板中单击【设置】按钮，在打开的菜单单击【载入形状】命令，如图 4-146 所示。

图 4-146

第5步 在打开的【载入】对话框中，选择素材文件【圆圈自定形状】，单击【载入】按钮，如图 4-147 所示。

图 4-147

第6步 此时，自定义形状下拉面板中有圆圈形状，单击选择此形状，在优惠券区域绘制一个形状，得到【形状1】图层，再复制【形状1】图层，得到【形状1拷贝】图层，最后调整【矩形1】图层的宽度，和形状图层的重叠关系，如图 4-148 所示。

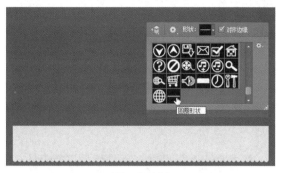

图 4-148

第7步 选择【直线工具】，在属性栏设置相应选项，在优惠券区域绘制直线，并复制多条，如图 4-149 所示。

图 4-149

第8步 选择【矩形工具】，在属性栏设置相应选项，绘制按钮底色，如图 4-150 所示。

图 4-150

第9步 选择【横排文字工具】，设置颜色为玫瑰红，输入优惠券金额 10，对应属性栏设置相应选项，如图 4-151 所示。

图 4-151

第 10 步 依次使用微软雅黑 24、16、12 点玫红色和白色输入优惠券信息，如图 4-152 所示。

图 4-152

第 11 步 选择优惠券图层内容，按【Ctrl+G】快捷键合并为图层组，图层名称修改为【优惠券1】，如图 4-153 所示。

图 4-153

第 12 步 复制两次【优惠券1】图层组，如图 4-154 所示。

图 4-154

第 13 步 将复制后的图层组内容分别向右移动到合适的位置，再修改优惠券金额和满多少使用的金额信息，如图 4-155 所示。

图 4-155

第 14 步 选择【横排文字工具】，设置颜色为玫瑰红，字体为【微软雅黑】，分别设置字体大小为 30 点和 12 点，输入微淘信息。使用【矩形工具】绘制按钮底色，再将文字设置为白色，文字大小为 16 点，输入按钮信息，如图 4-156 所示。

图 4-156

第 15 步 置入素材文件 4.5.3-01.png、4.5.3-02.png，调整位置，如图 4-157 所示。

图 4-157

第 16 步 选择【横排文字工具】，使用【方正兰亭中黑】白色 48 点输入主题文字，如图 4-158 所示。

第 17 步 修改文字大小为 26 点，输入两排活动内容，为了突出活动重点，再将主要的文字颜色修改为黄色，颜色与优惠券底色一致，如图 4-159 所示。

图 4-158

图 4-160

图 4-159

图 4-161

第18步 修改字体为【微软雅黑】,分别使用白色20点和14点的字体大小输入活动细节内容,如图4-160所示。

第19步 置入素材文件4.5.3-03.png,此时,素材挡住文字,将第一排文字向上方调整,如图4-161所示。

第20步 最后置入素材文件4.5.3-04.png,使素材置于背景的上方优惠券的下方,即可完成节日商品促销广告的制作,如图4-162所示。

图 4-162

实用经验分享:拍摄模特展示商品的技巧

真人模特类是拍摄服装师最常用的一种方法,又可分为【穿拍】和【卧拍】两类。

1. 穿拍

"穿拍"指模特直立拍摄。"穿拍"是比较理想的展示服装的方法之一,它往往能给人一种真实的感觉,顾客通过画面,可以比较清楚地看到穿着此套服装的效果。

选择"穿拍"时,首先要确保服装符合模特的身材,另外,也要确保服装的干净平整。其实,只要背景干净，光线充足，一般的自然光就可以拍出不错的照片。室内光线充足的条件下，可以让屋内的家具，如沙发、靠椅等当背景。当然也可选择纯色背景，如图4-163、4-164所示。

图 4-163

图 4-164

当然，现在使用较多的是在户外拍摄，这样比较自然。比如在绿草如茵的草地上、干干净净的大街上、漂亮的建筑物前，如图4-165、4-166所示。

图 4-165

图 4-166

2. 卧拍

"卧拍"能全面直观地展示服装,这种拍摄方法是最简单,也较为有效的。但"卧拍"的缺点也是显而易见的,即"卧拍"时服装缺乏立体感,层次也不够分明。

因此,在"卧拍"时,我们可以使服装有些自然的起伏,将裤管、衣管卷起,风衣可以考虑里面再放置一件毛衣,给衬衣配上一根领带,给裤子配上一条腰带或者将服装的领子或袖子等部位摆得动感些,如显出裙子的下摆等都是不错的解决方法,如图4-167、4-168所示。

这样一方面可以展示服装的搭配效果,另一方面也可以让服装有层次,以弥补"卧拍"的缺陷。

图 4-167

图 4-168

第1篇

淘宝开店

第5章 淘宝店铺的营销宣传与推广

本章导读

好产品是基础,而长期有效的推广才决定着店铺的销量和店铺是否能够存活。简单来说,店铺的推广就是指通过宣传方式让更多人打开你的店铺,认识你的产品并购买的过程。本章内容则介绍店铺内、外的各类推广宣传方式。

知识要点

- 店铺的免费推广
- 参加淘宝官方活动推广
- 店铺内部活动促销推广
- 通过淘宝客宣传与推广
- 通过淘宝直通车宣传与推广

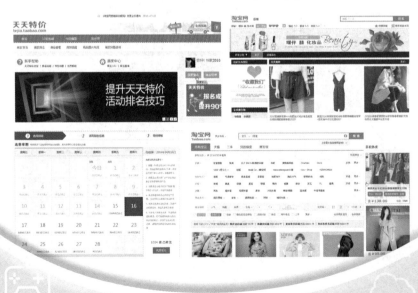

5.1 店铺的免费推广

要想让自己的店铺访问量越来越多，除了在淘宝网中进行各种推广外，卖家还需要通过其他途径进行推广。我们可以这样认为，只要是上网的用户，就有网上购物的潜力，因而卖家在经营网店过程中，要经常在论坛、搜索引擎、微博等公共平台中宣传自己的店铺。

5.1.1 利用微博推广

微博推广指以微博作为推广平台进行推广的形式，每一个粉丝都是潜在营销对象，店铺可以利用更新自己微博向网友传播店铺与产品信息，或者与大家交流一些大家都感兴趣的问题，以此达到营销目的。在微博营销中要注意以下一些技巧。

1. 设置好的标签

有好的标签可以找来你想要的人，而且别人也可以根据标签找到你，不同时间也需要不同的标签，这样可以让搜素结果一直处于第一页，有利于被你想要的用户关注。

2. 传播内容优质

发布一些新鲜、有意义、大家感兴趣的东西去吸引用户。

3. 参与热门话题

微博每日会有热门话题排行，多参与这些话题讨论能够增加你的出镜率，可以增加被用户看到的概率，从而带来更多的关注。

4. 主动关注别人

主动关注了别人，别人也会关注你，卖家可以选择性关注一些相关行业用户，这样潜在客户率就会有所提高。

5. 申请认证

申请认证需要与运营商沟通，可以以企业的形式申请，如果通过，对微博推广的效果是很好的。

5.1.2 利用搜索引擎推广

随着行业的不断进步，搜索引擎成为互联网不可缺少的一部分，人们利用它来寻找新鲜的事物、解决问题等。据统计，每天有几亿次的精确检索请求，这说明搜索引擎已经成为搜索的快捷工具了。

1. 向各大搜索引擎提交店铺网址

网店要想获得流量，第一件事情就是向各大搜索引擎提交我们的店铺地址。让搜索引擎将我们的网店收录到索引数据库，以便让其他网友直接通过搜索引擎找到我们的店铺。

国内最流行的搜索引擎肯定是百度，我们要做的就是直接打开百度收录网址，然后根据提示进行网址搜录即可。虽然不是每个都能通过，但是通过努力总会有通过的。

百度搜索引擎的搜录网址是：http://www.baidu.com/search/url_submit.html

搜狗（搜狐）网站提交：http://www.sogou.

com/feedback/urlfeedback.php

雅虎搜录网址是：http://www.yahoo.cn/ex/blog_rss/rss_input.php

2.如何让搜索引擎快速收录店铺网址

网站经营的人都把搜索引擎优化作为一项重要的工作来做，一个热门关键词，如"电影""MP3"等，排在前几位可以为网站带来成千上万的流量。专门研究 SEO 和提供 SEO 服务的公司也如雨后春笋般不断涌现，作为一个普通的网店经营者，我们可能没有那么高的技术去将搜索引擎优化做到淋漓尽致，但通过一些简单有效的手段让搜索引擎把我们的网店和宝贝收录进去，对网店经营还是大有好处的。那么怎样让网店被搜索引擎快速收录呢？推荐以下几种地方。

（1）可以免费发布网店信息的网站，尤其是和网店有相关性的网站

搜索引擎认为首页是一个网站最重要的页面，也是它访问最频繁的页面。尤其是大网站的首页，一个链接顶得上内页的几十个链接。所以这样的发布地点是做链接的首选。其他类似的还有自助友情链接、交换友情链接、免费广告信息发布等。

（2）网摘

网摘是一个不错的推广办法。这里推荐 365key 与和讯，因为他们的 RSS 被很多网站引用，一次发布可能就会把你的页面传播到很多地方，不过由于网摘的发布者非常多，因此你发布的内容也沉得非常快，需要隔段时间就再发一次。

（3）论坛发贴

选择一些大论坛，如 QQ 论坛、百度贴吧、站长之家、天涯等，在合适的版块发一些有价值的信息，顺便把自己的网站链接带进去。要注意的是不要发垃圾广告，因为容易招人反感并被删除，那精力就白费了。

（4）博客

相信有不少卖家都有自己的博客。在自己的博客上为网店做个链接，甚至把自己的宝贝发布到博客上是不错的做法。可选择一些知名度高的博客，因为它们的域名在搜索引擎眼里等级非常高，搜索引擎对它们的更新也更勤快。

5.1.3 在淘宝论坛中宣传推广

淘宝论坛中汇集了很多淘宝卖家，他们以发帖、跟帖的方式进行沟通交流，发表自己的见解，以此寻找潜在顾客，并且还可以通过淘宝社区的影响力宣传店铺，卖家要多逛社区、多发帖，让自己成为论坛名人。当卖家在论坛中有了一定的知名度，大家都愿意并喜欢阅读你的帖子，从而关注你的店铺。随着店铺的知名度的提高，交易量也会随之增多。

要想成为论坛名人就需要在论坛多发帖子、发好帖子，但是如果发的帖子内容无聊、没有实际价值，也会适得其反。帖子的标题也是非常重要的，一个相当有诱惑力的标题，会使你的推广工作事半功倍。另外，还建议在帖子中适当加入一些图片，达到图文并茂的效果。下面以发表女鞋类帖子为例介绍具体操作步骤。

第1步 打开淘宝论坛页面，登录淘宝账号，单击【行业板块】栏中的【淘宝女鞋】链接，如图 5-1 所示。

图 5-1

第2步 在打开的【淘宝女鞋】页面中，单击【发表帖子】按钮，如图 5-2 所示。

第3步 进入发表帖子页面，❶在【标题】中输入标题，在【版面】下拉列表中选择帖子所属的板块，然后在【详情描述】中输入内容，完成后，❷单击【发表】按钮，即发帖成功，如图 5-3 所示。

图 5-2

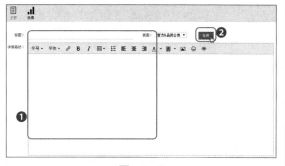

图 5-3

> **问**：什么是精华帖？怎么写出精华帖？
>
> **答**：精华帖指被版主或管理员加为精华的帖子，一般情况下此类帖子有较高的阅读价值，内容丰富，可以被回复，且作者可以修改原帖。写出万人瞩目的精华帖要做到三个方面：①标题新颖，且必须原创；②帖子内容要精，排版合理、版面整洁；③适当植入式软广告，熟悉论坛规则。

5.2 参加淘宝官方活动推广

店铺经营得好不好，信誉等级的高低无疑是最直观的判断方式，那么如何让自己网店迅速提高人气，提升转化率，实现成交呢？下面的工具可以帮助读者解决这些问题。

5.2.1 报名天天特价活动

淘宝网的"天天特价"频道（tejia.taobao.com），主要活动目的是扶持中小卖家，以10元包邮、今日爆款、淘世界为主。参加天天特价就是意味着超大的流量和超多的成交量。天天特价活动对于卖家来说是个非常有效率的推广方法。它具有很高的粘度，很多买家天天登陆天天特价频道等着秒杀。所以很多卖家往往在上了天天特价之后流量和成交量得到了质的提高。

1. 参加天天特价的规则与条件

天天特价是淘宝的一款为了扶持小卖家推出的活动，很多淘宝卖家都想参加这个活动来推广自己的产品，给自己的店铺带来流量，那报名需要什么规则与条件呢？

（1）店铺要求

- 卖家信用积分，三星到五钻（魔豆妈妈卖家信誉：一星到五钻）。
- 开店时间，必须要≥90天。
- 加入"消费者保障服务"，并加入七天无理由退换货（魔豆妈妈卖家：加入"消费者保障服务"即可）。
- 描述相符≥4.6、服务态度≥4.6、发货速度≥4.6。
- 实物宝贝交易≥90%（魔豆妈妈卖家：不限制）
- B类侵权（发布违禁消息、出售假冒商品、盗用他人账号、泄露他人信息、骗取他人财务）扣分为0分。
- A类扣分满12分或12分的倍数，自最近处罚起，6 个月内不能报名。
- 因各种违规操作而被处罚的卖家永久禁止参与活动。
- 因为各种违规，店铺被搜索屏蔽的卖家，暂时禁止参与活动。

注：审核通过至活动上线期间会再次进行资质审查（包括信用积分、DSR 评分、虚拟交易、炒信、是否在全网黑名单等信息）。

（2）宝贝要求
- 报名宝贝原价不高于全网均价，禁止先提价再打折。
- 报名的宝贝数量≥ 50 件，且≤ 300 件。
- 报名宝贝近 30 天内交易≥ 10 件。
- 报名宝贝折扣价格低于 60 天内最低拍下价格。
- 报名宝贝必须包邮（注：除港澳台地区外，全国包邮。卖家指定快递不能到达的地区，用 EMS 或者其他快递包邮送达，不得让买家补贴邮费）。
- 报名宝贝应是应季商品。
- 涉及售卖品牌商品需要上传品牌授权图片。
- 涉及食品类目的宝贝需要 QS 认证标志，进口食品需要"中"字标或品牌商品需要"授"字标或"真"字标。
- 报名宝贝图片为 310×310 白底 1M 以内清晰图片（无 Logo、无水印、无广告语等）。
- 报名宝贝标题 13 个汉字或者 26 个字符且描述准确清晰，严禁堆砌关键字。
- 报名宝贝需要有一定的细节描述图。
- 符合平台活动要求的类目。

（3）悬挂 logo 和 banner
参与活动的商家，店铺自报名日起悬挂天天特价 logo 和 banner 一个月，不悬挂视为自动放弃报名。

2. 如何参加天天特价
条件允许，审核通过，且宝贝准备好后，即可报名天天特价活动，下面介绍具体操作方法。

第1步 登录淘宝网，❶ 在【淘宝网卖家中心】界面中单击左侧【营销中心】栏中的【我要推广】链接。然后再打开【我要推广】页面，❷ 单击【常用入口】选项栏中【天天特价】图标，如图 5-4 所示。

图 5-4

第2步 打开淘宝网【天天特价】首页，单击【我要报名】按钮，如图 5-5 所示。

图 5-5

第3步 进入【商家报名】页面，❶ 选择报名日期，❷ 单击【立即报名】按钮（选择需要参加的活动）。此时，在商家报名表单里按照要求填写信息，确认无误后提交报名申请即可，如图 5-6 所示。

图 5-6

5.2.2 参加淘抢购大促销活动

淘抢购是一个免费的淘宝推广活动,淘宝、天猫商户都可以免费报名参加,展示的位置在淘宝手机客户端的主页第二行,位置非常好,根据一些商家参加活动的效果来看,有可能在 1~2 小时内带来上万的销量。

下面介绍参加淘抢购大促活动的操作步骤。

第1步 打开浏览器,❶ 在"地址栏"中输入【https://qiang.taobao.com】网址,按下【Enter】键进入【淘抢购】网页,❷ 单击【商家报名】链接,如图 5-7 所示。

图 5-7

第2步 在打开页面,单击【点击进入报名】按钮,如图 5-8 所示。

图 5-8

第3步 根据页面提示报名即可。

当然淘宝网对参加淘抢购的商家与商品也有一些基本规则,相关要求如下。

1. 商家准入条件
（1）淘宝卖家

- 符合《淘宝网营销活动规则》标准。
- 符合淘宝各类目的行业资质标准。
- 开店时间：90 天及以上。
- 卖家信用等级：三钻及以上。
- 店铺在售商品数量在 10 件以上。
- 店铺本年度内无因违禁或品控 B 类 6 分严重违规处罚。
- 店铺本年度内无任何售假处罚。
- 以上准入条件、类目若有特殊情况,可根据书面说明,另行处理。

（2）天猫卖家

- 符合《天猫营销活动报名基准规则》。
- 符合天猫各类目的行业资质标准。
- 开店时间：90 天及以上。
- 店铺本年度内无因违禁或品控 B 类 6 分严重违规处罚。
- 店铺本年度内无任何虚假交易处罚。
- 以上准入条件、类目若有特殊情况,可根据书面说明,另行处理。

2. 商品报名要求

- 品牌商品必须有品牌方提供的售卖证明,或者商品以报名库存为要求的购买发票,或者有品牌渠道商的资质证明；自有品牌商品提供自有品牌的相关证明。
- 报名商品必须为一口价。
- 报名商品,审核通过后不得修改商品原价。报名商品近 30 天内交易 ≥ 10。
- 报名商品抢购价不高于近 30 天商品最低成交价的 9 折。（双十一、双十二等全网 A 类大促活动价除外,若为新品,则不足 30 天的自商品上架之日起算）,部分特殊类目报名商品抢购价不高于近 30 天商品最低成交价。
- 报名商品自活动预热期开始至活动当天不得参加聚划算等其他促销活动,不得设置手机专享价。
- 报名商品库存要求：报名库存数量下限 =5 万

元/抢购价，同时，活动开始时，商品实际库存不得小于商品报名库存

- 限购规则：报名淘抢购的商品，在设置限购数量时，除特殊类目外，最多可以设置为限购10件。特殊类目最多可以设置为20件。

5.2.3 加入免费试用报名活动

店铺要参加免费试用有两种方式：免费试用与店铺免费试用。

"免费试用"是淘宝官方活动，对店铺及商品设置了一定的报名条件限制，而"店铺免费试用"则是由卖家自主设置的店铺免费试用活动，无须报名、审核、不限产品数量及价格，如图5-9所示。

图 5-9

下面以免费试用为例，介绍加入免费试用活动的操作步骤。

第1步 打开浏览器，❶在"地址栏"中输入【https://try.taobao.com】网址，按下【Enter】键进入【淘宝试用】网页，❷单击【商家报名】链接，如图5-10所示。

第2步 在打开的【商家报名】页面，单击【报名免费使用】按钮，如图5-11所示。

第3步 进入【选择排期】页面，❶选择参加活动的【日期】，❷确认无误后单击【我要报名】按钮，如图5-12所示。

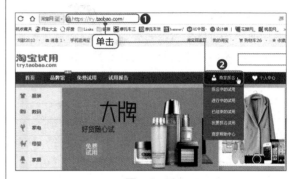

图 5-10

图 5-11

图 5-12

第4步 进入【填写报名信息】页面，填写报名信息，确认无误后单击【提交报名申请】按钮，等待审核。

第5步 当审核通过后，系统会通知上架时间及注意事项。

第6步 商品参加【免费试用】成功后，可在【试用中心】页面查看，如图5-13所示。

图 5-13

问：免费试用活动对商家有哪些要求？

答：如图5-14所示，对商家和产品都有一定的要求。

图 5-14

5.3 店铺内部的活动促销推广

对于新手卖家来说，网店还没有进入盈利状态，这种情况下，可以使用一些店铺内部活动来进行促销推广。

5.3.1 设置店铺红包宣传与推广

"红包"是支付宝为卖家提供的一项增值服务，是送给买家用于支付宝的虚拟优惠券。发送红包的资金将从支付宝账户中等额冻结，如在有效期内红包未被使用，冻结资金将解冻。卖家通过派发"红包"吸引更多的买家。

下面介绍卖家设置店铺"红包"的具体操作步骤。

第1步 登录到淘宝网,在淘宝网【卖家中心】界面中单击左侧【营销中心】栏中的【店铺营销中心】链接,如图5-15所示。

第2步 在打开的【店铺营销中心】首页,单击【店铺红包】图标下的【创建活动】按钮,如图5-16所示。

第3步 ❶在打开的【店铺红包】首页,输

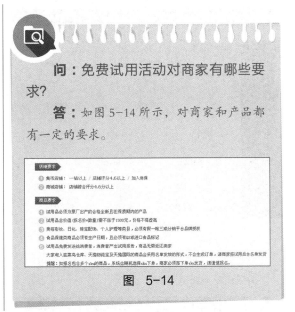

图 5-15

入【红包金额】【发放数量】【活动名称】,❷设置【活动时间】,❸选择【买家领取条件】与【签署服务协议】,❹确认完成后单击【确定和保存】按钮,如图5-17所示。

第4步 弹出【发布提醒】窗口,单击【确定】按钮,如图5-18所示。

第5步 随即完成【店铺红包】活动的设置,如图5-19所示。

图 5-16

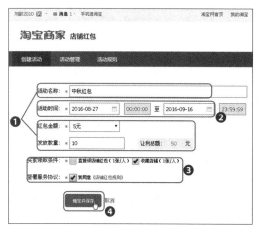

图 5-17

图 5-18

图 5-19

5.3.2 设置店铺优惠券宣传与推广

顾名思义,店铺优惠券是一种虚拟电子现金券,它是淘宝在卖家设置营销套餐或会员关系管理后开通的一种促销工具,当有买家购买定制该功能的宝贝以后,会自动获得相应的优惠卷,在以后进行购物时,可以享受一定额度的优惠。

下面介绍卖家设置店铺优惠券的具体操作步骤。

第1步 在【店铺营销中心】首页,单击【商品优惠券】图标下的【创建活动】按钮,如图5-20所示。

图 5-20

第2步 在打开的【填写活动信息】页面,❶输入【活动名称】【发行量】,选择【面值】【活动时间】,❷然后单击【选择商品】后的【选择宝贝】链接,如图5-21所示。

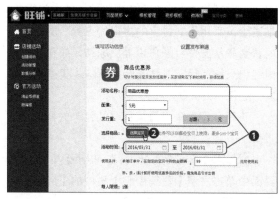

图 5-21

第3步 在打开的【选择商品】窗口中,单击参加活动的宝贝图片后的【选择】按钮,确认无误后单击【确定】按钮,如图5-22所示。

第5章 淘宝店铺的营销宣传与推广

图 5-22

第4步 随即页面回至【填写活动信息】页面，确认所有信息无误后单击【下一步】按钮，如图 5-23 所示。

图 5-23

第5步 在打开的【设置发布渠道】页面，设置发布渠道，单击【保存】按钮，如图 5-24 所示。

图 5-24

第6步 弹出【发布提醒】窗口，查看提醒内容后，单击【确定】按钮，如图 5-25 所示。

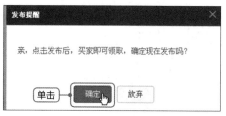

图 5-25

第7步 经过以上步骤操作后，店铺优惠券设置成功，如图 5-26 所示。

图 5-26

5.3.3 设置店铺"满就送"宣传与推广

满就送就是满就减，满就送礼，满就送积分，满就免邮费。基于旺铺，给卖家提供一个店铺营销平台，通过这个营销平台可以给卖家更多的流量。把更多流量转化成有价值的流量，让更多进店的人购买。通过满就送，提高店铺整体交易额。

对于卖家来讲，可以在适当让利的条件下让自己店铺商品批量销售；对于买家来讲，可以在批量购买某个店铺的商品时获得更多的优惠。它是批量买卖最终达到双赢的一种活动，如图 5-27 所示为设置了满就送的店铺，商品的销售量大大增加了。

下面介绍卖家设置店铺"满就送"的具体操作步骤。

第1步 登录到淘宝网，在淘宝网【卖家中心】界面中单击左侧【我订购的应用】栏中的【美折促销】图标，如图 5-28 所示。

图 5-27

图 5-30

第4步 ❶ 在打开的【选择活动商品】页面中，单击需要进行打折的商品右边的【加入活动】按钮。❷ 添加完成后，单击【下一步：设置活动详情】按钮，如图 5-31 所示。

图 5-31

图 5-28

第2步 在打开的【美折】页面中，单击【创建新活动】下拉菜单中的【满减/满就包邮】链接，如图 5-29 所示。

第5步 ❶ 在打开的【设置活动详情】页面中，输入优惠详情，❷ 设置完成后，单击【完成并提交】按钮，如图 5-32 所示。

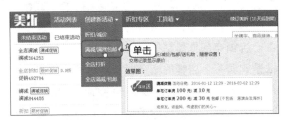

图 5-29

第3步 ❶ 打开【设置活动信息】页面，输入【活动名称】，设置【开始时间】【结束时间】及【活动标签】，❷ 确认无误后单击【下一步：选择活动商品】按钮，如图 5-30 所示。

图 5-32

淘宝店铺的营销宣传与推广 第5章

第6步 页面自动转到【活动创建成功】页面，即为店铺创建了"满就送"活动，如图 5-33 所示。

图 5-33

5.4 通过淘宝客宣传与推广

淘宝客推广已经成为继直通车、钻石展位、品牌广告之后，淘宝掌柜的又一营销利器。与其他广告形式相比，淘宝客推广具有很高的投入产出比，不成交不付费，真正实现了花最少的钱获得最佳的推广效果。

5.4.1 轻松搞定淘宝客招募

淘宝客推广是一种按成交计费的推广模式，淘宝客提供单个商品和店铺的推广链接，可以指定推广某个商品或店铺。下面将讲解使用淘宝客推广的方法，具体操作步骤如下。

第1步 登录到淘宝网，在淘宝网【卖家中心】界面中单击左侧【营销中心】栏中的【我要推广】链接，然后在打开【我要推广】页面中单击【淘宝客】下方的【开始拓展】链接，如图 5-34 所示。

图 5-34

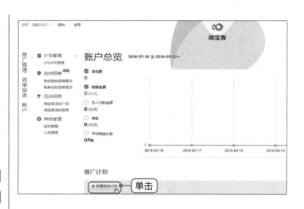

图 5-35

第2步 打开【淘宝客】页面，在【推广计划】栏中单击【新建定向计划】链接，如图 5-35 所示。

第3步 弹出【新建定向计划】页面，在页面中设置【计划名称】【计划类型】【审核方式】【起止日期】【类目佣金】和【计划描述】，设置无误后单击【创建完成】按钮，如图 5-36 所示。

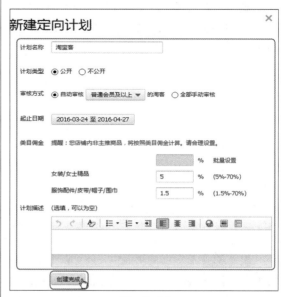

图 5-36

page 109

第4步 此时，即可在【推广计划】列表中查看到新建的计划，单击其右侧【查看】选项，如图5-37所示。

图 5-37

第5步 在弹出页面中，单击【新增主推商品】按钮，如图5-38所示。

图 5-38

第6步 在弹出的【选择主推商品】对话框中单击选择商品，单击【完成添加】按钮，如图5-39所示。

图 5-39

第7步 在返回的页面中，还可以【单击编辑佣金比】重新设置淘宝客的佣金比例，如图5-40所示。

图 5-40

5.4.2 达成淘宝联盟加入条件

淘宝联盟是指电子商务营销联盟，隶属于阿里巴巴集团旗下，是国内最大的购物搜索引擎，于2010年4月8日正式成立，依托阿里巴巴集团强大的品牌号召力和淘宝联盟人的不懈努力，淘宝联盟累积了大量电子商务营销效果数据和经验，现已经发展成为国内最大最专业的电子商务营销联盟，如图5-41所示。

图 5-41

参加淘宝客推广是完全免费的，掌柜唯一需要支付的只是推广佣金。但是要加入淘宝联盟，进行淘宝客推广，还需要满足一些基本条件。淘宝掌柜参加淘宝客推广要满足以下条件。

● 淘宝店铺星级在一星以上或参加消费保障计划。
● 掌柜的店铺状态是正常的。
● 掌柜的店铺内，商品状态正常。

5.4.3 做好淘宝客推广的黄金法则

虽然淘宝客推广看起来很简单，寥寥几步就能够设置完成。但是，如果你想要更好地利用淘宝客来为你的店铺创造更高效益的话，那么在推广过程中还要了解一下推广的法则。

调整好心态，定期及时优化，尽量给淘宝客以最大的利益，不要因为支付给淘宝客佣金而觉得少赚了，要认识到，淘宝客带来的绝不仅仅是一个买家，而是很多的买家。实际上没有任何一种推广是立竿见影的。推广是一项长期的工作，淘宝客推广也不例外。只有长期用心学习总结，吸取他人好的经验，找到最适合自己的推广方法，才是最有效的。

新手开始时可以将自己的宝贝佣金设置得高些，自己赚取的利润低点，这样才会引起淘客去给你宣传。淘客们宣传的渠道很广的，他们具有丰富的宣传手段和方法。

当店铺有销量了，自然就会提升你的流量，虽然基本不赚钱，但是也别着急，俗话说心急吃不了热豆腐。当每天都有销量时，这时候可以适当地降低淘客佣金，给自己多点利润。

问：制定佣金比例的注意事项？
答：在制定佣金比例的时候，也需要参考同类商品的竞争情况，处于进攻阶段时，可根据竞争对手佣金比例进行适当上调；但处于防御阶段时，需要实时关注对手的佣金变化，采用跟随策略。

5.4.4 主动寻找淘宝客帮助自己推广

有着数十万的淘宝客活跃在各个推广领域，与其盲目地四处寻找，不如让淘宝客自己找上门。

大部分淘宝客每天都会登录一个网站，那就是淘宝联盟。淘宝联盟是一个淘宝客挑选推广对象的站点，他们在淘宝联盟上选择所需推广的商家或商品。

淘宝客聚集最多的是"淘宝联盟－联盟产品"。我们发现，淘宝客在挑选商品时，在搜索需要的关键词或者进入类目后，大多数会选择按30天推

广量进行排序，如图5-42所示为淘宝客在"单品推广"的推广排行。

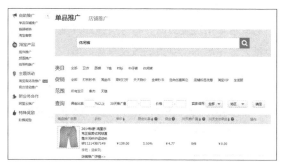
图　5-42

由于大多数淘宝客并不是该领域专业的销售人员，对于所推广商品的筛选并不十分熟悉，于是便有了从众心理，相信大多数人的选择一定没错的，因此大多会选择推广量高或佣金支出额大的商品，排在前面的商品被推广的概率要远高于其他商品。

5.4.5 让店铺吸引更多淘宝客推广的技巧

淘宝客一般会主动寻找合理的推广对象，因此合理地制定店铺活动，可以吸引淘宝客关注。

目前参加淘宝客推广的掌柜已逾百万之众，参加推广的店铺更是数以亿计，我们除了可以吸引淘宝客光顾之外，还需要主动秀出自己，以便从百万掌柜中脱颖而出，如图5-43所示为店铺推广的推广排名。

图　5-43

而卖家要做的就是，直接在淘宝客列表中，不定期更新店铺活动，让自己店铺活跃在这个地方。

5.5 通过淘宝直通车宣传与推广

淘宝直通车是淘宝网针对卖家提供的一项商品竞价排名服务,该工具允许卖家在支付一定的费用后,当买家搜索指定宝贝时,将宝贝按顺序显示在页面中的醒目位置,从而使卖家的宝贝更容易被买家看到,也就无形中增加了宝贝的成交率。

5.5.1 申请加入淘宝直通车推广

淘宝直通车的最大优势就是让你的宝贝在庞大数据的商品平台中脱颖而出,带来更多的人气和流量。那么怎么加入直通车呢,下面介绍具体操作步骤。

第1步 登录到淘宝网,在淘宝网【卖家中心】界面中单击左侧【营销中心】栏中的【我要推广】链接,在打开的推广页面,单击【即刻提升】链接,如图5-44所示。

图 5-44

第2步 在打开的【淘宝直通车】页面,单击【我要充值】按钮,如图5-45所示。

图 5-45

第3步 选择充值金额,单击【立即充值】按钮,如图5-46所示。

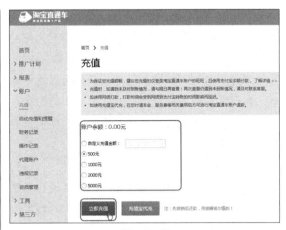

图 5-46

第4步 输入支付宝的支付密码,单击【确认付款】按钮,如图5-47所示。

图 5-47

第5步 经过上步操作,如果输入信息正确,此时会提示充值成功,如图5-48所示。

图 5-48

5.5.2 加入直通车的展示位置

淘宝直通车是为淘宝卖家量身定做的推广工具。那么直通车商品具体展示在哪里呢？下面具体介绍宝贝的展示位置。

当你使用淘宝直通车推广某个宝贝的时候，先为此宝贝设置相应的关键词和推广展示标题。当买家在淘宝中输入你设置的关键词搜索产品或根据宝贝分类进行搜索时，就会在结果页面的右侧看到推广中的宝贝展示广告，如图 5-49 所示。

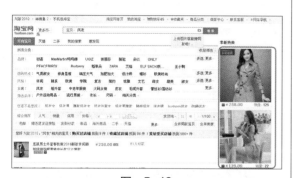

图 5-49

不但在搜索结果页面的右侧有广告展示，在搜索结果页面的下端，也会相应出现 5 个广告位，如图 5-50 所示。

图 5-50

利用宝贝类目搜索。当买家不使用关键词搜索，而是直接进入【我要买】或者淘宝首页，单击宝贝类目中的子目录，如【中长款】，在搜索的列表页面中掌柜热卖的位置也是直通车的广告位，如图 5-51 所示。

图 5-51

淘宝商城（天猫）直通车的展示位置在商城搜索结果页面最下方 5 个推广位置，只要是商城客户，且已加入淘宝直通车，就有可能在该位置展现。展现逻辑与淘宝主搜索页面的保持一致，目前每页展示 5 个，分别是综合排名的第一名到第五名，翻页继续展示，以此类推，如图 5-52 所示。

图 5-52

5.5.3 设置淘宝直通车推广计划

"推广计划"是根据用户的推广需求，专门研发的"多个推广计划"的功能。可以把相同推广策略的一组宝贝加入同一个推广计划下进行管理，为这个推广计划进行独立的日限额设置、投放时间设置、投放地域设置、投放平台设置，并设置关键词、出价及创意。

下面介绍设置淘宝直通车推广计划的操作步骤。

第1步 打开【淘宝直通车】页面，单击【新建推广计划】按钮，如图 5-53 所示。

图 5-53

下面介绍卖家需要建立的一些推广计划。

（1）"直通车日常推广"计划

选取自己店铺里一些销量较大的宝贝做直通车推广，如果价格各方面都有优势的话，那么可以每个品种都选取一样做直通车。

直通车竞价当然不要太高了，并根据情况调整竞价。

（2）"直通车引流产品推广"计划

选取店铺里 2-3 款热卖且价格、卖点都突出的产品做直通车推广。

这一计划里推广的宝贝，可以单独地优化宝贝详情页、关联销售、引导页面等细节，用以引导买家去你店铺里看其他产品，并提高成品转化率和关联销售。

（3）"直通车节日活动推广"计划

这一计划主要针对一些重大节日店铺里的一些活动和淘宝的官方活动等，而进行直通车推广。这样选取的宝贝也就是一些活动产品和针对节日的产品。

第 2 步 在打开页面中，输入推广计划名称，单击【提交】按钮，如图 5-54 所示。

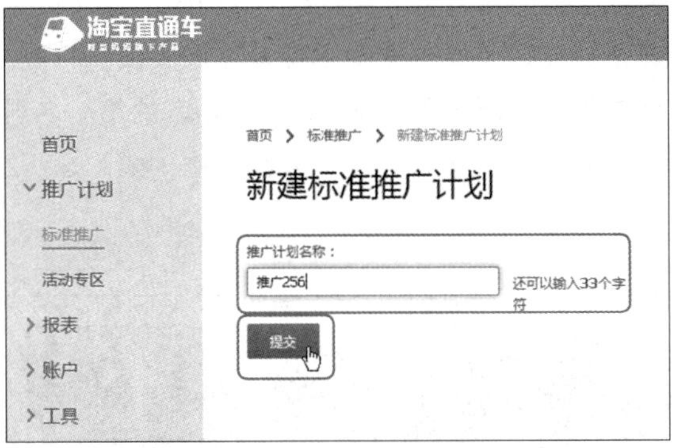

图 5-54

第 3 步 提交后即表示推广计划成功创建，如图 5-55 所示。

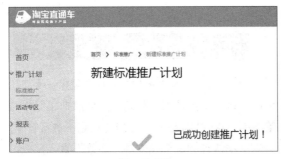

图 5-55

5.5.4 合理设置分配推广计划

卖家根据各自不同需求来制定"推广计划"以达到比较好的推广效果。

5.5.5 选择参加直通车的宝贝

合理创建推广计划以后，那么接下来就是看如何在计划中推广新宝贝。

下面介绍选择参加直通车宝贝的操作步骤。

第 1 步 在淘宝直通车首页，单击相应的推广计划，如【日常推广】，如图 5-56 所示。

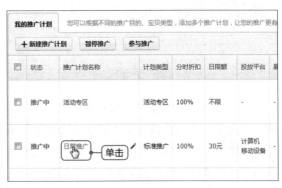

图 5-56

第2步 在打开的推广计划中,单击宝贝推广下面的【新建宝贝推广】按钮,如图5-57所示。

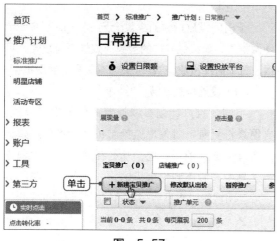

图 5-57

第3步 即可弹出【选择宝贝】页面,在需要推广的宝贝右边单击【推广】按钮,如图5-58所示。

图 5-58

第4步 选择宝贝创意图片,输入标题,单击【下一步】按钮,如图5-59所示。

第5步 选择【关键词】(要从买家的角度出发,想想他们可能搜索什么词,选择词的范围包括产品名称、品牌、型号、质地、功能等);设置默认出价(推广一个新宝贝的【默认出价】是对该宝贝已设置的关键词和类目的统一出价,在推广完成后可单独修改每个关键词或者类目的出价),单击【完成】按钮,即可完成推广宝贝的设置,如图5-60所示。

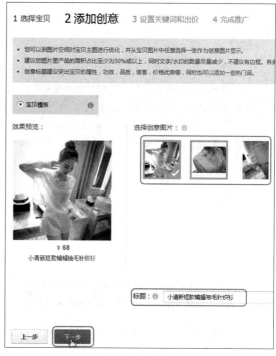

图 5-59

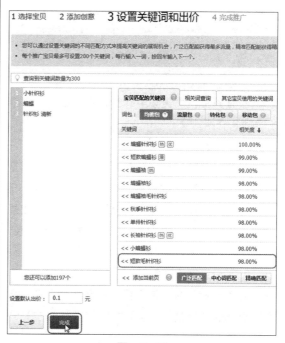

图 5-60

问：如何选择参加直通车的宝贝？

答：成功选择产品，可以让直通车的推广事半功倍，推广的宝贝必须是吸引买家点击后能引入店铺的，产品相当于店铺招牌，要有竞争力和吸引力。宝贝应该具备以下两个条件：①利润得宜，库存充足性价比高。②看浏览量和成交的比例。浏览量与成交的比例越低，证明宝贝竞争力越强，推广成本越低。

5.5.6 设置直通车计划的投放

我的推广计划中可以设置投放日限额、投放平台、投放时间、投放地域等，帮助用户更好地推广，如图5-61所示为日常推广的计划投放设置。

图 5-61

1. 推广计划的分类

在直通车推广计划中有四种投放设置，下面分别进行介绍。

（1）设置日限额

设置日限额可根据预算为推广计划设置固定的金额，系统默认的最低设置是30元，当今日花费达到日限额时，宝贝就会停止做推广。如果希望某个推广计划的宝贝一直在线推广，不下线，也可选择"不设置日限额"。

（2）设置投放平台

设置投放平台时淘宝搜索是必选的平台，所有宝贝都默认投放。淘宝站外投放则是淘宝站外的其他优质的合作网站。

（3）设置投放时间

投放时间是指在设置的特定投放时间内，你

的宝贝才在淘宝网做推广。如果不在投放时间内，你的宝贝将无法展示。可以根据自己的整体安排和在线安排选择投放的时间段。时间段投放的最小单位是半小时。

全时间投放指你的宝贝全天24小时都在淘宝网做推广，如果你推广的宝贝时效性不是很强，可以设置全时间投放，这样宝贝会有更多的展现机会。

（4）设置投放地域

不同的推广计划可以设置不同的地域投放，方便掌柜更有针对性地选择宝贝区别推广。如果没有投放自己的所在地，那么在后台的关键词查询工具中查看不到你宝贝的排名情况，同时当你在淘宝网搜索时也不会在展示位上找到你的宝贝。

2. 设置投放计划

了解了投放计划，就需要设置投放计划，下面介绍设置投放计划的操作步骤。

第1步 为推广计划设置每日扣费的最高限额。❶ 在淘宝直通车后台管理页面，进入相应的推广计划后，输入日限额，❷ 确认无误后单击【保存设置】按钮，如图5-62所示。

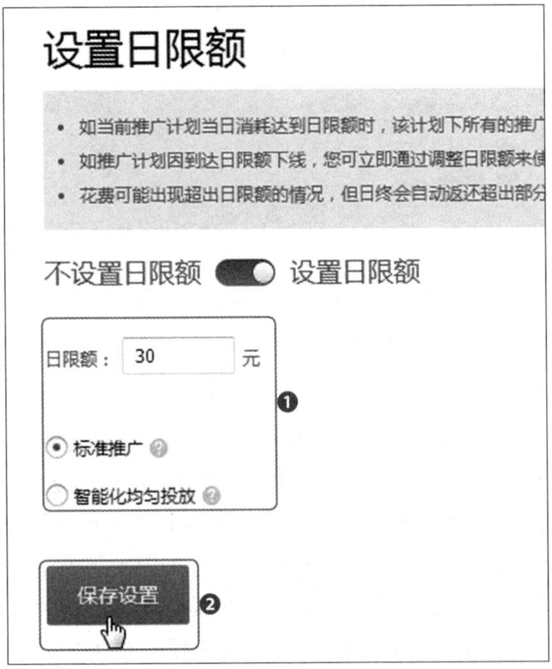

图 5-62

第2步 ❶ 选择要推广的平台，❷ 确认无误后单击【保存设置】按钮，如图 5-63 所示。

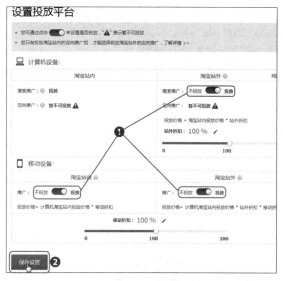

图 5-63

图 5-64

第3步 ❶ 为推广计划设置特定的投放时间，及对应时间段的宝贝出价，❷ 确认无误后单击【保存设置】按钮，如图 5-64 所示。

第4步 ❶ 为推广计划设置特定的投放区域（可以所有地区"全选"投放，也可以勾选需要的区域，只有勾选的地域范围内的买家才能看到推广宝贝的信息），❷ 确认无误后单击【保存设置】按钮，如图 5-65 所示。

图 5-65

实用经验分享：使用"爱旺达"快速打开店铺

【爱旺达】功能是淘宝网推出的一个搜索新功能，简单来说就是在淘宝首页搜索框中输入【@旺旺名】即可直达该店铺。

第1步 打开淘宝网，在首页的搜索框中输入"@+ 店铺的旺旺名"，如 @ 刘歆 2010，单击"搜索"按钮，如图 5-66 所示。

图 5-66

第2步 此时,即可打开掌柜名为"刘歆2010"的店铺了,如图 5-67 所示。

图 5-67

第 2 篇

天猫开店

第 6 章 天猫商城入驻条件与申请开店

本章导读

网上开店除了选择淘宝平台外,其实天猫商城也是非常不错的平台。当前,入驻天猫商城,已经成为很多创业者的首选,那么,要怎样才能在天猫上成功开一家网店呢?本章主要给读者介绍如何查询天猫商城经营类目招商品牌、商城招商标准,以及天猫商城入驻流程等内容。

知识要点

- 查询经营类目招商品牌
- 商城招商标准
- 天猫商城入驻流程

6.1 天猫商城招商类别

在天猫商城中常常会看到三种店铺类别，分别为旗舰店、专卖店、专营店，但是很多网友并不能很好地区分，下面就来讲解一下三者之间的区别。

6.1.1 品牌旗舰店

旗舰店一词来自欧美大城市的品牌中心店的名称，其通常只经营一类比较成系列的产品或某一品牌的产品，比较常见的有化妆品品牌旗舰店、服装品牌旗舰店、眼镜旗舰店、家具品牌旗舰店、IT通讯产品的旗舰店等。

注册天猫品牌旗舰店的企业与品牌都有相对的要求，具体分别如下。

1. 开店企业资质及要求

①企业营业执照副本复印件（根据2014年10月1日生效的《企业经营异常名录管理暂行办法》，须确保未在企业经营异常名录中且所售商品属于经营范围内）。

②企业税务登记证复印件（国税、地税均可）。

③组织机构代码证复印件。

④银行开户许可证复印件。

⑤法定代表人身份证正反面复印件。

⑥联系人身份证正反面复印件。

⑦商家向支付宝公司出具的授权书。

2. 品牌资质及要求

①由国家商标总局颁发的商标注册证或商标注册申请受理通知书复印件。

②若由权利人授权开设旗舰店，须提供独占授权书。

③如果商标权人为自然人，则须同时提供其亲笔签名的身份证复印件。

④若商标权为境内企业（如果商标权人为境内自然人，则须同时提供其亲笔签名的身份证复印件。如果商标权人为境外自然人，则须同时提供其亲笔签名的护照复印件）。

⑤若经营出售多个自有品牌的旗舰店，须提供品牌属于同一实际控制人的证明材料。此类店铺主动招商。

⑥若申请卖场型旗舰店，须提供服务类商标注册证或商标注册申请受理通知书，此类店铺主动招商。

注：每个类目的具体要求是不同的，需要根据实际类目了解开店企业与品牌的资质及要求。图6-1所示为天猫品牌旗舰店。

6.1.2 专卖店

专卖店是专门经营或授权经营某一主要品牌商品（制造商品牌和中间商品牌）为主的店铺。

注册天猫专卖店企业与品牌也有相对的要求。

1. 开店企业资质及要求

①企业营业执照副本复印件（根据2014年

图　6-1

图　6-2

10月1日生效的《企业经营异常名录管理暂行办法》，须确保未在企业经营异常名录中且所售商品属于经营范围内）。

②企业税务登记证复印件（国税、地税均可）。

③组织机构代码证复印件。

④银行开户许可证复印件。

⑤法定代表人身份证正反面复印件。

⑥联系人身份证正反面复印件。

⑦商家向支付宝公司出具的授权书。

2. 品牌资质及要求

①由国家商标总局颁发的商标注册证或商标注册申请受理通知书复印件。

②商标权人出具的授权书（若商标权人为自然人，则须同时提供其亲笔签名的身份证复印件）。

若经营多个品牌商品的专卖店，须提供品牌属于同一实际控制人的证明材料（出售多品牌的专卖店），此类店铺主动招商。图6-2所示为天猫专卖店。

6.1.3　专营店

所谓专营店，一般是指专门经营某一类或者某一种品牌商品的商店，它实际上包括了国家行业标准中的专业店、专营店和家居建材商店。

注册天猫专营店的企业与品牌也有相对的要求。

1. 开店企业资质及要求

①企业营业执照副本复印件（根据2014年

10月1日生效的《企业经营异常名录管理暂行办法》，须确保未在企业经营异常名录中且所售商品属于经营范围内）。

②企业税务登记证复印件（国税、地税均可）。

③组织机构代码证复印件。

④银行开户许可证复印件。

⑤法定代表人身份证正反面复印件。

⑥联系人身份证正反面复印件。

⑦商家向支付宝公司出具的授权书。

2. 品牌资质及要求

①自有品牌。商标注册证或商标注册申请受理通知书复印件。

②代理品牌。商标注册证或商标注册申请受理通知书复印件。

③上一级的正规品牌授权文件或正规采购合同及进货发票，若上一级的授权方或供货商为自然人，则须同时提供其亲笔签名的身份证复印件。图6-3所示为天猫专营店。

图　6-3

6.2 天猫商城招商标准

天猫经营大类与一级类目相对应的招商标准不同,下面分别讲解经营大类及一级类目的入驻相关条件、所需材料及相关资费标准。若卖家申请的类目无其他说明,则只须提交上述基本资料。如有特殊的品牌资质要求,工作人员或系统会提示具体信息。

6.2.1 了解商城入驻相关条件

下面讲解各大类目入驻天猫的相关条件。

1. 服饰

一级类目服饰配件/皮带/帽子/围巾/女装/女士精品、男装及女士内衣/男士内衣/家居服的基本入驻条件相同。图6-4所示为天猫服饰店铺。

图 6-4

入驻的具体要求及条件如下。
- 开店公司依法成立并持续经营两年及以上。
- 开店公司须具备一般纳税人资格。
- 商标状态为R标且须注册满两年及以上,且在最近一年内未发生转让。
- 商家自行做好吊牌、水洗标等产品标识标志的检查工作,使之符合法律、法规及行业标准的要求,天猫管控会根据市场反馈进行不定期抽检(行业标准)。
- 女士内衣/男士内衣/家居服:涉及南极人/北极绒/俞兆林/浪莎/七匹狼品牌时,申请专卖店的商家采取主动招商。
- 店铺开通前须发布至少20件商品。
- 服饰类目专营店暂不招商。

2. 鞋类箱包

一级类目箱包皮具/热销女包/男包、女鞋及流行男鞋的基本入驻条件相同。图6-5所示为搜索的天猫箱包店铺。

图 6-5

入驻的具体要求及条件如下。
- 开店公司依法成立并持续经营两年及以上。
- 开店公司须具备一般纳税人资格。
- 商标状态为R标且须注册满两年及以上,且在最近一年内未发生转让。
- 箱包皮具/热销女包/男包类目的专营店暂不招商。
- 申请经营女鞋/流行男鞋类目的商家店铺开通前须发布至少20件商品。

3. 运动户外

一级类目运动鞋、运动/瑜伽/健身/球迷用品、自行车/骑行装备/零配件、户外/登山/野营/旅行用品、运动服/休闲服装及运动包/户外包/配件的基本入驻条件相同。图6-6所示为搜索的天猫运动户外店铺。

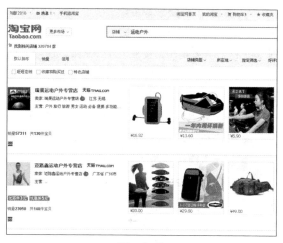

图 6-6

入驻的具体要求及条件如下。
- 开店公司依法成立并持续经营两年及以上。
- 开店公司须具备一般纳税人资格。
- 商标状态为R标且须注册满两年及以上，且在最近一年内未发生转让。
- adidas/阿迪达斯、NIKE/耐克、CONVERSE/匡威、Mizuno/美津浓、PUMA/彪马、NEW BALANCE/新百伦、CAT、VANS品牌采取主动招商。
- 专营店须提供以商标持有人为源头出发的完整链条，同时链条级数要求不得超过3级（品牌商体系内之间授权可视为同一层级）。
- 自行车/骑行装备/零配件类目专营店暂不招商。

4. 珠宝配饰

①一级类目ZIPPO/瑞士军刀/眼镜的基本入驻条件。
- 须持有商标注册证（即R标）。

②一级类目饰品/流行首饰/时尚饰品新的基本入驻条件。图6-7所示为搜索的天猫饰品宝贝。

图 6-7

入驻的具体要求及条件如下。
- 须持有商标注册证（即R标）。
- 店铺开通前须发布至少20件商品。

③一级类目珠宝/钻石/翡翠/黄金的基本入驻条件。图6-8所示为搜索的天猫珠宝宝贝。

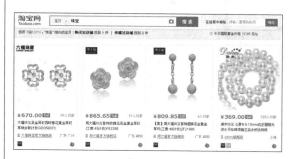

图 6-8

入驻的具体要求及条件如下。
- 须持有商标注册证（即R标）。
- 珠宝/钻石/翡翠/黄金类目不接受专营店的申请。

④一级类目手表的基本入驻条件。图6-9所示为搜索的天猫手表宝贝。

图 6-9

入驻的具体要求及条件如下。
- 开店公司依法成立并持续经营两年及以上。
- 开店公司须具备增值税一般纳税人资格。
- 商标状态为R标且须注册满两年及以上,且在最近一年内未发生转让。
- 品牌手表/流行手表:涉及冠琴/时诺比/卡诗顿/艾奇/嘉年华/宾格/海琴/时刻美/金米欧/卡罗莱/豪伦诗/LUOBIN/KASSAW/欧利时/正港/阿帕琦/艾浪/峰浪/百圣牛/威琴品牌时,申请专卖店的商家采取主动招商。
- 品牌手表/流行手表:涉及劳力士/浪琴/斯沃琪/百达翡丽/江诗丹顿/雷达/梅花/伯爵/欧米茄/爱彼/宝玑/豪爵/帕玛强尼/宝珀/雅典/法兰克穆勒/格拉苏蒂/芝柏/万国/积家/卡地亚/萧邦/天梭/真利时/KELEK/昆仑/尊达/DANIEL ROTH/UNION/瑞宝/杜彼萧登/玉宝/百年灵/帝舵/豪雅/PAUL PICOT/MARTIN BRAUN/名仕/艾美/保时捷/IKEPOD/萧伯斯坦/ALAIN SILBERSTEIN/EBERHARD/凡尔根/VULCAIN/宝格丽/宇舶/VENTURA/摩凡陀品牌时,申请所有店铺类型的商家采取主动招商。
- 手表类目专营店暂不招商。

5. 化妆品(含美容工具)

一级类目彩妆/香水/美妆工具、美发护发/假发与美容护肤/美体/精油的基本入驻条件。
- 须具备一般纳税人资格(只经营假发、工具商家除外)。
- 开店公司依法成立并持续经营三年及以上。
- 商标状态为R标且须注册满三年及以上,且在最近两年内未发生转让。
- 化妆品类目多品牌旗舰店和专营店暂不招商。
- 育发类、染发类、烫发类、脱毛类、美乳类、健美类、除臭类、祛斑类、防晒类九大特殊功效产品暂不招商。

6. 家装、家具、家纺

一级类目基础建材、五金/工具、电子/电工、家装主材、全屋定制、商业/办公家具、住宅家具特色手工艺、家居饰品、床上用品、居家布艺及鲜花速递/花卉仿真/绿植园艺的基本入驻条件。
- 开店公司依法成立并持续经营一年及以上。
- 开店公司须具备一般纳税人资格。
- 须持有商标注册证(即R标)。
- 专营店中经营光源/灯具、开关/插座类目的商家须提供商标持有人直接授权(品牌商体系内之间授权可视为同一层级)。
- 大型绿植盆景及外展植物、种子、庭院植物/行道树木/果树类目不招商。

7. 服务大类

①一级类目餐饮美食的基本入驻条件。
- 商标处于"注册申请受理"状态(即"TM"商标)。
- 注册申请时间须满三个月。
- 招募旗舰店,专营店采取主动招商,专卖店不招商。

②一级类目休闲娱乐的基本入驻条件。
- 招募旗舰店,专营店采取主动招商,专卖店不招商。
- 医疗美容类不招商。

③一级类目本地化生活服务的基本入驻条件。
- 商标处于"注册申请受理"状态(即"TM"商标)。
- 注册申请时间须满三个月。
- 采取主动招商。

- 专卖店不招商。

④一级类目教育培训的基本入驻条件。
- 商标处于"注册申请受理"状态（即"TM"商标）。
- 注册申请时间须满三个月。

⑤一级类目摄影/摄像服务的基本入驻条件。
- 商标处于"注册申请受理"状态（即"TM"商标）。
- 注册申请时间须满三个月。
- 仅旗舰店、专营店采取主动招商，专卖店不招商。
- 会议摄影、商品摄影、商品摄影服务、视频/照片后期制作、广告摄影、相框/相册制作、商品展示视频拍摄/制作不招商。

⑥一级类目摄影/摄像服务的基本入驻条件。
- "婚庆/摄影/摄像服务"类目仅招募旗舰店，专营店采取主动招商，专卖店暂停接受入驻。
- 会议摄影、商品摄影、商品摄影服务、视频/照片后期制作、广告摄影、相框/相册制作、商品展示视频拍摄/制作暂停接受入驻。
- "婚庆/摄影/摄像服务"类目不限定品牌入驻。

⑦一级类目超市卡/商场购物卡的基本入驻条件。
- 持有商标注册证（即R商标）。
- 仅招募旗舰店，采取主动招商。
- 一级类目电影/演出/体育赛事的基本入驻条件。
- 商标处于"注册申请受理"状态（即"TM"商标）。
- 注册申请时间须满三个月。
- 采取主动招商，专卖店、专营店暂不招商。

⑧一级类目超市卡/商场购物卡与装修设计/施工/监理的基本入驻条件。
- 持有商标注册证（即R商标）。
- 只招募旗舰店。

8. 汽车及配件

一级类目汽车/用品/配件/改装、摩托车/配件/骑士装备及新车/二手车基本入驻条件。图6-10所示为搜索的天猫摩托车宝贝。

图 6-10

入驻的具体要求及条件如下。
- 开店公司依法成立并持续经营一年及以上。
- 须持有商标注册证（即R标），若经营GPS类目下安全预警仪产品，不仅须提交R标，且须注册满2年及以上。
- 经营安全预警仪类目开店公司须具备一般纳税人资格。
- 专营店中经营汽车GPS导航/影音/车用电子/电器类目，须提供商标持有人直接授权（品牌商体系内之间授权可视为同一层级）。
- 汽车发动机机油、摩托车机油类目的专营店暂不招商；申请开设汽车发动机机油、摩托车机油类目的卖场型旗舰店须提供商标持有人直接授权（品牌商体系内的授权可视为同一层级）。
- 全新整车、汽车服务类商家采取主动招商。

其他类目入驻天猫的相关条件参照天猫商城最新招商标准，在此不再具体讲解。

6.2.2 了解商城入驻所需材料

下面讲解各大类目入驻天猫所需材料。

1. 服装

一级类目服饰配件/皮带/帽子/围巾、女装/女士精品、男装及女士内衣/男士内衣/家居服的资质材料要求。

- 如经营进口商品，须提交该品牌近一年内中华人民共和国海关进口货物报关单复印件。
- 以下产品须提供检测报告，每个品牌须至少提供一份由第三方权威机构出具的检测报告，成品检测报告内容须包含品牌名称、产品名称和各类产品对应的下述必检项目。

必要检测项要求如下：

①男女装/文胸/塑身服/童装/孕妇装/袜子：成分含量、GB18401全套、标识标志。

②3岁以下婴幼儿服装类：成分含量、GB18401全套、标识标志、外观质量、耐唾液色牢度。

③家居服/保暖内衣：成分含量、GB18401全套、标识标志、外观质量、水洗尺寸变化率。

④羽绒服装：成分含量、GB18401全套、标识标志、外观质量、含绒量、充绒量、种类鉴定。

⑤皮革/皮草类服饰：摩擦色牢度（仅皮革）、皮革撕裂力（仅皮革）、甲醛含量、可分解芳香胺染料、标识标志、外观质量、材质鉴定。

⑥针织衫：成分含量、GB18401全套、标识标志、水洗尺寸变化率。

⑦手套/领带/领结/帽子/手帕/围巾/丝巾/披肩/布面料/毛线：GB18401全套，以及标识标志。

注：GB18401全套包括：耐水色牢度、耐汗渍色牢度、耐干摩擦色牢度、甲醛、PH值、异味、可分解芳香胺染料。

⑧有填充物的产品（除羽绒）须加检"原料要求"，皮革类（鞋服、皮带、手套）须加检"材质鉴定"。

⑨种类鉴定，主要指"鹅鸭绒种类鉴定"。

⑩服饰类目跨鞋类箱包、家纺、母婴童装等类目，须同时提供跨类目产品的检测报告（由第三方权威检测机构出具）。

2. 鞋类箱包

一级类目箱包皮具/热销女包/男包的资质材料要求。

- 如经营进口商品，须提交该品牌近一年内中华人民共和国海关进口货物报关单复印件。
- 以下产品须提供质检报告，每个品牌须至少提供一份由第三方权威机构出具的质检报告，成品检测报告内容须包含品牌名称、产品名称、及各类产品所必须的检测项。

须根据送检箱包类的执行标准进行检测。

（1）拉杆箱

硬箱必检项包含外观质量、规格、标识标志和物理机械性能；其中物理机械性能必检项包含拉杆抗疲劳性能、行走性能、振荡冲击性能、耐冲击性能、硬箱箱体耐静压性能、硬箱箱面耐落球冲击性能、拉链平拉强力、箱铝口表面硬度、箱锁、五金配件耐腐蚀性。

软箱必检项包含外观质量、规格、标识标志（材质鉴别）和物理机械性能；其中物理机械性能必检项包含拉杆抗疲劳性能、行走性能、振荡冲击性能、耐冲击性能、拉链平拉强力、缝合强度、箱铝口表面硬度、箱（包）锁、五金配件耐腐蚀性、摩擦色牢度（干）、摩擦色牢度（湿）。如图6-11所示为搜索的天猫拉杆箱商品。

图 6-11

（2）背提包

必检项包含外观质量、规格、标识标志（材质鉴别）和物理机械性能，其中物理机械性能中必检项包含振荡冲击性能、缝合强度、配件、拉链耐用度、五金配件耐腐蚀性、摩擦色牢度（干）、摩擦色牢度（湿）。图6-12所示为搜索的天猫背提包商品。

图 6-12

（3）票夹

必检项包含标识标志、材质鉴别、外观质量和缝制要求、物理机械性能；其中物理机械性能中必检项包含配件质量、拉链耐用度、摩擦色牢度（干）、摩擦色牢度（湿）。图6-13所示为搜索的天猫票夹商品。

图 6-13

一级类目皮革/皮草类箱包：必须检测甲醛含量、偶氮染料两项。

拉杆箱检测依据QB/T 2155-2010标准执行，背提包检测依据QB/T 1333-2010标准执行，票夹检测依据QB/T 1619-2006标准执行。

女鞋与流行男鞋的资质材料要求。

● 如经营进口商品，须提交该品牌近一年内中华人民共和国海关进口货物报关单复印件。
● 以下产品须提供检测报告，每个品牌须至少提供一份由第三方权威机构出具的检测报告，成品检测报告内容须包含品牌名称、产品名称和各类产品对应的下述必检项目。

必要检测项要求如下。

● 男女鞋/运动鞋/童鞋：物理机械性能、标识标志、外观质量；
● 3岁以下婴幼儿布鞋：异味、标识标志、外观质量、甲醛、可分解芳香胺染料、耐摩擦色牢度。
● 有填充物的产品须加检"原料要求"，真皮类鞋服以及配件须加检"材质鉴定"，儿童皮鞋须加检"异味"。
● 物理机械性能包括成鞋耐折性能、外底耐磨性能、帮底剥离强度、鞋跟结合力、成型底鞋跟硬度、鞋帮拉出强度、内底纤维板屈挠指数等，具体项目请根据送检鞋类的执行标准进行检测。

3. 运动户外

（1）一级类目运动鞋入驻天猫所需材料

产品须提供检测报告，每个品牌须至少提供一份由第三方权威机构出具的检测报告，成品检测报告内容须包含品牌名称、产品名称和各类产品对应的下述必检项目。

必要检测项要求如下。

● 男女鞋/运动鞋/童鞋：物理机械性能、标识标志、外观质量
● 有填充物的产品须加检"原料要求"，真皮类鞋服以及配件须加检"材质鉴定"，儿童皮鞋须加检"异味"。
● 物理机械性能包括成鞋耐折性能、外底耐磨性能、帮底剥离强度、鞋跟结合力、成型底鞋跟硬度、鞋帮拉出强度、内底纤维板屈挠指数等，具体项目请根据送检鞋类的执行标

准进行检测。

（2）一级类目运动/瑜伽/健身/球迷用品入驻天猫所须材料

如图6-14所示为搜索的天猫健身瑜伽类商品。

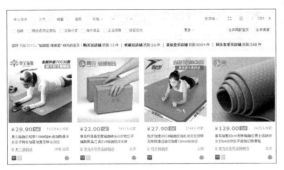

图 6-14

产品须提供检测报告，每个品牌须至少提供一份由第三方权威机构出具的检测报告，成品检测报告内容须包含品牌名称、产品名称和各类产品对应的下述必检项目。

必要检测项要求如下。

- 运动户外服装：成分含量、GB18401全套、标识标志、外观质量。
- 皮鞋：按照QB/T 1002-2005执行，则检测项目为帮底剥离强度、外底与外中底黏合强度、成鞋耐折性能、外底耐磨性能、鞋跟结合力、鞋帮拉出强度、成型底鞋跟硬度等。

（3）一级类目自行车/骑行装备/零配件入驻天猫所需材料

如图6-15所示为搜索的天猫自行车商品。

图 6-15

产品须提供检测报告，每个品牌须至少提供一份由第三方权威机构出具的检测报告，成品检测报告内容须包含品牌名称、产品名称和各类产品对应的下述必检项目。

（4）一级类目户外/登山/野营/旅行用品及运动服/休闲服装入驻天猫所须材料

产品须提供检测报告，每个品牌须至少提供一份由第三方权威机构出具的检测报告，成品检测报告内容须包含品牌名称、产品名称和各类产品对应的下述必检项目。

必要检测项要求如下。

- 运动户外服装：成分含量、GB18401全套、标识标志、外观质量。
- GB18401全套包括：耐水色牢度、耐汗渍色牢度、耐干摩擦色牢度、甲醛、PH值、异味、可分解芳香胺染料。
- 有填充物的产品须加检"原料要求"，真皮类鞋服以及配件须加检"材质鉴定"。

（5）一级类目运动包/户外包/配件入驻天猫所须材料

产品须提供检测报告，每个品牌须至少提供一份由第三方权威机构出具的检测报告，成品检测报告内容须包含品牌名称、产品名称和各类产品对应的下述必检项目。

必要检测项要求如下。

- 拉杆箱、背提包：规格、外观质量、标识、物理机械性能。
- 皮革/皮草类箱包须加检甲醛和偶氮染料，拉杆箱软箱、背提包的外观质量须包含材质鉴别。
- 物理机械性能请根据送检产品的执行标准进行检测。

①拉杆箱：按照QB/T 2155-2010执行，检测项目为拉杆抗疲劳性能、行走性能、震荡冲击性能、耐冲击性能、拉链平拉强力、箱铝口表面硬度、箱锁、五金配件耐腐蚀性（硬箱还须检测硬箱箱体耐静压性能、硬箱箱面耐落球冲击性能等；软箱还须检测缝合强度、耐摩擦色牢度）。

②背提包：按照 QB/T 1333-2010 执行，则检测项目为震荡冲击性能、缝合强度、配件、拉链耐用度、五金配件耐腐蚀性、耐摩擦色牢度等。

4. 珠宝配饰

（1）一级类目 ZIPPO/瑞士军刀/眼镜入驻天猫所需材料

- 经营框架类有度数眼镜（近视、远视）的商家，须提交验光人员职业资格证书以及验光设备焦度计、验光仪的年度检定证书。
- 经营进口商品，须提交该品牌中华人民共和国海关进口货物报关单复印件。

（2）一级类目饰品/流行首饰/时尚饰品新入驻天猫所需材料

- 纯银饰品：每个品类至少提供一款由省级质监局出具的相关检测报告（例如，手镯、项链、耳坠等），且检测报告必须包含银含量检测项。
- 带有施华洛世奇元素的水晶，须提供施华洛世奇出具的相关元素使用授权。
- 天然水晶（例如，玛瑙、紫水晶、粉晶、发晶、碧玺、石榴石等），若经营涉及以上产品，每个材质类目须要至少提供一款由省级质监局出具的相关检测报告，必要检测项要求如下有商标、送检单位、生产单位以及相应商品各成分含量鉴定结论。
- 天然红珊瑚商品暂不招商，如经营进口商品，须提交该品牌中华人民共和国海关进口货物报关单复印件。

（3）一级类目珠宝/钻石/翡翠/黄金入驻天猫所需材料

- 若涉及以下产品（例如，黄金、钻石、天然玉石、翡翠、珍珠、琥珀、铂金、珊瑚、其他宝石/半宝石或贵金属等），每个材质类目须要至少提供一款由省级质监局出具的相关检测报告，必要检测项要求如下：商标、送检单位、生产单位以及相应商品各成分含量鉴定结论。
- 如经营进口商品，须提交该品牌中华人民共和国海关进口货物报关单复印件。

- 一级类目手表入驻天猫所须材料。
- 如经营进口商品，须提交该品牌中华人民共和国海关进口货物报关单复印件。

5. 化妆品（含美容工具）

一级类目彩妆/香水/美妆工具及美发护发/假发入驻天猫所需材料，图 6-16 所示为搜索的天猫化妆品商品。

情况一：若您经营国产化妆品

（1）旗舰店所需资质

- 化妆品生产厂商持有的《化妆品卫生许可证》复印件。
- 化妆品生产厂商持有的《化妆品生产许可证》（即《全国工业产品生产许可证》）复印件。
- 化妆品生产厂商企业营业执照副本复印件。
- 若为委托加工，则须提供"委托加工合同"。
- 近一年内所有单品检测报告复印件，该检测报告须由省级及以上检测机构出具，且须包含如下必要检测项（成品检测报告内容须包含品牌名称、产品名称和生产单位名称）。
- 如经营特殊用途化妆品须提交所有特殊用途化妆品卫生许可批件复印件（特殊用途化妆品主要包括：育发类、染发类、烫发类、脱毛类、美乳类、健美类、除臭类、祛斑类、防晒类化妆品）。
- 化妆品产品清单（按单品提供）。

（2）专卖店所需资质

- 化妆品生产厂商持有的《化妆品卫生许可证》复印件。
- 化妆品生产厂商持有的《化妆品生产许可证》（即《全国工业产品生产许可证》）复印件。
- 化妆品生产厂商企业营业执照副本复印件。
- 如经营天猫已有旗舰店的品牌，只须提供近一年内该品牌下一款产品检测报告复印件；否则，须提供近一年内所有单品检测报告复印件，该检测报告须由省级及以上检测机构出具，且须包含如下必要检测项（成品检测报告内容须包含品牌名称、产品名称和生产单位名称）。

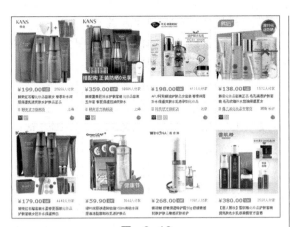

图 6-16

（3）专营店所需资质
● 须提供商标持有人直接授权（品牌商体系内之间授权可视同一层级）。
● 化妆品生产厂商持有的《化妆品卫生许可证》复印件。
● 化妆品生产厂商持有的《化妆品生产许可证》（即《全国工业产品生产许可证》）复印件。
● 化妆品生产厂商企业营业执照副本复印件。
● 只须提供近一年内每个品牌的一款产品检测报告复印件，该检测报告须由省级及以上检测机构出具，且须包含如下必要检测项（成品检测报告内容须包含品牌名称、产品名称和生产单位名称）。

情况二：若您经营进口化妆品
旗舰店、专卖店及专营店所需资料相同，具体如下。
● 近两年内中华人民共和国海关进口货物报关单复印件。
● 近两年内的商品出入境检验检疫卫生证书复印件。
● 所有经营单品的中华人民共和国进口非特殊／特殊用途化妆品备案凭证复印件。

注：进口化妆品专营店须提供商标持有人直接授权（品牌商体系内之间授权可视为同一层级）。

6.家装、家具、家纺
（1）一级类目基础建材、五金／工具、电子／电工、家装主材、全屋定制、商业／办公家具及住宅家具入驻天猫所需材料

①每个品牌须至少提供一份由第三方权威机构出具的《产品质量检测报告》，其中商业／办公家具、住宅家具必要检测项要求如下。
● 木制家具：甲醛释放量检测。
● 金属家具：力学性能检测、安全性检测。
● 床垫、软体家具：安全性检测。

②若经营电动工具、照明设备、电线电缆、电路开关及保护或连接用电器装置、低压电器、小功率电动机、家用和类似用途设备、安全玻璃、安全技术防范产品、装饰装修材料等属于《强制性产品认证管理规定》范围的产品（CCC产品认证范围），须提供一份生产厂家的《中国国家强制性产品认证证书》即3C安全认证证书。

③若经营人造板、耐火材料、电线电缆、橡胶软管和软管组合件、橡胶密封制品、电热毯、特种劳动防护用品、水泥、建筑防水卷材、铜及铜合金管材、铝、钛合金加工产品、燃气器具、危险化学品等属于国家工业品生产许可管理范围的产品（工业产品生产许可目录），必须提供至少一份生产厂家的《全国工业品生产许可证》。

（2）一级类目床上用品入驻天猫所需材料
①如经营进口商品，须提交该品牌近一年内中华人民共和国海关进口货物报关单复印件（仅限专营店）。
②以下产品须提供检测报告（每个品牌须至少提供一份由第三方权威机构出具的检测报告，成品检测报告内容须包含品牌名称、产品名称和各类产品对应的下述必检项目），必要检测项要求如下。
● 床上套件：成分含量、GB18401全套、标识标志、外观质量、水洗尺寸变化率。
● 羽绒被芯：成分含量、标识标志、含绒量、充绒量、原料要求。
● 棉被／蚕丝被芯：成分含量、标识标志、原料要求。

- 有填充物的产品须加检"原料要求",真皮类鞋服以及配件须加检"材质鉴定"。

(3)一级类目居家布艺入驻天猫所需材料
- 如经营进口商品,须提交该品牌近一年内中华人民共和国海关进口货物报关单复印件(仅限专营店)

(4)一级类目鲜花速递/花卉仿真/绿植园艺入驻天猫所需材料
- 须满足至少配送北京、上海、广州(市区)三地。
- 如经营绿植园艺类产品,须提供《城市园林绿化企业资质证书》。

7. 服务大类

(1)一级类目餐饮美食、休闲娱乐及本地化生活服务入驻天猫所需材料

①旗舰店条件。
- 须提供《餐饮卫生许可证》或《餐饮服务许可证》。
- 须提供品牌线下地址的房产证扫描件或房屋租赁合同的扫描件。
- 须提供门店信息表。

②专营店条件。
- 须提供至少两份有效的代理合同。
- 须提供品牌商的《餐饮卫生许可证》或《餐饮服务许可证》。
- 须提供品牌商的营业执照副本复印件,且经营范围包含餐饮。

(2)一级类目教育培训入驻天猫所需材料

①旗舰店条件。
- 营业执照经营范围包含教育信息咨询、管理咨询、IT技术服务其中一个。早教、文体类的营业执照营业范围里含智力开发、文化传播。
- 远程教育、在线教育有《增值电信业务许可证》或《ICP备案号》,如涉及学历教育,须提供教育部门颁发的批准证书。
- 民办非企培训机构,须提供民办学校办学许可证(可代替营业执照)。
- 驾驶培训须提供《道路运输经营许可证》,且其中须有"驾驶员培训"项目。

②专卖店条件。
- 须提供品牌商的营业执照副本复印件,且经营范围包含教育信息咨询、管理咨询、IT技术服务其中一个。早教、文体类的营业执照营业范围里须含智力开发、文化传播。
- 远程教育、在线教育须提供品牌商持有的《增值电信业务许可证》或《ICP备案号》,如涉及学历教育,须提供品牌商持有的教育部门颁发的批准证书。
- 驾驶培训须提供《道路运输经营许可证》,且其中须有"驾驶员培训"项目。

③专营店条件。
- 若经营品牌为自有品牌,要求同旗舰店。
- 若经营品牌为非自有品牌,要求同专卖店且至少提供两份有效的代理合同。

(3)一级类目摄影/摄像服务入驻天猫所需材料

①旗舰店条件。
- 营业执照经营范围包含摄影、婚纱摄影、儿童摄影、艺术摄影、专业摄影、摄影服务其中一个。
- 须提供品牌线下地址的房产证扫描件或房屋租赁合同的扫描件。
- 须提供门店信息表。

②专营店条件。
- 专营店须至少提供两份有效的代理合同。
- 专营店须提供品牌商的营业执照副本复印件,且经营范围包含摄影、婚纱摄影、儿童摄影、艺术摄影、专业摄影、摄影服务其中一个。

(4)一级类目购物提货券/蛋糕面包入驻天猫所需材料
- 须提供品牌线下地址的房产证扫描件或房屋租赁合同的扫描件。
- 须提供门店信息表,且提货券至少适用5个

及以上城市使用。

（5）一级类目超市卡/商场购物卡入驻天猫所需材料

图6-17所示为搜索的天猫超市卡商品。

- 须提供门店信息表，超市须提供5家及以上连锁门店的证明资料，便利店须提供30家及以上连锁门店的证明资料。
- 商场/百货旗下至少有50个品牌入驻，须提供至少50个品牌的证明材料或授权书。
- 须提供品牌线下地址的房产证扫描件或房屋租赁合同的扫描件。

图 6-17

（6）一级类目电影/演出/体育赛事入驻天猫所需材料

- 电影票类目旗舰店须提供《电影发行经营许可证》或者《电影放映经营许可证》。
- 演出话剧类目旗舰店须提供《营业性演出许可证》。

（7）一级类目装修设计/施工/监理入驻天猫所需材料

图6-18所示为搜索的天猫装修设计类商品。

①家庭装修设计、概算、软装配饰类。
- 须提供37类相关商标。
- 须提供各级装饰协会颁发的室内装饰企业设计资质等级证书/住建部颁发的工程设计与施工资质等级证书/各级建设厅颁发的装饰设计企业资质等级证书。
- 若经营家装、家具、家纺类商品，须提供对应资质。

②家庭装修设计施工类。
- 须提供37类相关商标。
- 须提供各级装饰协会颁发的室内装饰企业施工资质等级证书/住建部颁发的工程设计与施工资质等级证书/各级建设厅颁发的装饰设计施工企业资质等级证书。
- 提供3家以上连锁门店的证明资料。

③家庭装修设计施工、相关实物商品销售类。
- 须提供37类相关商标。
- 须提供各级装饰协会颁发的室内装饰企业施工资质等级证书/住建部颁发的工程设计与施工资质等级证书/各级建设厅颁发的装饰设计施工企业资质等级证书。
- 若经营家装、家具、家纺类商品，须提供对应资质。

图 6-18

④家庭装修监理类。
- 须提供37类相关商标。
- 须提供建设部或中国室内装饰协会（含地区性装饰协会）颁发的工程监理资质证书。

⑤配送安装维修类。经营安装服务须提供37类相关商标，经营物流配送服务须提供39类相关商标。

⑥卖场型旗舰店（提供家庭装修会展服务、

协助传统行业相关商家经营网络业务等）。
- 须提供35类相关商标。
- 各代理品牌的商标文件、授权文件以及行业资质。

8. 汽车及配件

一级类目汽车/用品/配件/改装摩托车/配件/骑士装备及新车/二手车入驻天猫所需材料。

- 经营安全座椅须提供欧洲 ECE R44/04 或美国标准 JPMA/ASTM 或中国国内 3C 认证（国标 GB27887—2011）。
- 经营电子/导航产品类目，若国家要求必须通过 3C 强制认证的，须提供 3C 认证证书。
- 一级类目电子凭证入驻天猫所须材料。
- 旗舰店须提供5家以上连锁门店的证明资料。
- 专营店须提供至少两份有效票务代理合同。
- 专卖店由持有全国或区域性授权的商家开设。

其他类目入驻天猫所须材料参照天猫商城最新招商标准，不再具体讲解。

6.2.3 了解入驻相关资费标准

下面讲解各大类目入驻天猫的相关资费标准。

1. 服装

开店公司注册资本高于100万人民币（包括100万元）。

2. 鞋类箱包

开店公司注册资本高于100万人民币（包括100万元）。

3. 运动户外

开店公司注册资本高于100万人民币（包括100万元）。

4. 珠宝配饰

一级类目饰品/流行首饰/时尚饰品新与珠宝/钻石/翡翠/黄金入驻相关资费标准：

开店公司注册资本高于100万人民币（包括100万元）。

5. 化妆品（含美容工具）

开店公司注册资本高于500万元人民币（包括500万元）。

6. 家装、家具、家纺

一级类目基础建材、家装主材、电子/电工、五金/工具入驻相关资费标准：

开店公司注册资本须高于50万元人民币（包括50万元）。

一级类目鲜花速递/花卉仿真/绿植园艺类目入驻相关资费标准：

开店注册资本须高于10万元人民币（包括10万元）。

7. 服务大类

一级类目餐饮美食入驻相关资费标准：

公司注册资本不得低于10万元人民币。

一级类目本地化生活服务、教育培训、摄影/摄像服务及电影/演出/体育赛事入驻相关资费标准：

公司注册资本不得低于30万元人民币。

一级类目购物提货券/蛋糕面包与超市卡/商场购物卡入驻相关资费标准：

公司注册资本不得低于50万元人民币。

8. 汽车及配件

一级类目汽车/用品/配件/改装与摩托车/配件/骑士装备相关资费标准：

注册资本高于50万元人民币(包括50万元)。

其他类目入驻天猫相关资费标准参照天猫商城最新招商标准，不再具体讲解。

6.3 申请入驻天猫商城

随着电子商务的发展，我们现在都在入驻天猫商城。那么怎样入驻，有哪些流程呢？图6-19所示为入驻天猫的基本流程。

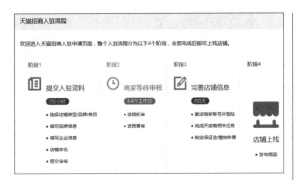

图 6-19

6.3.1 企业支付宝账号的检测

在申请入驻天猫商城之前有可能须要检测支付宝账户。入驻天猫商城时，要求支付宝账号是不允许绑定任何店铺的，必须重新注册一个企业的支付宝账号。

造成须要检测企业支付宝账号原因有两种，一是你这个账号已经绑定其他店铺了；二是你之前有提交过记录。

下面介绍检测支付宝账户的操作步骤。

第1步 打开浏览器，❶ 在"地址栏"中输入【https://memberprod.alipay.com】网址，按下【Enter】键进入支付宝注册页面。❷ 单击【企业账户】按钮，如图 6-20 所示。

图 6-20

第2步 在【企业账户支付宝注册】页面，❶ 在账户名输入框中输入账户的【电子邮箱】，

❷ 点击鼠标滑动图标》，❸ 验证成功后单击【下一步】按钮，如图 6-21 所示。

图 6-21

第3步 在打开的【验证手机】对话框中，❶ 在【手机号】后面的文本框中输入手机号码，❷ 单击【点此免费获取】按钮，如图 6-22 所示。

图 6-22

第4步 查看手机短信，❶ 在【校验码】后面的文本框中输入短信中的校验码，❷ 单击【下一步】按钮，如图 6-23 所示。

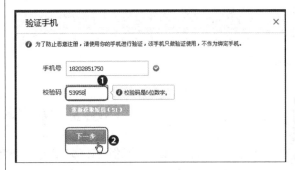

图 6-23

第5步 在打开的【验证账户名】对话框中，单击【立即查收邮件】，进入邮箱，如图6-24所示。

全保护答案】，❷填写无误后单击【下一步】按钮，如图6-27所示。

图 6-24

第6步 在邮箱中会收到一封激活支付宝账户的邮件，单击【请激活您的支付宝账户】链接，如图6-25所示。

图 6-25

第7步 在打开页面单击【继续注册】按钮，如图6-26所示。

图 6-26

第8步 回到支付宝注册页面，❶在【登录密码】文本输入框中输入支付宝的【登录密码】，并【再输入一次】密码；在【支付密码】文本输入框中输入支付宝的【支付密码】及【再输入一次】密码；在【安全保护问题】栏下选择安全保护问题，然后在【安全保护答案】后的文本输入框中输入【安

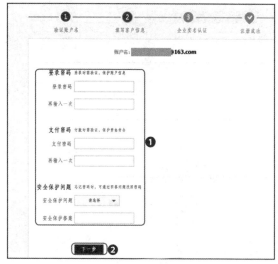

图 6-27

第9步 在打开页面中设置【法定代表人信息】及【实际控制人】，随即进行实名认证即可完成企业支付宝账户的注册，如图6-28所示。

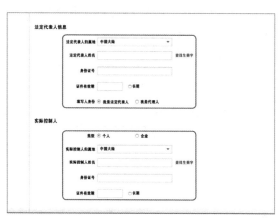

图 6-28

6.3.2 提交入驻资料

入驻时商家须要提交入驻资料，比如商家店铺的类目信息及品牌信息等。图6-29、图6-30所示为入驻申请的操作步骤。

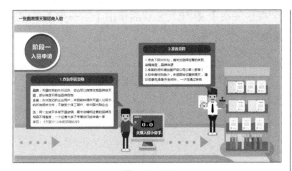

图 6-29

图 6-30

1. 选择店铺类型 / 品牌 / 类目

根据您申请经营的情况,选择店铺类型、填写品牌名称。如您的品牌在招商品牌池,可以选择下拉框中匹配找到的品牌。如不在,也可以点击【没有XX品牌,立即申请】继续申请入驻,如图 6-31 所示。

图 6-31

选择申请的经营大类及类目,请单击【选择类目】按钮,选好经营的类目后单击【确认】按钮,如图 6-32 所示。

图 6-32

问:怎么经营非图书音像大类?

答:如经营非图书音像大类,请单击选择"所有类目";如您经营图书音像大类,请单击选择"图书音像"。如您申请经营专营店,须至少提交两个品牌。

注意:一个品牌只可以选择一个主要经营大类,切换大类则会覆盖之前的操作,请谨慎操作。若搜索不到所须的类目,则说明该类目天猫暂不招商。如一个品牌须要跨大类经营,那可以在店铺上线后申请添加类目,添加新类目标准按照当前招商标准执行。

确认是否已符合基本入驻要求,单击【下一步】按钮。若未能符合,则提交后可能会被小二审核拒绝,如图 6-33 所示。

图 6-33

注意:如果所选择的品牌不在招商品牌池内,须要先评估品牌实力,再进行资质审核,会延长审核时间。

2. 填写品牌信息

根据实际情况填写品牌信息，请注意左侧的选项卡，每个选项卡下内容均须填写完整。如该选项卡内容未填写完整，标签会显示"待填写"，填写完成后将显示"已填写"。每个选项卡下内容填写完成后，须单击【保存品牌信息】按钮。操作如图6-34~图6-39所示。

图 6-34

图 6-37

图 6-38

图 6-39

图 6-35

图 6-36

如品牌须要先评估品牌实力，则将在申请页面看到【更多详情信息上传】入口，品牌评估会参考您的品牌影响力及天猫的品类结构和消费者需求。请下载模板Excel，按模板内容详细填入后上传，此信息会让天猫更好地了解商家的企业和品牌，有助于帮助更快入驻天猫。

3. 填写企业信息

完成品牌信息的填写后，根据实际情况填写

商家企业信息,填写完成后,单击【下一步】按钮。在此不做图文讲解。

4. 店铺命名

选择填写店铺名称中展现的关键词,并单击【选择店铺名】右侧的下拉框选择店铺名称以及店铺域名,也可以在【店铺命名建议】中填写期望的店铺名称。选择完成后,单击【下一步】按钮,在此不做图文讲解。

5. 提交入驻资料

再次确认填写的信息是否正确,如须修改,可单击【返回修改】,返回填写页面修改信息。如信息无误,无须修改,可单击【确认无误提交】,按钮提交申请资料给天猫,如图6-40、图6-41所示。

6.3.3 等待天猫官方审核

申请资料提交成功后,商家等待审核(3—6个工作日),请耐心等待小二审核。图6-42、图6-43所示为审核的具体流程。

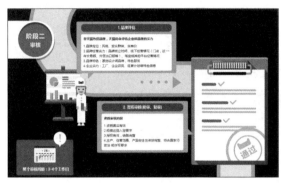

图 6-42

图 6-40

图 6-43

图 6-41

注意:资质一旦提交,将无法进行修改,请您耐心等待审核结果。

问:等待审核期间有哪些注意事项?

答:支等待审核期间请保持电话畅通,并关注邮件、旺旺信息,以便小二与您取得联系。如您的联系方式变更,可点击页面下方联系方式旁边的【修改】按钮,重新填写。

1. 品牌评估

如申请经营的品牌不在天猫招商品牌池内，须先通过品牌评估。品牌评估期间如资料不符合要求，须要您补充修改，系统会以邮件和短信的方式通知您登录申请账号查看修改。您登录本页面后，单击【前往修改】，可按照提示完成修改并提交，如图6-44所示。

图 6-46

果资料不符合要求，须补充修改，系统会以邮件和短信的方式通知您登录申请账号查看修改。登录本页面后，单击【前往修改】按钮，可按照提示完成修改并提交，如图6-47所示。

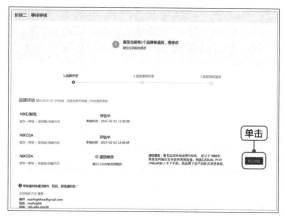

图 6-44

注：须在15天内操作修改并重新提交，逾期此次申请将失效。

如提交的品牌未能通过评估，此次申请将失效，可更换品牌再次提交申请，如图6-45所示。

图 6-47

资质审核期间，可在页面下方查看目前的审核状态，以及预计完成的时间，如图6-48所示。

图 6-45

品牌评估通过后，单击【开始资质审核】按钮，进入资质审核阶段，如图6-46所示。

2. 资质审核

资质审核阶段分为初审和复审，审核期间如

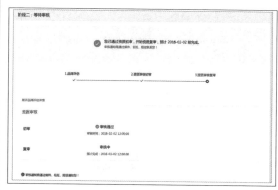

图 6-48

初审、复审均审核通过后,即入驻申请已通过审核,那么可以继续完善店铺信息、发布商品、设置并安排店铺上线。

6.3.4 完善店铺信息

初审、复审均审核通过后,约有一天的时间完善店铺信息。图6-49所示为完善店铺信息内容。

> **问**:填写企业支付宝有哪些注意事项?
>
> **答**:此处填写的支付宝账号为店铺后期收款、资费结算的账号,请谨慎选择。请勿将该支付宝账户与任何淘宝账号绑定;请勿将支付宝邮箱设置为任何淘宝账号的登录邮箱;请确保该支付宝账号的企业认证信息与您在天猫入驻资料提交的企业信息一致。

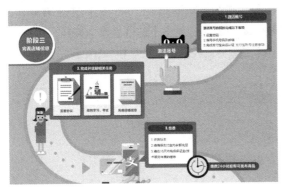

图 6-49

1. 激活商家账号并登录

设置密码、填写联系人手机、填写邮箱,填写企业支付宝账号,填写完成后单击【激活账号】按钮,激活商家账号,如图6-50所示。

2. 完成开店前的相关任务

激活账号后,记住商家账号,完成开店前相关任务。单击【前去完成】按钮前往相关页面进行操作,操作完成后单击【刷新状态】查看进度,如图6-51所示。

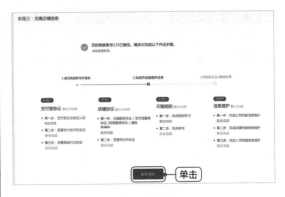

图 6-51

此项任务已完成后,任务后面会显示"已完成"。

3. 锁定保证金/缴纳年费

签署协议完成后,单击【马上锁定/缴纳】进行锁定保证金/缴纳年费的操作,如图6-52所示。

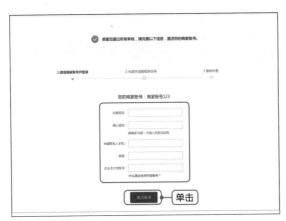

图 6-50

图 6-52

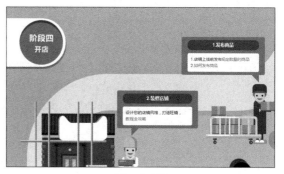

图 6-53

问：锁定保证金/缴纳年费的注意事项？

答：确保支付宝账户内余额充足，须在15天内完成锁定/缴纳的操作，如未能按时完成，此次申请将失效。完成锁定保证金/缴纳年费操作24小时后，才能发布商品。

图 6-54

单击后，即表示店铺已上线，则可以前往商家中心进行更多的操作与设置，如图6-55所示。

6.3.5 店铺成功入驻并上线

完成锁定保证金/缴纳年费操作24小时后，可发布商品，以及店铺装修。图6-53所示为店铺上线成功入驻的操作内容。

不同经营范围店铺上线须发布相应规定数量的商品，完成后您可以单击【立即店铺上线】按钮，如图6-54所示。

图 6-55

实用经验分享：天猫店入驻途径和技巧

2015年6月24日，天猫宣布招商新政策，将根据市场需求及行业特点，择优通过入驻申请，实行品牌邀请制。新政策导致大批自荐品牌的商家被拒之门外，那么入驻天猫有哪些技巧途径呢？

(1)通过其他方式提高入驻概率

天猫商城虽然不招商了,但是可以通过自荐品牌的方式入驻,且有些类目也在天猫的某个时间段的需求范围内,这时入驻,把握就比较大。

(2)通过阿里巴巴诚信通,企业淘宝

在阿里巴巴开设企业店铺,然后用心经营好店铺,等运营有所起色,再提交入驻天猫商城的申请,这样的成功率是最大的。

当然这种方式比较适合已经经营的有运营经验的淘宝店铺。

此方法就是通过先运营阿里诚信通,或企业淘宝,让天猫商城看到店主的店铺和团队的运营能力,只要天猫商城这个类目有竞争优势,那么就会首选平台会员。

(3)通过现成的天猫店铺转让

这样的方式是来得最快,最直接的,但是要遵循天猫商城的转让规定与注意事项。

● 天猫店铺不能变更店铺类型以及商标品牌,如果是想要打造自己的品牌,就不适合转让别人的店铺。

● 天猫店铺的转让涉及很多方面,事前须要全面调查清楚。

(4)通过其他电商平台

店家也可以先在京东、1号店、苏宁易购等开店,等运营有所起色后再去申请入驻天猫,因有其他电商成功运营经验,在入驻天猫时的成功率也会大很多。

第 2 篇

天猫开店

第 7 章 天猫店铺后台的高效管理

本章导读

好平台是基础,而店主长期有效的管理才能让店铺井井有条地运营下去,简单来说,通过本章的学习店主可以把天猫店铺后台的子账户管理、商品管理、宝贝管理等各种烦琐的管理工作进行得科学、高效。本章介绍了添加店铺子账户管理、设置店铺相关信息、店铺商品分类管理、店铺商品的发布规则、宝贝编辑与下架管理等内容。

知识要点

- 添加店铺子账户管理
- 设置店铺相关信息
- 店铺商品分类管理
- 店铺商品发布规则
- 宝贝编辑与下架管理

7.1 添加店铺账户管理

根据天猫入驻规则完成店铺申请并审核通过后，下一步就需要为店铺添加账户，方便店铺管理内部的交易。商家可以通过设置新建员工、分类部门、岗位管理客服分流等方式来进行管理。

天猫账号管理中的主账户可以对子账号的业务操作进行监控和管理，商家使用主账户并授权子账号后，店铺员工可以通过子账号登录旺旺并接待买家，当然也可以在授权范围内，登录卖家中心帮助卖家管理店铺日常。

7.1.1 新建员工

开通子账号后，可以根据实际运作要求新建一个或多个员工，并设置相应的权限。

下面介绍新建员工的操作步骤。

第1步 进入天猫工作台，单击【店铺管理】栏中的【子账号管理】链接，如图7-1所示。

第2步 在打开的【子账号管理】页面单击【新建员工】按钮，如图7-2所示。

图 7-2

第3步 ❶进入【新建员工】页面，在【部门结构】下分别设置新建员工的【选择岗位】【账号名】【密码】【部门】【安全验证手机】【证书允许开启】等，❷设置完成后单击【确认新建】按钮，如图7-3所示。

第4步 即刻完成新建员工，可按照相同方法建立其他新员工，如图7-4所示。

图 7-1

图 7-3

图 7-4

7.1.2 设置部门结构

在子账号中为了方便对多个账号进行管理，卖家还需要设置分类部门，比如财务部、客服部、设计部等。

下面以新建设计部为例，介绍设置部门结构的操作步骤。

第1步 进入【子账号员工管理】页面，单击【部门】右侧的【新建】按钮，如图 7-5 所示。

图 7-5

第2步 进入部门命名状态，在输入框中输入名称"设计部"即可，如图 7-6 所示。

图 7-6

第3步 单击【设计部】右侧的图标，在下拉列表中单击【新建子部门】选项，如图 7-7 所示。

图 7-7

第4步 即可在上述新建部门名称下方输入框中输入子部门名称，如图 7-8 所示。

图 7-8

第5步 此时即可完成部门结构的设置，可按上述操作步骤新建其他部门及子部门，如图 7-9 所示。

图 7-9

第6步 设置完成部门后，可以在列表中选择需要转移部门的员工账号，单击上方的【更换部门至】按钮，在下拉列表中选择一个部门，即可完成部门更换，如图7-10所示。

图 7-10

7.1.3 设置岗位管理

岗位管理主要指员工可以在店铺中运用允许的操作，比如交易管理、物流管理、宝贝管理等操作权限。

下面介绍设置岗位管理的操作步骤。

第1步 进入【子账号员工管理】页面，单击【岗位管理】选项，在打开页面中单击【新建自定义岗位】按钮，如图7-11所示。

第2步 ❶进入【岗位管理】页面，选择分类并输入岗位名称，❷确认无误后单击【修改权限】按钮，如图7-12所示。

图 7-11

图 7-12

第3步 在该页面中可以根据实际情况设置修改各类权限，设置完成后单击【确认】按钮，如图7-13—图7-15所示。

图 7-13

图 7-14

第 5 步 经过以上步骤操作后,即可完成"岗位管理"的设置,如图 7-17 所示。

图 7-17

7.1.4 客服分流

天猫店大多需要很多人共同管理一个店铺,为了方便管理,卖家可以通过设置旺旺号的分流来控制哪些旺旺号接受哪些咨询。

假设现在有一个顾客通过点击店铺中的旺旺图标来进行咨询,那么任何一个旺旺号都可以接收到消息,而当多个顾客同时咨询的情况下,主账户就可以通过设置分流,将顾客按照权重分流或者平均分流的方式分配给不同的子账户,从而减少每个账号的工作负担,提高工作效率。

①平均分流:指同时上线、上线时间相同且子账户接待量相同。

②权重分流:指根据子账户接待能力设置权重,能者多劳。权重分流可保证买家等待时间最短。

下面介绍设置客服分流的操作步骤。

第 1 步 进入【子账号】页面,单击【客服分流】选项,如图 7-18 所示。

第 2 步 进入【客服分流】页面,单击【分组设置】选项,进入【分组设置】页面,单击【设置】✿图标下【管理客服】链接,如图 7-19 所示。

图 7-15

第 4 步 返回到【岗位管理】页面,单击【保存】按钮,如图 7-16 所示。

图 7-16

第3步 进入【设置】页面，❶修改客服账号名后的【权重值】进行权重客服分流，❷完成后单击【确定】即完成客服分流，如图7-20所示。

图 7-18

图 7-19

图 7-20

7.2 设置店铺相关信息

为店铺设置基本信息、LOGO标志等相关操作是开通店铺后首先需要做的事情，天猫店铺名称一旦确定后不能更改。

7.2.1 天猫店铺的基本设置

天猫店铺的基本设置主要包括店铺名称、店铺简介、店铺标志及店铺联系人和联系地址等基本信息。

下面介绍设置店铺基本信息的操作步骤。

第1步 进入天猫【我的工作台】页面，单击页面左侧【店铺管理】下的【店铺基本设置】链接，如图7-21所示。

第2步 在【淘宝店铺】页面中，❶设置【店铺名称】【店铺简介】【店铺标志】【主要货源】【联系地址】等基本信息，❷设置完成后单击【保存】按钮，如图7-22所示。

第3步 ❶单击【手机淘宝店铺】选项，在打开页面上传店铺店招，输入【客服电话】，❷完成后单击【保存】按钮，如图7-23所示。

图 7-21

图 7-22

图 7-23

第4步 单击【官方网店】选项，❶ 在打开页面设置店铺名称、关键字及店铺标志，❷ 完成后单击【保存】按钮，如图 7-24 所示。

7.2.2 认识天猫店的名称与 LOGO 的重要性

天猫卖家卖的就是商品的品质，所以一般店铺都拥有自己独一无二的品牌 LOGO，让消费者能更加信服店铺的商品且有较强的辨识度。

普通淘宝卖家销售的大多是各个工厂的各类商品，所以很多卖家没有自己的品牌，从商品到包装都比较随意，而大多天猫商家会在商品图片或包装上添加醒目的品牌 LOGO。图 7-25 所示为 srgolf 旗舰店的名称与 LOGO。

图 7-24

图 7-25

7.3 店铺商品分类管理

为了方便顾客快速找到自己需要的商品，同时方便卖家管理商品，卖家可以事先按照不同类目对商品分门别类，这样就可在店铺首页将所有商品类目展现出来，如图 7-26 所示。

图 7-26

一个分类清晰合理的店铺更能极大地方便顾客。如果商家一次性发布太多宝贝的话，买家会很难找到某个需要的商品，因此设置好宝贝分类可以使买家首先找到大分类，然后在大分类下找到需要的子分类，就可以快速找到符合要求的宝贝了，如图 7-27 所示。

7.3.1 添加手工分类

手工分类是指可以手动输入设置产品的名称，

图 7-27

手工分类可以按照自己的思路设置分类。

下面介绍添加手工分类的操作步骤。

第1步 进入天猫【我的工作台】页面,单击页面左侧【店铺管理】下的【宝贝分类管理】链接,如图7-28所示。

图 7-28

第2步 进入【旺铺·天猫版】页面,单击【添加手工分类】链接,如图7-29所示。

图 7-29

第3步 输入分类名称,单击【添加子分类】按钮进入子分类编辑状态,如图7-30所示。

图 7-30

第4步 按照相同的方法分别建立其他手工分类,并在其下方编辑子分类中输入其他分类名称。完成分类后,单击【保存更改】按钮,如图7-31所示。

图 7-31

7.3.2 添加自动分类

顾名思义,自动分类指在系统内所进行的固定的、自动的分类方式,目前可以按照类目、属性、品牌、时间来进行分类,选择相应的分类要素后,就可以直接进行分类。

下面介绍添加自动分类的操作步骤。

第1步 进入天猫【我的工作台】页面,单击页面左侧【店铺管理】下的【宝贝分类管理】链接,如图7-32所示。

图 7-32

第2步 进入【旺铺·天猫版】页面，单击【添加自动分类】链接，如图7-33所示。

图 7-33

第3步 在打开的【自动分类条件设置】的窗口中，❶ 单击【按类目归类】按钮，❷ 勾选需要的指定类目的复选框，❸ 确认完成后单击【确定】按钮，如图7-34所示。

图 7-34

第4步 经过以上步骤，即可完成按类目归类的自动分类的添加，如图7-35所示。

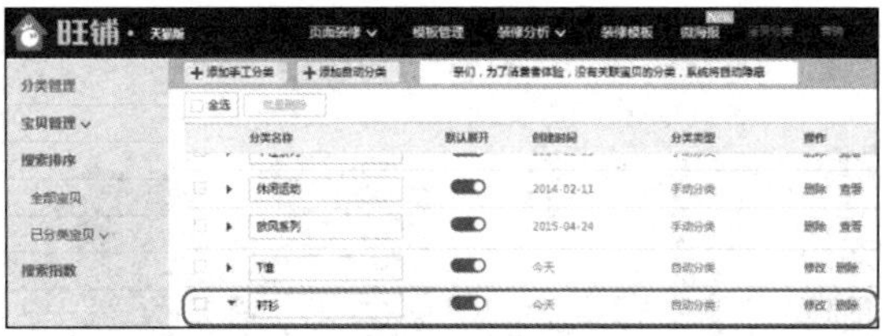

图 7-35

第5步 单击【按属性归类】选项可以看到显示不同属性名称，❶ 勾选需要的指定属性的复选框，❷ 确认完成后单击【确定】按钮，即可完成按属性归类的自动分类添加，如图7-36所示。

图 7-36

第6步 单击【按品牌归类】选项可以看到显示不同品牌名称，❶ 勾选需要的指定品牌的复选框，❷ 确认完成后单击【确定】按钮，即可完成按品牌归类的自动分类的添加，如图7-37所示。

图 7-37

第7步 ❶ 单击【按时间价格】选项，❷ 在【设置时间】栏目下单击【设置】链接，如图7-38所示。

第8步 在打开的【设置】窗口内，❶ 设置需要添加时间分类的时间段，❷ 单击【确认】按钮，如图7-39所示。

图 7-38

图 7-40

图 7-39

第9步 返回到【自动分类条件设置】页面，可继续添加时间分类。完成添加后单击【确定】按钮，如图7-40所示。

第10步 经过以上步骤，即可完成按时间价格归类的自动分类的添加，如图7-41所示。

图 7-41

7.4 店铺商品发布规则

天猫店铺发布商品的主要内容包括宝贝标题和类目属性、各品类主图、常用编辑方法、天猫新品打标等操作。

7.4.1 标题和类目属性

在设置标题和类目属性时淘宝、天猫针对所有卖家有一些规则。

（1）品牌＋商品名称不能超过30字。

（2）商品标题中不得带有任何与商品真实信息无关的字符。

比如：裂帛品牌旗舰店是以民族元素为特色的中国服装品牌，则裂帛品牌的商品标题中不能出现韩版、原单等字样，当然如果是包邮款可以写上包邮信息，如图7-42所示。

标题如果太长已经超过30字，那么卖家可以把不是搜索关键词的词语删除，这里可以删除"正

图 7-42

品"两字,如图7-43所示。

(3)宝贝类目属性要与标题对应。

卖家在填写宝贝标题时,一定要与其宝贝类目相对应,如图7-44~图7-46所示的3张图卖家在商品标题有出现"男""T恤""2016年""运动""品牌名称"等字眼,那么在选择宝贝类目、属性时,卖家一定要选择与之相对的内容,类目为"男装-上衣类",属性中有年份、适合场景、品牌等。

图 7-43

图 7-44

图 7-45

图 7-46

淘宝网会对天猫卖家在"出售中"或"已定时上传"的宝贝中进行违规检查,如出现标题与类目属性不同的违规现象时,宝贝会被下架放在体验中心,如超过时限不修改,那么将给予扣分处罚。

7.4.2 各品类商品主图

天猫店铺主图与淘宝店铺主图相同,商品的主图都有一定的使用规范。

下面介绍主图上传的常规规则。图7-47所示为商品主图显示页面。

图 7-47

- 主图必须为实物图。
- 图片不得拼接,不得出现水印,不得包含促销、夸大描述等文字说明,该文字说明包括但不限于秒杀、限时折扣、包邮、"折\满"。图7-48所示为错误的天猫主图设计。

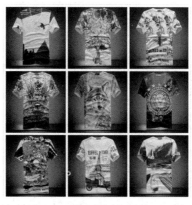

图 7-48

- 商品所有人可将品牌 LOGO 放置于主图左上角，大小为主图的 1/10 寸，如图 7-49 所示。
- 图片必须达到 5 张，并且每张图片必须大于或等于 800×800 像素，且不超过 500KB。下图为正确的天猫主图设计。

图　7-49

各个商品的品类不同，那么不同品类的主图也有不同的规定。下面介绍一些常见品类的主图要求和规定。

（1）女装 / 男装

女装 / 男装主图一般为正面图、背面图及 3 张商品细节图，其中一张领标图，所有主图为同一颜色最好，如图 7-50 所示。

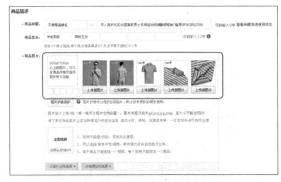

图　7-50

（2）女鞋 / 男鞋

女鞋 / 男鞋的商品主图可以是模特图，但第二张必须是白底 45°的图片，如图 7-51 所示。

图　7-51

（3）饰品 / 流行首饰 / 时尚饰品新

饰品 / 流行首饰 / 时尚饰品新包含耳饰、发饰、手链、项链、手镯等。其商品主图必须是纯色底，且只能出现商品单品图，不得出现促销类文字、水印，如图 7-52 所示。

图　7-52

（4）箱包

箱包的商品主图不得出现促销类文字、水印，如图 7-53 所示。

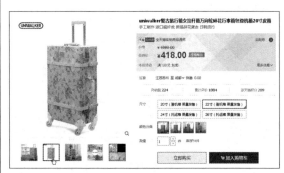

图　7-53

以上类目的主图和图片位置如果不按照标准放置，淘宝网会判定违规下架，"出售中"或"已定时上传"的宝贝会对其进行违规检查，如出现违规现象宝贝会被下架放在体验中心，如超过时限不修改，那么将给予扣分处罚。

7.4.3 常用编辑方法

上传宝贝前首先还要学会店铺的常用编辑方法，比如如何在宝贝描述里添加促销信息，如何添加颜色和尺码、修改标题等。

1. 如何在宝贝描述里添加信息模板

在添加模板前，卖家需要将已经制作好的信息模板添加至图片空间。

下面介绍在宝贝描述里添加信息模板的操作步骤。

第1步 进入天猫【发布宝贝 – 价格库存物流】页面，单击【商品图片】内的【上传新图片】链接，如图7-54所示。

图 7-54

第2步 在弹出的【打开】对话框中，❶选择已经保存好的商品信息图片，❷单击【打开】按钮，如图7-55所示。

第3步 随即上传成功，按照上述操作步骤完成所有图片的上传即可，如图7-56所示。

图 7-55

图 7-56

2. 如何添加颜色和尺码

在编辑宝贝信息时也要学会如何添加颜色和尺码。

下面介绍添加颜色和尺码的操作步骤。

第1步 进入天猫【发布宝贝 – 价格库存物流】页面，单击【商品价格库存】内的【添加新颜色】链接，如图7-57所示。

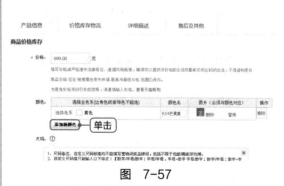

图 7-57

第2步 打开色系选择框，选择所需色系，单击【确定】按钮，如图7-58所示。

图 7-58

第3步 完成选择后，在颜色名输入框中输入该色系的【颜色名】，如图 7-59 所示。

图 7-59

第4步 输入完成后，单击【选择图片】链接，如图 7-60 所示。

图 7-60

第5步 在弹出的【打开】对话框中，❶ 选择已经保存好的颜色图片，❷ 单击【打开】按钮，如图 7-61 所示。

图 7-61

第6步 随即完成商品颜色的设置，如图 7-62 所示。

图 7-62

第7步 进入天猫【发布宝贝–价格库存物流】页面，❶ 在【尺码】内下方输入添加的尺码，❷ 单击【添加】按钮，即可完成商品尺码的设置，如图 7-63 所示。

图 7-63

3. 修改标题

在不同时期不同季节，有时需要修改已完成发布的商品标题。

下面介绍修改标题的操作步骤。

第1步 进入天猫【我的工作台】页面，单击页面左侧【宝贝管理】下的【出售中的宝贝】链接，如图 7-64 所示。

图 7-64

第2步 在需要修改标题的商品右侧单击【编辑宝贝标题】图标，如图7-65所示。

图 7-65

第3步 ❶ 在输入框中输入修改的标题，❷ 单击【保存】按钮，即可完成商品标题的修改，如图7-66所示。

图 7-66

7.4.4 天猫新品打标

为提升消费者购物体验，以及维护天猫的市场秩序，根据《天猫服务协议》《天猫规则》制定天猫新品的打标管理规范。

1. 定义

天猫新品，是指商家在天猫首次上架的特定商品。

（1）特定商品

"特定商品"是指上架时间在天猫规定的上新周期内的商品，各行业的上新周期规定如下：

① "女装/女士精品""男装""童装/亲子装"一级类目下的商品的上新周期为28天。

② "女士内衣/男士内衣/家居服""箱包皮具/热销女包/男包""流行男鞋""女鞋""童鞋/亲子鞋""运动鞋new""运动服/休闲服装""运动/瑜伽/健身/球迷用品""户外/登山/野营/旅行用品""运动包/户外包/配件""服饰配件/皮带/帽子/围巾""珠宝/钻石/翡翠/黄金""饰品/流行首饰/时尚饰品新""ZIPPO/瑞士军刀/眼镜"类目下的商品的上新周期为60天。

上新周期的开始时间为该款商品首次上架的时间，经营其他一级类目的商家暂时无法申请天猫新品。

（2）首次上架

"首次上架"的判断标准是，在天猫规定的上新周期前，该商品的同款商品从未在天猫上架出售。

（3）同款

"同款"的判断标准包括但不限于品牌、货号与款式完全相同。

同款的含义包括：仅颜色不同，其他都相同；只有面料成分含量不同，其他都相同；仅更新拍照模特，商品本身的款式完全相同；颜色不同、材质也不同，但款式相同等。

图7-67所示为天猫新品打标的显示位置。

图 7-67

2. 申请条件

商家商品需要符合以下条件才能申请天猫新品。

（1）符合天猫新品的定义

（2）商家申请天猫新品时无"严重违规行为"扣分

（3）具有本行业新品准入资质

各行业新品准入资质要求如下。

① "女装/女士精品""男装""童装/亲子装""女士内衣/男士内衣/家居服""箱包皮具/

热销女包/男包""运动服/休闲服装""运动/瑜伽/健身/球迷用品""户外/登山/野营/旅行用品""运动包/户外包/配件""服饰配件/皮带/帽子/围巾""珠宝/钻石/翡翠/黄金""饰品/流行首饰/时尚饰品新""ZIPPO/瑞士军刀/眼镜"等，商品吊牌或洗水唛等印有货号信息并符合 GB5296.4 标准。

②"女鞋""童鞋/亲子鞋""流行男鞋""运动鞋 new"等，商品鞋盒或鞋身等印有货号信息。

（4）商品需符合商品折扣率

"女装/女士精品""男装""女士内衣/男士内衣/家居服""箱包皮具/热销女包/男包""流行男鞋""女鞋""运动鞋 new""运动服/休闲服装""运动/瑜伽/健身/球迷用品""户外/登山/野营/旅行用品""运动包/户外包/配件""服饰配件/皮带/帽子/围巾""珠宝/钻石/翡翠/黄金""饰品/流行首饰/时尚饰品新""ZIPPO/瑞士军刀/眼镜"等。

一级类目下的商品需符合商品折扣率要求。

商品折扣率（折扣率 = 实际成交价/一口价）大于五折（含 PC 端和无线端），其中使用店铺 & 商品优惠券、满减、天猫搭配宝、会员权益定向优惠这四款天猫官方优惠工具的订单将剔除计算。

（5）商品属性要求是当年当季

①"女装/女士精品""男装"。

春季：上一年度 12 月 20 日至本年度 4 月 30 日。
夏季：本年度 2 月 25 日至 8 月 25 日。
秋季：本年度 6 月 15 日至 11 月 15 日。
冬季：本年度 8 月 1 日至下一年度 1 月 15 日。

②"女士内衣/男士内衣/家居服""箱包皮具/热销女包/男包""珠宝/钻石/翡翠/黄金""饰品/流行首饰/时尚饰品新""ZIPPO/瑞士军刀/眼镜"。

春夏：上一年度 12 月 20 日至本年度 8 月 25 日。
秋冬：本年度 6 月 15 日至下一年度 2 月 28 日。

③"流行男鞋""女鞋"。

春季：上一年度 12 月 20 日至本年度 5 月 15 日。

夏季：本年度 2 月 25 日至 9 月 15 日。
秋季：本年度 6 月 15 日至 11 月 15 日。
冬季：本年度 8 月 1 日至下一年度 2 月 28 日。

④"运动鞋 new""运动服/休闲服装"。

春季：上一年度 12 月 1 日至本年度 4 月 30 日。
夏季：本年度 3 月 1 日至 6 月 30 日。
秋季：本年度 6 月 1 日至 10 月 30 日。
冬季：本年度 9 月 1 日至 12 月 30 日。

⑤"运动/瑜伽/健身/球迷用品""户外/登山/野营/旅行用品""运动包/户外包/配件"。

春季：上一年度 12 月 1 日至本年度 4 月 30 日。
夏季：本年度 2 月 25 日至 8 月 25 日。
秋季：本年度 6 月 15 日至 11 月 15 日。
冬季：本年度 8 月 1 日至下一年度 1 月 15 日。

⑥"服饰配件/皮带/帽子/围巾"。

春夏：上一年度 7 月 1 日至本年度 2 月 1 日。
秋冬：本年度 2 月 1 日至下一年度 7 月 1 日。

3. 发布规范

符合天猫新品申请条件的商品，可以申请新品标签，商品发布必须符合本行业新品发布规范。各行业新品发布规范如下。

①"女装/女士精品""男装""童装/亲子装""女士内衣/男士内衣/家居服""箱包皮具/热销女包/男包""运动服/休闲服装""运动/瑜伽/健身/球迷用品""户外/登山/野营/旅行用品""运动包/户外包/配件""服饰配件/皮带/帽子/围巾""珠宝/钻石/翡翠/黄金""饰品/流行首饰/时尚饰品新""ZIPPO/瑞士军刀/眼镜"

- 符合天猫新品申请条件的商品，商家可以在商品发布前勾选"申请新品"的选项，并上传印有货号信息的吊牌或洗水唛等的照片。
- 申请天猫新品的商品必须填写该商品特有的商品品牌及货号信息。

②"女鞋""童鞋/亲子鞋""流行男鞋""运动鞋 new"。

- 符合天猫新品定义的商品，商家可以在商品发布前勾选"申请新品"的选项，并上传印有货号信息的鞋盒或鞋身等的照片。
● 申请天猫新品的商品必须填写该商品特有的商品品牌及货号信息。

7.4.5 发布全新商品

了解商品规则后，卖家就需要在店铺中发布全新商品，让买家了解店铺所卖的宝贝，从而促成交易。

下面介绍发布全新商品的操作步骤。

第1步 进入天猫【我的工作台】页面，单击页面左侧【宝贝管理】下的【发布宝贝】链接，如图7-68所示。

图 7-68

第2步 在打开的【商家中心】页面，输入宝贝类目，单击【搜索】按钮，如图7-69所示。

图 7-69

第3步 在搜索到的匹配类目中选择合适的类目，单击【下一步，发布商品】按钮，如图7-70所示。

图 7-70

第4步 设置商品的产品参数【类目】【品牌】【是否新品】【上市年份季节】【材质成分】(带"*"属于必选、必填项)，如图7-71所示。

图 7-71

第5步 设置【销售渠道类型】【材质】,在【资质图片】右边单击【吊牌图】下的【上传新图片】链接，如图7-72所示。

第6步 在弹出的【打开】对话框中，选择已经保存好的吊牌图图片，单击【打开】按钮，如图7-73所示。

图 7-72

图 7-73

第7步 回到商品发布页面，即可看到吊牌图已上传完成，使用上述操作步骤上传耐久性标签图片，如图 7-74 所示。

图 7-74

第8步 设置商品的商品属性【版型】【袖长】【领型】【衣门襟】【面料分类】【适用季节】【适用场景】【适用对象】(带"*"属于必选、必填项)，如图 7-75 所示。

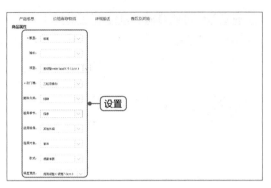

图 7-75

第9步 设置商品的商品属性【款式】【领型宽度】【下摆设计】【服装口袋样式】【服装款式细节】【厚薄】【衣长】【基础风格】【细分风格】【后开衩方式】【图案】【服饰工艺】，如图 7-76 所示。

图 7-76

第10步 在【商品价格库存】下，❶ 输入商品价格，❷ 设置【颜色】与【尺码】，如图 7-77 所示。

图 7-77

第 11 步 在【商品价格库存】下,输入【商品数量】【商家编码】【条形码】,如图 7-78 所示。

流体积】,设置【所在地】【提取方式】,如图 7-81 所示。

图 7-78

第 12 步 在【商品尺码详情】下,单击【填写尺码表】链接,如图 7-79 所示。

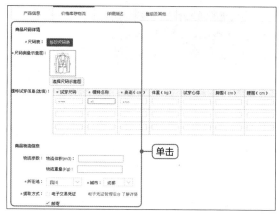

图 7-81

第 15 步 在【商品描述】下,输入【商品标题】【商品卖点】,上传【商品图片】【商品竖图】,如图 7-82 所示。

图 7-79

第 13 步 在打开页面中,❶选择尺码模板匹配该商品,❷编辑尺码表,❸填写无误后单击【保存】按钮,如图 7-80 所示。

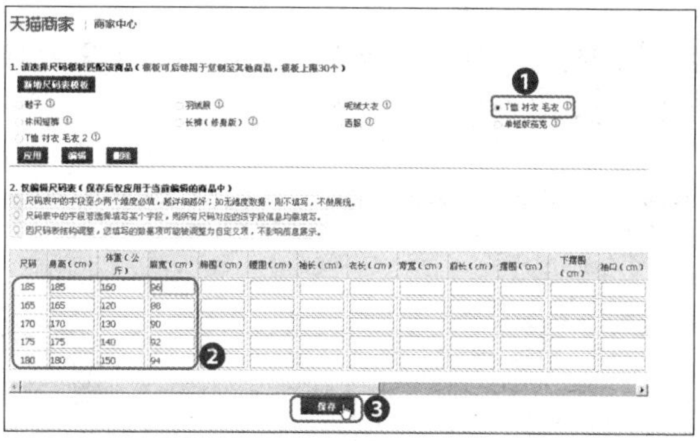

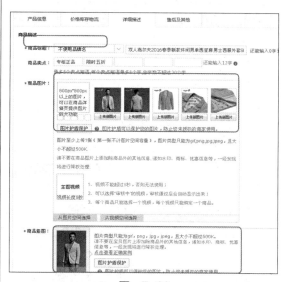

图 7-82

第 16 步 在【商品描述】中,编辑【电脑版】与【手机新版】的商品描述,如图 7-83 所示。

第 17 步 选择【在店铺中所属的类目】,在【售后及其他】下,设置【发票】【保修】【退换货承诺】【售后说明】【会员让利】【拍下减库存】【有效期】【秒杀商品】【橱窗推荐】【返点比例】,如图 7-84 所示。

图 7-80

第 14 步 回到商品发布页面,即可以完成尺码表设置,选择【尺码测量示意图】,输入【模特试穿信息】,在【商品物流信息】下,输入【物

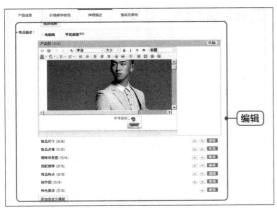

图 7-83

第18步 设置【开始时间】，确认所有信息无误后单击【提交】按钮，如图7-85所示。

图 7-85

第19步 经过以上操作后，即可完成全新商品的发布，如图7-86所示。

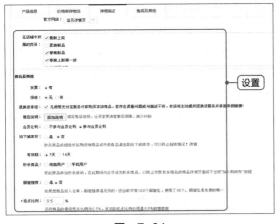

图 7-84

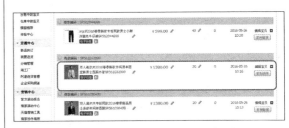

图 7-86

7.5 宝贝编辑与下架管理

掌握好宝贝的编辑发布和下架时间，能够增加宝贝浏览量，并让买家能够在众多宝贝中找到需要的宝贝。天猫依据剩余时间决定排名的先后，这对所有卖家来说都是公平的。

7.5.1 编辑与修改宝贝信息

发布宝贝之后如果宝贝的相关属性发生改变或者填写错误，那么卖家可以重新修改宝贝的指定信息，包括数量、价格及宝贝描述等。

下面介绍编辑宝贝信息的操作步骤。

第1步 在天猫【我的工作台】页面中，单击页面左侧【宝贝管理】下的【出售中的宝贝】链接，如图7-87所示。

图 7-87

第2步 打开【出售中的宝贝】页面，在需要修改的宝贝后单击【编辑宝贝】链接，如图7-88所示。

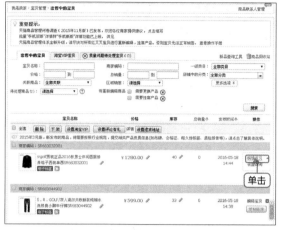

图 7-88

第3步 在打开的编辑页面中，修改【产品信息】【价格库存物流】【详细描述】【售后及其他】，修改完成后单击【确认修改】按钮，即可完成宝贝信息的编辑修改，如图7-89所示。

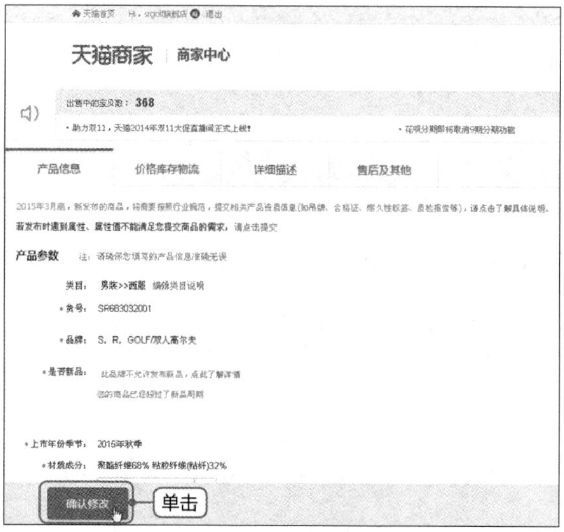

图 7-89

7.5.2 宝贝下架管理

店铺中发布的宝贝大多都有一定的期限，或者出现无货的情况，那么卖家就需要对宝贝进行下架管理。

下面介绍宝贝下架的操作步骤。

第1步 在天猫【我的工作台】页面中，单击页面左侧【宝贝管理】下的【出售中的宝贝】链接，如图7-90所示。

图 7-90

问：怎样一次性快速下架多个宝贝？

答：如果需要一次性快速下架多个宝贝，可以依次勾选需要下架的宝贝前面的复选框，再单击"下架"按钮即可，如图7-91所示。

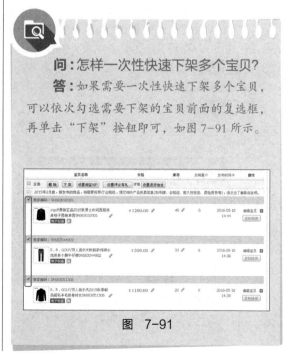

图 7-91

第2步 打开【出售中的宝贝】页面，A 选中需要下架的宝贝前的复选框，B 单击上方【下架】按钮，即可下架宝贝，如图 7-92 所示。

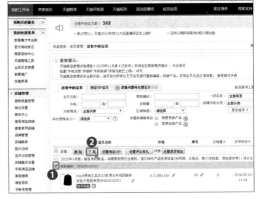

图 7-92

实用经验分享：管理好图片空间

图片空间是由天猫提供的一项免费的图片管理工具，装修天猫店铺时需要上传大量的图片。

卖家可以将商品优化图片、产品说明、店招、店标等图片分类上传到图片空间，从而方便统一使用与管理。

天猫官方图片空间主要有以下 4 个功能。

①原图替换：替换图片空间的图片，店铺中所有使用了这张图片的都会在 8—24 小时内自动替换，替换会保持图片地址不变。

②批量管理图片：批量上传、复制、移动、复制链接、删除图片等。

③图片搬家：一键将图片搬回淘宝图片空间，不丢失、不重复、多种方式搬迁可供选择。

④引用关系：迅速查看图片是否在店铺中使用和具体使用情况。

下面介绍创建分类文件夹并上传图片的操作步骤。

第1步 进入天猫【我的工作台】页面，单击页面左侧【店铺管理】下的【图片空间】链接，如图 7-93 所示。

第2步 打开【图片空间】页面，单击【新建文件夹】链接，如图 7-94 所示。

图 7-93

图 7-94

第3步 打开【新建文件夹】对话框,在文本框输入文件夹名称,单击【确定】按钮,如图7-95所示。

第4步 即可成功新建文件夹,双击该文件夹,如图7-96所示。

图 7-95　　　　　　　　　　　图 7-96

第5步 在打开空白子文件夹中,单击【上传图片】按钮,如图7-97所示。

第6步 在打开【上传图片】的对话框中,单击【通用上传】栏下的【点击上传】链接,如图7-98所示。

图 7-97　　　　　　　　　　　图 7-98

第7步 在【选择要上载的文件】对话框中,单击需要上传的图片,单击【打开】按钮,如图7-99所示。

第8步 返回【图片空间】页面,即可查看上传至图片空间的图片,如图7-100所示。

图 7-99　　　　　　　　　　　图 7-100

第 2 篇

天猫开店

第 8 章　天猫店铺的商品交易与管理

本章导读

学习了天猫店铺后台的管理后,卖家就需要认识天猫店铺的商品交易与日常管理,从而可以更好地管理天猫店铺的交易模块。本章将介绍交易模块显示的设定、管理店铺交易订单、使用生意参谋实时观察店铺流量、掌握生意参谋核心功能等内容。

知识要点

- 设定交易模块显示
- 管理店铺交易订单
- 生意参谋实时观察店铺流量
- 掌握生意参谋核心功能

8.1 设定交易模块显示

天猫商家的交易管理大多可以在千牛工作台中操作,其中包括交易模块管理、生意参谋、插件管理与使用,以及一些基本设置。

8.1.1 下载并安装千牛

千牛是将原先的阿里旺旺卖家版与阿里巴巴贸易通整合在一起的新品牌。它是淘宝网和阿里巴巴为商人量身定做的免费网上商务沟通软件。它能帮你轻松找客户、发布、管理商业信息,及时把握商机,随时洽谈做生意。千牛也是卖家在天猫商家的强大的助手,"淘宝卖家""天猫商家"均可使用。其中包含卖家工作台、消息中心、阿里旺旺、量子恒道、订单管理、商品管理等主要功能,目前有两个版本:电脑版和手机版。

下面介绍下载与安装卖家版千牛工作台的操作步骤。

第1步 打开浏览器,在"地址栏"中输入【https://alimarket.taobao.com/markets/qnww/pc】网址,按【Enter】键进入千牛工作台下载页面,单击【Windows 版】按钮,如图 8-1 所示。

第2步 在弹出的【新建下载任务】框中,设置保存位置,然后单击【下载】按钮开始下载,如图 8-2 所示。

第3步 下载完成后,在【下载任务管理】窗口中,单击【打开】链接,如图 8-3 所示。

图 8-1

图 8-2

第4步 打开【千牛 – 卖家工作台安装向导】窗口,单击【快速安装】按钮,如图 8-4 所示。

第5步 千牛工作台开始进行安装,如图 8-5 所示。

图 8-3

图 8-4

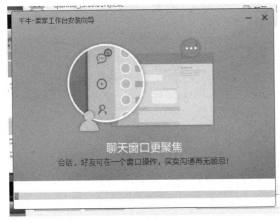

图 8-5

第6步 文件完成安装后，在【千牛-卖家工作台安装向导】窗口中，单击【完成】按钮，如图8-6所示。

图 8-6

第7步 打开千牛工作台界面，按提示输入账户名及密码，然后单击【登录】按钮即可登录，如图8-7所示。

图 8-7

8.1.2 添加商品交易模块

通过千牛工作台中的交易模块能够及时得到店铺的访问量、宝贝交易动态等数据，通过这些数据可以方便商家及时了解店铺动态。

下面以添加显示流量数据模块为例，介绍添加模块的操作步骤。

第1步 登录千牛工作台后，左侧显示为旺旺联系人，中间显示为多个模块，如果将鼠标指针指向【今日总流量】模块的右上方,会自动出现 4 个不同的图标,单击第一个【配置卡片】图标,如图 8-8 所示。

图 8-8

第2步 在打开的下拉列表中有多个可供选择是否显示的模块名称,勾选需要显示名称前的复选框,单击【确认】按钮,如图 8-9 所示。

图 8-9

第3步 即可在千牛工作台首页【今日总流量】下方显示该项数据模块,如图 8-10 所示。

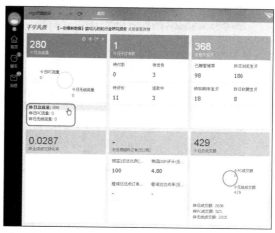

图 8-10

8.1.3 添加其他模块

打开千牛工作台,页面显示多个不同的模块,主要有"今日总成交额""今日访客量""今日总流量"以及"今日订单数"等,通过这些模块,卖家可以方便、直观地查看重要的基础数据,卖家也可以设置显示或隐藏特定的模块。

下面介绍添加其他模块的操作步骤。

第1步 登录【千牛工作台】后,单击页面右上角【添加模块】按钮,如图 8-11 所示。

图 8-11

第2步 在弹出窗口中,❶ 单击需要显示的模块,当然也可单击取消不需要显示的模块,❷ 完成选择后单击【完成】按钮,如图 8-12 所示。

第3步 经过以上操作,即可显示选择的模块,隐藏未选择的模块,如图 8-13 所示。

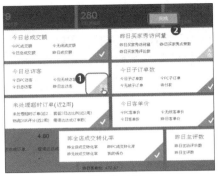

图 8-12

图 8-13

8.2 店铺交易订单的管理

为了方便了解店铺的交易动态，比如订单、收款等交易信息，店主就需要进行店铺交易管理。

8.2.1 店铺订单的管理

卖家可以通过以下步骤进行店铺订单的查看与管理。

第1步 登录【千牛工作台】后，单击窗口内【网址】图标，如图 8-14 所示。

图 8-14

第2步 在打开的选项框中单击【交易管理】链接，如图 8-15 所示。

图 8-15

第3步 ❶ 即可打开【交易管理】页面，在页面内输入【宝贝名称】【买家昵称】【订单编号】【成交时间】等内容，❷ 单击【搜索订单】按钮，即可查找管理相对应的订单详情，如图 8-16 所示。

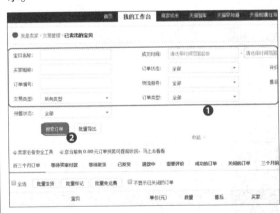

图 8-16

8.2.2 店铺的动态评分

店铺动态评分是淘宝网针对天猫卖家提供的另一项信用与服务评分制度。买家在购买商品后，在进行信用评价的同时，也可以根据商品情况与卖家服务情况进行动态评分，其他买家在购买商品时，可以通过动态评分来了解卖家的商品情况以及服务态度。

淘宝网针对天猫卖家的动态评分有3项，分别是"商品与描述相符程度""卖家服务态度"以及"卖家发货速度"，每项最高分为5分，最低分为0分。当买家购买商品后，可以根据具体情况来对卖家进行动态评分，卖家最终的分值为所有买家评分的平均分值，并显示在店铺信息区域。由于每一次的交易都不同，买家所给的评分值会不同，因此店铺动态评分也会根据交易而发生变化。图8-17所示为天猫店铺实时动态评分。

图 8-17

8.2.3 天猫发票业务的处理

天猫卖家需要了解天猫发票的新规则，要知道什么情况下会被天猫商城认为商家违背天猫发票承诺，以及会受到怎样的违规处罚。

从天猫2014年3月更新的《天猫处罚一览表》和《违背承诺的规则与实施细则》中选取的关于违背天猫发票承诺的认定条款，以及相对应的处罚细则。

（1）了解天猫对于商家不开发票或者违反发票承诺的规定
- 买家索取发票时，天猫商家明确告知不提供。
- 买家索取发票时，天猫商家要求买家额外支付钱款才提供发票。
- 销售商品的为A商家，但买家收到的发票开具人或公章显示B公司。
- 未在规定时间内，向天猫开具当季积分发票。

- 商家自行设定提供发票的额外条件，包括但不限于拒绝提供商品退换货服务等。

问：哪些商品属于特定商品无须提供发票？

答：支特定商品指移动/联通/电信充值中心商品。该类目是话费充值虚拟业务，充值是预付费业务，发票是需要消费后以月账单形式提供。

（2）天猫对违反发票承诺投诉的处理原则
- 天猫依据会员举证情况进行判定。
- 在未建立订单或建立订单但未付款状态下，就以下情形买家对商家进行违背承诺投诉的，天猫不予处理。

①商家拒绝提供或者拒绝按照承诺的方式提供发票的；

②加入信用卡付款服务的商家，拒绝提供或者拒绝按照承诺的方式提供前述服务的；

③加入淘宝官方活动的商家，未按照活动要求（除发货时间外）履行的。

（3）天猫对于违反发票承诺的处罚细则

①按照天猫商城的规定，天猫商家必须开具发票，否则属于"违反承诺"，买家可投诉卖家。

②投诉如果判定成立，该店会扣6分。而一旦商家被扣12分，将面临支付违约金1万元、屏蔽店铺7天的处罚。

问：在淘宝、天猫上充话费，需要话费发票怎么办？

答：买家凭身份证到运营商实体营业厅开据发票。

8.2.4 店铺退款与售后管理

店铺退款与售后可以在天猫【我的工作台】内【客户服务】栏中的【退款售后管理】里查看，如图 8-18 所示。

图　8-18

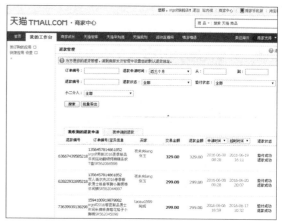

图　8-19

如果有电子凭证交易，那么就需要在【退款管理】及【售后管理】页面进行操作，如图 8-19、图 8-20 所示。

图　8-20

8.3　使用生意参谋实时观察店铺流量

生意参谋是一款专业的一站式数据分析工具，它可以帮助卖家做到知己知彼，及时掌握客户点击情况并了解市场动态。它按照数据分析、问题诊断、优化提高等环环紧扣的逻辑设计，帮助用户分析曝光、点击、反馈等效果，有针对性地给出诊断结果，并提供解决方案，帮助天猫用户提升店铺经营效果。

生意参谋诞生于 2011 年，最早是应用在阿里巴巴 B2B 市场的数据工具；2013 年 10 月，生意参谋正式应用于淘宝开店平台；2014 年至 2015 年，在原有规划基础上，生意参谋分别整合量子恒道、数据魔方，最终升级成为阿里巴巴商家端统一数据产品的平台。

图　8-21

2016 财年，生意参谋累计服务商家超 2000 万，月服务商家超 500 万；月成交额 30 万元以上的商家中，逾 90% 在使用生意参谋；月成交金额 100 万元以上的商家中，逾 90% 每月登录并使用生意参谋达 20 天次以上。图 8-21 所示为生意参谋首页。

8.3.1 正确理解各项指标及作用

卖家可以在生意参谋中查看很多数据，下面给出部分常见指标的解释，让大家在利用生意参谋时能够有所认识，并理解其中的数据含义。

1. 公用

公用类的各项指标名称及各项指标含义如表8-1所示。

表8-1

指标类型	指标名称	指标注释
公用	同行平均	您所选的比较二级类目中，处于您所在市场（淘宝或天猫）该行业60%分位的同行的指标值，超过这个指标值，意味着您处于行业前40%范围内
	同行优秀	您所选的比较二级类目中，处于您所在市场（淘宝或天猫）该行业90%分位的同行的指标值，超过这个指标值，意味着您处于行业前10%范围内
	淘内免费访客	根据所选终端统计的，淘内免费来源渠道的访客数/（淘内免费渠道来源的访客数+淘内付费渠道来源的访客数），所有终端淘内免费来源访客数等于PC端和无线端淘内免费的访客数直接相加之和，淘内免费和淘内付费来源的定义规则详见流量地图
	淘内付费访客	根据所选终端统计的，淘内付费来源渠道的访客数/（淘内免费渠道来源的访客数+淘内付费渠道来源的访客数），所有终端淘内付费来源访客数等于PC端和无线端淘内付费的访客数直接相加之和，淘内免费和淘内付费来源的定义规则详见流量地图
	访客地域	根据访问者访问时候的IP地址进行计算，如果一个访问者一天通过多个不同省份的IP地址访问，会同时计入多个省份
	访客来源关键词	访客户入店前搜索的关键词，如果访客通过多个关键词进入店铺，同时计入多个关键词
	新访客/老访客	本次访问前6天内曾经来访过店铺，记为老访客，否则为新访客

2. 流量类

所谓流量就是指店铺的浏览量，浏览量的来源路径有很多，卖家为了了解推广是否有效果，可以查看指定日期的浏览量及流量来源。流量类各项指标含义如表8-2所示。

表8-2

指标类型	指标名称	指标注释
流量类	浏览量	您的店铺或商品详情页被访问的次数，一个人在统计时间内访问多次记为多次，所有终端的浏览量等于PC端浏览量和无线端浏览量之和
	PC端浏览量	您的店铺或商品详情页在电脑浏览器上被访问的次数，一个人在统计时间内访问多次记为多次
	无线端浏览量	您的店铺或商品详情页在无线设备（手机或pad）的浏览器上被访问的次数，称为无线WAP的浏览量；在无线设备的app（目前包括手机淘宝、天猫APP、聚划算APP）上被访问的次数，称为无线APP浏览量，无线端浏览量等于无线WAP和无线APP浏览量之和
	访客数	您店铺页面或商品详情页被访问的去重人数，一个人在统计时间内访问多次只记为一个，所有终端访客数为PC端访客数和无线端访客数直接相加之和
	PC端访客数	您店铺或商品详情页在电脑浏览器上被访问的去重人数，一个人在统计时间范围内访问多次只记为一个

续表

指标类型	指标名称	指标注释
流量类	无线端访客数	您店铺或商品详情页在无线设备（手机或pad）的浏览器上，或者，在无线设备的app（目前包括手机淘宝、天猫APP、聚划算APP）上被访问的去重人数，记为无线端访客数。特别地，如果通过浏览器和通过APP访问的是同一人，无线端访客数记为一个
	跳失率	一天内，来访您店铺浏览量为1的访客数/店铺总访客数，即访客数中，只有一个浏览量的访客数占比。该值越低表示流量的质量越好，多天的跳失率为各天跳失率的日均值
	人均浏览量	浏览量/访客数，多天的人均浏览量为各天人均浏览量的日均值
	人均停留时长	来访您店铺的所有访客总的停留时长除以访客数，单位为秒，多天的人均停留时长为各天人均停留时长的日均值
	页面离开访客数	根据所选的页面，从这个页面离开店铺的人数去重，同一个人一个会话内通过多个页面离开店铺，仅计入该会话中最后一次离开的页面，同一个人多个会话通过多个页面离开店铺，同时计入各个离开的页面
	页面离开浏览量	根据所选的页面，从这个页面离开店铺的次数。同一个人一个会话内通过多个页面离开店铺，仅将离开浏览量计入该会话中最后一次离开的页面，同一个人多个会话通过多个页面离开店铺，浏览量计入各个离开的页面
	页面离开浏览量占比	根据所选的页面，页面离开浏览量/页面被访问的次数
	去向离开访客数	根据所选的去向渠道，离开店铺后去向该渠道的去重人数
	去向离开访客数占比	去向离开访客数/所有去向离开访客数之和
	点击数	您的店铺页面被用户点击的次数，一个人在统计时间范围内多次点击该页面会被计算为多次
	点击人数	点击您店铺页面的去重人数，一个人在统计时间范围内多次点击该页面会只会被计算为1次
	点击转化率	统计时间内，店铺页面点击数/店铺页面浏览量，即所查看的页面平均被点击的比率。该值越高越好
	跳出率	统计时间内，访客中没有发生点击行为的人数/访客数，即1-点击人数/访客数，该值越低越好

3. 易与商品类

交易与商品类的各项指标名称及各项指标含义如表8-3所示。

表8-3

指标类型	指标名称	指标注释
交易与商品类	下单买家数	统计时间内，拍下宝贝的去重买家人数，一个人拍下多件或多笔，只算一个人
	下单金额	统计时间内，宝贝被买家拍下的累计金额
	支付买家数	统计时间内，完成支付的去重买家人数，预售分阶段付款在付清当天才计入内；所有终端支付买家数为PC端和无线端支付买家去重人数，即统计时间内在PC端和无线端都对宝贝完成支付，买家数记为1个
	PC端支付买家数	在电脑上拍下后，统计时间内，完成付款的去重买家人数。特别说明，不论支付渠道是电脑还是手机，拍下宝贝时是在电脑上，就将该买家数计入PC端支付买家数
	无线端支付买家数	在手机或Pad上拍下后，统计时间内，完成付款的去重买家人数。特别说明，不论支付渠道是电脑还是手机，拍下宝贝时是在手机或Pad上，就将该买家数计入无线端支付买家数

续表

指标类型	指标名称	指标注释
交易与商品类	支付金额	买家拍下后通过支付宝支付给您的金额，未剔除事后退款金额，需要注意的是，预售阶段的付款，需要买家在付清全款之后的当天才计入内。所有终端的支付金额为PC端支付金额和无线端支付金额之和
	PC端支付金额	买家在电脑上拍下后，在统计时间范围内完成付款的支付宝金额，未剔除事后退款金额，预售分阶段付款在付清当天才计入内。特别说明，支付渠道不论是电脑上还是手机上，拍下为电脑上，就将后续的支付金额计入PC端
	无线端支付金额	买家在无线终端上拍下后，在统计时间范围内完成付款的支付宝金额，未剔除事后退款金额，预售分阶段付款在付清当天才计入内。特别说明，支付渠道不论是电脑上还是手机上，拍下为手机或Pad上，就将后续的支付金额计入无线端
	客单价	统计时间内，支付金额/支付买家数，即平均每个支付买家的支付金额
	下单转化率	统计时间内，下单买家数/访客数，即来访客户转化为下单买家的比例
	下单-支付转化率	统计时间内，下单且支付的买家数/下单买家数，即统计时间内下单买家中完成支付的比例
	支付转化率	统计时间内，支付买家数/访客数，即来访客户转化为支付买家的比例
	确认收货指数	系统挖掘计算得出的确认收货等级，星级越高，表示催确认收货的可能性越大
	支付件数	统计时间内，买家完成支付的宝贝数量，如出售手机，16GB两个，32GB一个，那么支付件数为3
	下单件数	统计时间内，宝贝被买家拍下的累计件数
	商品动销率	统计时间内，所选终端条件下，店铺整体商品售出率，即支付商品数/店铺在线商品数，PC端商品动销率=PC端支付商品数/店铺在线商品数，无线端商品动销率=无线端支付商品数/店铺在线商品数
	收藏人数	通过对应渠道进入店铺访问的访客数中，后续有商品收藏行为的人数。对于有多个来源渠道的访客，收藏人数仅归属在该访客当日首次入店的来源中。同一个访客多天有收藏行为，则归属在收藏当天首次入店的来源中，即多天都有收藏行为的收藏人数，多天统计会体现在多个来源中。收藏人数不等同于收藏宝贝和收藏人气等其他指标
	加入购物车人数	通过对应渠道进入店铺访问的访客数中，后续有商品加入购物车行为的人数。对于有多个来源渠道的访客，加入购物车人数仅归属在该访客当日首次入店的来源中。同一个访客多天有加入购物车行为，则归属在加入购物车当天首次入店的来源中，即多天都有加入购物车行为的人，多天统计会体现在多个来源中

4. 实时直播

实时直播的各项指标名称及各项指标含义如表8-4所示。

表8-4

指标类型	指标名称	指标注释
实时直播	访客数	0点截至当前时间访问您店铺页面或宝贝详情页的去重人数，一个人在统计时间范围内访问多次只记为一个。所有终端访客数为PC端访客数和无线端访客数直接相加之和。实时计算过程中，店铺流量高峰时，可能会出现交易数据处理快于浏览数据，导致访客数小于支付买家数
	支付金额	买家拍下后通过支付宝支付给您的金额，未剔除事后退款金额，预售阶段付款在付清当天才计入内。所有终端的支付金额为PC端支付金额和无线端支付金额之和
	支付买家数	统计时间内，完成支付的去重买家人数，预售分阶段付款在付清当天才计入内；所有终端支付买家数为PC端和无线端支付买家去重人数，即统计时间内在PC端和无线端都对宝贝完成支付，买家数记为1个

5. 店铺排名

店铺排名的各项指标名称及各项指标含义如表 8-5 所示。

表 8-5

指标类型	指标名称	指标注释
店铺排名	支付金额排名	商家最近 30 天的支付金额在对应层级的排名
	分层级支付金额	最近 30 天商家所在层级的最高支付金额

6. 经营概况

经营概况的各项指标名称及各项指标含义如表 8-6 所示。

表 8-6

指标类型	指标名称	指标注释
经营概况	访客数	统计周期内访问您店铺页面或宝贝详情页的去重人数,一个人在统计时间范围内访问多次只记为一个。所有终端访客数为 PC 端访客数和无线端访客数直接相加之和。实时计算过程中,店铺流量高峰时,可能会出现交易数据处理快于浏览数据,导致访客数小于支付买家数
	浏览量	您的店铺或商品详情页被访问的次数,一个人在统计时间内访问多次记为多次,所有终端的浏览量等于 PC 端浏览量和无线端浏览量之和
	支付金额	买家拍下后通过支付宝支付给您的金额,未剔除事后退款金额,预售阶段付款在付清当天才计入内。所有终端的支付金额为 PC 端支付金额和无线端支付金额之和
	支付转化率	统计时间内,支付买家数 / 访客数,即来访客户转化为支付买家的比例
	客单价	统计时间内,支付金额 / 支付买家数,即平均每个支付买家的支付金额
	退款金额	统计时间内,卖家申请退款的订单支付金额之和
	服务态度评分	统计时间内,卖家最近 180 天服务态度 DSR 评分

7. 流量分析

流量分析的各项指标名称及各项指标含义如表 8-7 所示。

表 8-7

指标类型	指标名称	指标注释
流量分析	跳失率	一天内,来访您店铺浏览量为 1 的访客数 / 店铺总访客数,即访客数中,只有一个浏览量的访客数占比。该值越低表示流量的质量越好。多天的跳失率为各天跳失率的日均值
	人均浏览	店铺所有页面被访问的次数,一个人在统计时间内访问多次记为多次。所有终端的浏览量等于 PC 端浏览量和无线端浏览量之和
	平均停留时长	一天内,来访您店铺浏览量为 1 的访客数 / 店铺总访客数,即访客数中,只有一个浏览量的访客数占比。该值越低表示流量的质量越好。多天的跳失率为各天跳失率的日均值

8. 市场行情

市场行情的各项指标名称及各项指标含义如图表 8-8 所示。

表 8-8

指标类型	指标名称	指标注释
市场行情	流量指数	根据产品展现过程中的核心指标如展现、点击、收藏等指标,进行综合计算得出的数值。数值越大反映流量的热度越大,不等同于展现量
	交易指数	根据产品交易过程中的核心指标如订单数、买家数、支付件数、支付金额等,进行综合计算得出的数值。数值越大反映交易的热度越大,不等同于交易金额
	搜索指数	根据搜索次数等因素综合计算得出的数值,数值越大反映搜索热度越大,不等同于搜索次数

9. 交易分析

交易分析的各项指标名称及各项指标含义如表 8-9 所示。

表 8-9

指标类型	指标名称	指标注释
交易分析	下单买家数	统计时间内，拍下宝贝的去重买家人数，一个人拍下多件或多笔，只算一个人
	支付买家数	统计时间内，完成支付的去重买家人数，预售分阶段付款在付清当天才计入内；所有终端支付买家数为 PC 端和无线端支付买家去重人数，即统计时间内在 PC 端和无线端都对宝贝完成支付，买家数记为 1 个
	支付子订单数	统计时间内，买家支付的子订单数，即支付笔数

10. 营销分析

营销分析的各项指标名称及各项指标含义如表 8-10 所示。

表 8-10

指标类型	指标名称	指标注释
营销分析	我的营销 TOP5	统计周期内，我的店铺按照支付金额降序排前 5 名的营销工具
	同行营销 TOP5	统计周期内，一级主营目录行业内使用人数排名前五的营销工具

11. 服务分析

服务分析的各项指标名称及各项指标含义如表 8-11 所示。

表 8-11

指标类型	指标名称	指标注释
服务分析	退款金额	退款申请时间在统计周期内的退款金额数
	描述相符评分	最近 180 天描述相符评分 = 最近 180 天描述相符评分累加和 / 最近 180 天描述评分次数
	服务态度评分	最近 180 天服务态度评分 = 最近 180 天服务态度评分累加和 / 最近 180 天服务态度评分次数
	物流服务评分	最近 180 天物流服务评分 = 最近 180 天物流服务评分累加和 / 最近 180 天物流服务评分次数

12. 商品分析

商品分析的各项指标名称及各项指标含义如表 8-12 所示。

表 8-12

指标类型	指标名称	指标注释
商品分析	加购件数	统计周期内，买家加入购物车商品件数之和
	收藏次数	统计时间内，宝贝被来访者收藏的次数，一件宝贝被同一个人收藏多次记为多次
	详情页跳出率	统计时间内，宝贝详情页跳出浏览量 / 宝贝详情页浏览量，即访问次数中，跳出行为的访问次数占比。跳出浏览量是指，宝贝详情页被访问后，没有跳转到店铺的其他页面的访问次数；该指标暂时只是在 PC 端计算
	被访商品数	统计周期内，被访问 UV 数 >0 的店铺在线商品数总和
	被下单商品数	统计周期内，被下单数 >0 的店铺在线商品数总和
	被支付商品数	统计周期内，被支付订单数 >0 的店铺在线商品数总和

13. 实时直播

实时直播的各项指标名称及各项指标含义如表 8-13 所示。

表 8-13

指标类型	指标名称	指标注释
实时直播	支付金额	买家拍下后通过支付宝支付给您的金额，未剔除事后退款金额，预售阶段付款在付清当天才计入内。所有终端的支付金额为 PC 端支付金额和无线端支付金额之和
	PC 端支付金额	买家在电脑上拍下后，在统计时间范围内完成付款的支付宝金额，未剔除事后退款金额，预售分阶段付款在付清当天才计入内。特别说明，支付渠道不论是电脑上还是手机上，拍下为电脑上，就将后续的支付金额计入 PC 端
	无线端支付金额	买家在无线终端上拍下后，在统计时间范围内完成付款的支付宝金额，未剔除事后退款金额，预售分阶段付款在付清当天才计入内。特别说明，支付渠道不论是电脑上还是手机上，拍下为手机或 Pad 上，就将后续的支付金额计入无线端
	访客数	访问您店铺页面或宝贝详情页的去重人数，一个人在统计时间范围内访问多次只记为一个。所有终端访客数为 PC 端访客数和无线端访客数直接相加之和。实时计算过程中，店铺流量高峰时，可能会出现交易数据处理快于浏览数据，导致访客数小于支付买家数
	PC 端访客数	访客通过电脑上的浏览器访问您店铺或宝贝详情页的去重人数，一个人在统计时间范围内访问多次只记为一个
	无线端访客数	访客通过无线设备（pad 或手机）上的浏览器访问您店铺或宝贝详情页的去重人数，记为 wap 端访客数；在无线设备的 app（目前包括手机淘宝、天猫 APP、聚划算 APP）上被访问的去重人数，记为 app 访客数。Wap 端访客数与 app 访客数直接相加之和，为无线端访客数
	支付买家数	统计时间内，完成支付的去重买家人数，预售分阶段付款在付清当天才计入内；所有终端支付买家数为 PC 端和无线端支付买家去重人数，即统计时间内在 PC 端和无线端都对宝贝完成支付，买家数记为 1 个
	PC 端支付买家数	在电脑上拍下后，统计时间内，完成付款的去重买家人数。特别说明，不论支付渠道是电脑还是手机，拍下为电脑上，就将该买家数计入 PC 端支付买家数
	无线端支付买家数	在手机或 Pad 上拍下后，统计时间内，完成付款的去重买家人数。特别说明，不论支付渠道是电脑还是手机，拍下为手机或 Pad 上，就将该买家数计入无线端支付买家数
	浏览量	店铺所有页面被访问的次数，一个人在统计时间内访问多次记为多次。所有终端的浏览量等于 PC 端浏览量和无线端浏览量之和

14. 自动取数

自动取数的各项指标名称及各项指标含义如表 8-14 所示。

表 8-14

指标类型	指标名称	指标注释
自助取数	支付父订单数	统计时间内的所有终端的支付父订单数有时也简称支付订单数，即完成支付的订单主订单数，一个父订单满足同一个买家在同一个店铺同一次付款的条件，且对应唯一的订单号。比如一个买家在我的店铺购买了多个商品一起下单支付，这个就是一个父订单，如果在统计时间内又在我的店铺又购买了一次商品，这又是一个父订单，那么这个买家在我的店铺总共有 2 个父订单
	PC 端支付父订单数	统计时间内的 PC 端支付父订单数，只要通过电脑浏览器拍下的订单，无论支付是在电脑还是手机上，均被统计为 PC 端支付订单数（支付父订单数有时也简称支付订单数，即完成支付的订单主订单数，一个父订单满足同一个买家在同一个店铺同一次付款的条件，且对应唯一的订单号。比如一个买家在我的店铺购买了多个商品一起下单支付，这个就是一个父订单，如果在统计时间内又在我的店铺又购买了一次商品，这又是一个父订单，那么这个买家在我的店铺总共有 2 个父订单）
	无线端支付父订单数	统计时间内的无线端支付父订单数，通过手机或 pad 拍下的订单，无论支付是在电脑还是手机或 pad 上，都被统计为无线端的支付订单数（支付父订单数有时也简称支付订单数，即完成支付的订单主订单数，一个父订单满足同一个买家在同一个店铺同一次付款的条件，且对应唯一的订单号。比如一个买家在我的店铺购买了多个商品一起下单支付，这个就是一个父订单，如果在统计时间内又在我的店铺又购买了一次商品，这又是一个父订单，那么这个买家在我的店铺总共有 2 个父订单）
	支付子订单数	统计时间内，店铺所有终端的支付子订单数（支付子订单数有时也称为支付笔数，比如买家在某个店铺购买了多个商品一起下单支付，订单后台会展示每个商品每个 SKU 粒度下会有一条记录，这个就是一个子订单。例如一个父订单里有 A 商品 S 码 4 件，A 商品 M 码 2 件，B 商品 S 码 1 件，这个父订单的子订单数为 3）

续表

指标类型	指标名称	指标注释
自助取数	PC端支付子订单数	统计时间内的PC端支付子订单数,只要通过电脑浏览器拍下的子订单,无论支付是在电脑还是手机上,均被统计为PC端支付子订单数(支付子订单数有时也称为支付笔数,比如买家在某个店铺购买了多个商品一起下单支付,订单后台会展示每个商品每个SKU粒度下会有一条记录,这个就是一个子订单。例如一个父订单里有A商品S码4件,A商品M码2件,B商品S码1件,这个父订单的子订单数为3)
	无线端支付子订单数	统计时间内的无线端支付子订单数,通过手机或pad拍下的子订单,无论支付是在电脑还是手机或pad上,都被统计为无线端支付子订单数(支付子订单数有时也称为支付笔数,比如买家在某个店铺购买了多个商品一起下单支付,订单后台会展示每个商品每个SKU粒度下会有一条记录,这个就是一个子订单。例如一个父订单里有A商品S码4件,A商品M码2件,B商品S码1件,这个父订单的子订单数为3)
	下单父订单数	统计时间内,店铺所有终端的支付子订单数(支付子订单数有时也称为支付笔数,比如买家在某个店铺购买了多个商品一起下单,订单后台会展示每个商品每个SKU粒度下会有一条记录,这个就是一个子订单。例如一个父订单里有A商品S码4件,A商品M码2件,B商品S码1件,这个父订单的子订单数为3)
	PC端下单父订单数	统计时间内的PC端支付子订单数,只要通过电脑浏览器拍下的子订单,无论支付是在电脑还是手机上,均被统计为PC端支付子订单数(支付子订单数有时也称为支付笔数,比如买家在某个店铺购买了多个商品一起下单,订单后台会展示每个商品每个SKU粒度下会有一条记录,这个就是一个子订单。例如一个父订单里有A商品S码4件,A商品M码2件,B商品S码1件,这个父订单的子订单数为3)
	无线端下单父订单数	统计时间内的无线端支付子订单数,通过手机或pad拍下的子订单,无论支付是在电脑还是手机或pad上,都被统计为无线端支付子订单数(支付子订单数有时也称为支付笔数,比如买家在某个店铺购买了多个商品一起下单,订单后台会展示每个商品每个SKU粒度下会有一条记录,这个就是一个子订单。例如一个父订单里有A商品S码4件,A商品M码2件,B商品S码1件,这个父订单的子订单数为3)
	下单子订单数	统计时间内,店铺所有终端的下单子订单数(下单子订单数有时也称为拍下笔数,比如买家在某个店铺购买了多个商品一起拍下,订单后台会展示每个商品每个SKU粒度下会有一条记录,这个就是一个子订单。例如一个父订单里有A商品S码4件,A商品M码2件,B商品S码1件,这个父订单的子订单数为3)
	PC端下单子订单数	统计时间内,通过电脑浏览器拍下的子订单数(下单子订单数有时也称为拍下笔数,比如买家在某个店铺购买了多个商品一起拍下,订单后台会展示每个商品每个SKU粒度下会有一条记录,这个就是一个子订单。例如一个父订单里有A商品S码4件,A商品M码2件,B商品S码1件,这个父订单的子订单数为3)
	无线端下单子订单数	统计时间内,通过手机或pad拍下的子订单数(下单子订单数有时也称为拍下笔数,比如买家在某个店铺购买了多个商品一起拍下,订单后台会展示每个商品每个SKU粒度下会有一条记录,这个就是一个子订单。例如一个父订单里有A商品S码4件,A商品M码2件,B商品S码1件,这个父订单的子订单数为3)

8.3.2 进入生意参谋平台

通过天猫【我的工作台】可以快速进入店铺的生意参谋工具,卖家可以简单了解实时直播和店铺概况数据。

下面介绍进入生意参谋的操作步骤。

第1步 在【店铺营销中心】首页,单击【营销中心】图标下的【生意参谋】按钮,如图8-22所示。

第2步 即可进入【生意参谋】页面,查看实时指标、经营概况、市场行情、商品分析、流量分析等数据,如图8-23~图8-27所示。

图 8-22

图 8-23

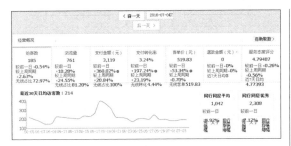

图 8-24

8.3.3 生意参谋功能模块详解

淘宝致力于将生意参谋平台打造成"为全体商家提供一站式、个性化、可定制的商务决策体验平台",更好地帮助商家做好数据化运营,真正实现大数据商业。

1. 首页

通过首页功能可以让卖家及时掌握店铺的核心数据,打造专属卖家的数据工作台,从流量、商品、交易、服务等一系列经营环节进行360°无死角分析,如图 8-28 所示。

图 8-25

图 8-28

2. 实时直播

抢占生意先机就需要卖家能够实时洞悉重要数据,用户可以在生意参谋中查看店铺的流量概况、流量来源分布数据、实时地域分布、实时热门宝贝排行榜、实时催付宝、实时访客功能及实时直播大屏模式,如图 8-29~图 8-31 所示。

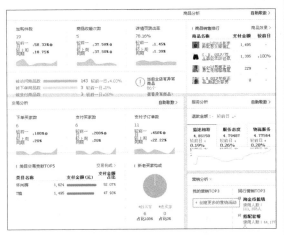

图 8-26

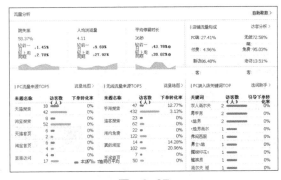

图 8-27

图 8-30

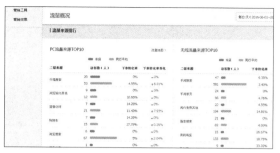

图 8-33

流量地图中展示流量来源、流量去向及店内路径，如图 8-34~ 图 8-36 所示。

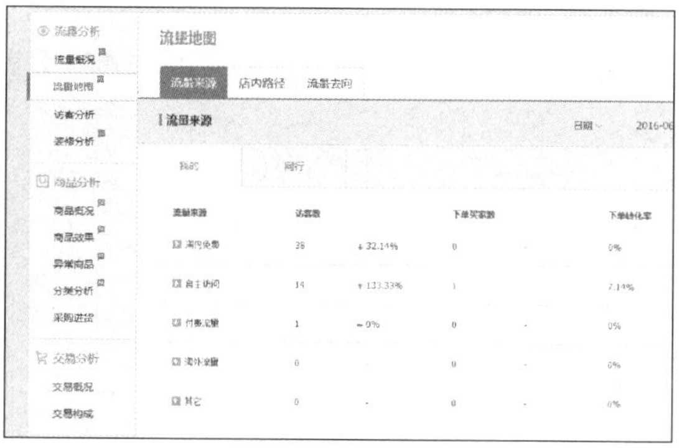

图 8-31

3. 经营分析

经营分析主要分为流量分析、商品分析、交易分析、营销推广。

（1）流量分析

流量分析提供了全店流量概况、流量地图（包括流量的去向和来源）、访问分析、装修分析，帮助卖家快速盘清流量的来龙去脉，在识别访客特征的同时了解访客在店铺页面上的点击行为，从而评估店铺的引流、装修等健康度，帮助卖家更好进行流量管理和转化，如图 8-32~ 图 8-33 所示。

图 8-32

图 8-34

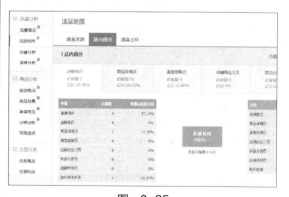

图 8-35

（2）商品分析

商品分析可以让商家轻松了解到哪些宝贝有潜力成为爆款，哪些商品有问题。

生意参谋提供了店铺所有商品的详细数据，其中包括商品概况、商品效果、异常商品、采购进

图 8-36

货及分类分析。在生意参谋页面中单击左侧的【商品分析】,在打开的列表中可以查看其商品的详细数据,如图 8-37~图 8-39 所示。

图 8-37

图 8-38

图 8-39

(3)交易分析

通过交易分析,商家可以从店铺整体到不同难度度来了解店铺的交易情况,从而及时发现店铺交易问题,并提供资金回流行动点,如图 8-40~图 8-42 所示。

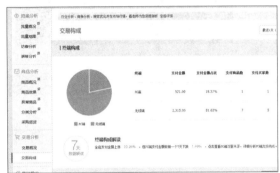

图 8-40

图 8-41

图 8-42

(4)营销推广

营销推广主要包括营销效果、营销工具两大功能,其目的为帮助商家精准营销推广、提升销量,如图 8-43~图 8-44 所示。

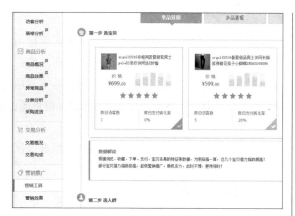

图 8-43

图 8-44

4. 市场行情

经营分析主要分为行业洞察、搜索词分析及人群画像。

（1）行业洞察

行业洞察提供了同行业店铺与单品的热销排名，实时直播行业趋势，进行品牌分析、产品分析、属性分析及商品店铺榜的分析，如图 8-45~图 8-47 所示。

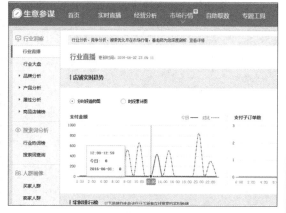

图 8-45

图 8-46

图 8-47

（2）搜索词分析

搜索词分析主要分为行业热词榜和搜索词查询。

通过搜索词分析可以分析行业热搜词、关注词的变化，对比选词，对商品进行标题及推广词优化，如图 8-48~图 8-49 所示。

图 8-48

图 8-49

（3）人群画像

商家人群画像可以从属性分析、行为分析、对比分析、购买偏好等方面了解买家的人群特征，如图 8-50~图 8-51 所示。

图 8-50

图 8-51

5. 自助取数

自助取数指商家可以在生意参谋中实现自由提取数据。自助取数拥有丰富的店铺和商品维度指标数据，为商家提供不同时间段的数据查询服务，对自己店铺的数据可自由选择自然天、自然周、自然月的汇总周期进行查询。

主要有我要取数、我的报表、推荐报表 3 项功能。

（1）我要取数

为用户提供从店铺/宝贝维度的各种指标的自由日期的查询与保存报表的功能服务，如图 8-52 所示。

图 8-52

（2）我的报表

为用户展示已经加入报表的取数模块，提供已有查询模块的快速查询服务，如图 8-53 所示。

图 8-53

（3）推荐报表

由官方推荐的一些常用的取数查询模块，提供对预设指标的快捷查询入口，如图8-54所示。

图 8-54

下面介绍使用自助取数的操作步骤。

第1步 在【生意参谋】页面中，单击【自助取数】选项，如图8-55所示。

图 8-55

第2步 在打开的【我要取数】页面中分别设置【分析维度】【汇总周期】【查询日期】以及【选择指标】，单击【预览数据】按钮，如图8-56所示。

第3步 打开【报表数据预览】对话框，即可查看指定日期下所选择的指标数据，单击【下载全部数据】按钮，也可下载自助取数数据表，如图8-57所示。

图 8-56

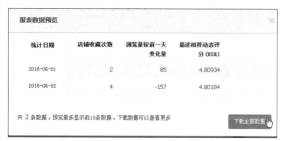

图 8-57

6. 专题工具

专项问题专项解决，专题工具为用户提供了官方工具选词助手和行业排行榜，未来还会引入第三方服务商提供的专项工具，以及数据实验室提供的创新工具。在专题工具选项下，可以查看引流搜索词、行业相关搜索词等数据，如图8-58~图8-59所示。

图 8-58

图 8-59

7. 帮助中心

如果想要详细了解如何查看和分析数据，可以在【生意参谋】中的【帮助】中心找到相关的答案，如图 8-60 所示。

图 8-60

8.4 掌握生意参谋的核心功能

生意参谋平台是阿里巴巴重兵打造的首个商家统一数据平台，面向全体商家提供一站式、个性化、可定制的商务决策体验。集成了量子恒道的海量数据及生意参谋的店铺经营思路；不仅整合了量子恒道大部分功能，还新增了实时直播大屏、自助取数等新功能，方便卖家在大数据中寻找价值。

8.4.1 一眼发现店铺问题

生意参谋作为淘宝、天猫网店数据分析必备的工具之一，对于店铺数据分析有着很大的好处。通过数据分析我们可以及时发现店铺问题，了解经营状况，调整运营策略，使店铺经营向更好的方向前进。

1. 查看 PC 端与无线端变化

（1）查看整个移动互联网用户的激增

（2）查看 PC 端与无线端的用户群体的习惯差异

下面介绍如何查看 PC 端与无线端变化的操作步骤。

如图 8-61 所示进入【生意参谋 – 流量分析】页面，单击【流量地图】，即能查看 PC 端与无线端的流量变化。

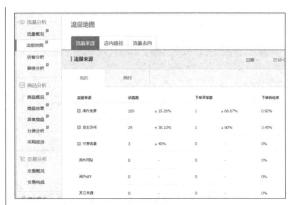

图 8-61

2. 查看三项重要数据

（1）看店铺指标

衡量店铺的两个关键指标:支付金额、访客数。一个直接与店铺的收入相关，另外一个与店铺的人气相关。

如图 8-62 所示进入【生意参谋】页面,移动鼠标指针至【实时指标】即能查看店铺指标。

模式,其中还有超炫的实时数据大屏功能,如图 8-64 所示。

图 8-62

图 8-64

(2)看解读

分别单击实时指标的每一项内容即可解读本日、本周、PC 端及较前一日、较上周同期、无线端的对比,如图 8-63 所示。

图 8-63

(3)看趋势

看趋势是指各指标的走向趋势分析,当然不但要看自己店铺的趋势也要看同行的趋势。比如支付金额、访客数、支付转化率、客单价、被访问宝贝数的相关性分析及各指标,与同行的高低差距进行对比等。

8.4.2 洞悉实时直播数据

市场瞬息万变,实时洞悉很有必要!通过实时直播,观测实时数据,及时调整策略,抢占生意先机。

1. 实时概况

提供店铺实时的概况数据,主要包括实时支付金额、实时访客数、实时买家数,以及对应的排名和行业平均值,并提供与历史数据对比功能,所有数据都分"所有终端、PC 端、无线端"三种

2. 实时来源

2015 年 2 月 15 日通过升级新增了原量子来源分析收费功能,PC 端来源分布提供来源明细 TOP100,针对淘宝搜索、天猫搜索、直通车,实时提供 TOP100 访客的明细关键词,其他细分来源的提供 TOP100 明细来源 url,部分来源不支持细分。无线端来源分布暂不支持细分,如图 8-65 所示。

图 8-65

实时来源主要提供店铺实时访客地域分布、实时流量来源分布,分访客数和下单买家数,让店主了解到店铺实时访客 TOP10 地域分布,同时分 PC 端、无线端让店主了解到店铺细分数据的实时来源效果,且实时了解当前店铺流量来源现状,及时调整引流策略,如图 8-66 所示。

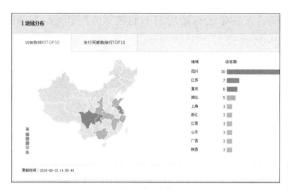

图 8-66

3. 实时榜单

主要提供商品 TOP 50 榜单。商品 TOP 50 榜单主要根据支付金额、访客数两种排序下的前 50 商品列表，并且还提供搜索功能，支持查询商品的实时效果数据，如图 8-67 所示。

图 8-68

4. 实时访客

2015 年 2 月 5 日，通过升级新增了来源筛选过滤分析，过滤来源如下：店铺收藏、宝贝收藏、购物车、直通车、钻石展位、淘宝客、淘宝搜索、天猫搜索，如图 8-68 所示。

图 8-67

8.4.3 店铺引流有高招

店铺引流需要掌握 PC 端、无线端的店铺流量来源与转化，关注引流重要渠道，合理投放广告、降低成本、提升成交转化率。新店家做好以下几招就能提升流量。

第 1 招：流量来源、探索发现。检查各来源的引流和下单转化，确定哪种渠道对店主更有利。

第 2 招：同行对比、榜样学习。对比同行流量来源的差距。

第 3 招：店内路径、转化提升。从流量来源了解店铺内部的流量来源构成，从店内路径、店内入口和承接了解店铺流量的流转和流失情况。

实用经验分享：合理使用解释功能回复差评的技巧

在天猫商城的信用评价里，有时对许多"差评"卖家大都没有及时做出解释，这是很可惜的。卖家在面对自己的过错时，不要放弃解释的机会，要开动脑筋，想出合理的理由并做出解释，委婉地承认过错，体面地请求买家原谅，这也不失卖家的风度。

卖家认为不屑跟这些买家说理，围观的买家可不这么想，会认为卖家默认了买家的指责。放弃解释就是不给自己申诉的机会，也不给买家原谅自己的机会。

卖家犯错误不可怕，可怕的是卖家没有悔改的意思。要让买家明白自己的态度，不要对买家的指责置之不理。在信用评价中适当解释，买家至少会认为卖家的态度好。

我们也可以使用天猫网提供的"解释"功能来修补与买家的关系，取得最后的好印象。

下面介绍使用解释功能的操作步骤。

第1步 进入天猫工作台，单击【交易管理】栏中的【评价管理】链接，如图 8-69 所示。

第2步 在打开的【评价管理】页面单击【来自买家的评价】下面的【解释】按钮，如图 8-70 所示。

图 8-69

图 8-70

第3步 在文本框中输入解释内容，单击【发表回复】按钮，如图 8-71 所示。

第4步 经过以上步骤，即可完成卖家对买家的评价解释，如图 8-72 所示。

图 8-71

图 8-72

第 2 篇

天猫开店

第 9 章 天猫店铺的装修与设计

本章导读

在淘宝章节介绍了淘宝集市店铺的装修内容，包括店标/店招设计、导航设计、促销广告设计等内容，本章则重点介绍天猫店铺的基本装修、打造宝贝爆款详情页设计，以及店铺装修技巧与误区等内容。

知识要点

- 店铺的基本装修
- 打造宝贝爆款详情页设计
- 店铺装修技巧与误区

第9章 天猫店铺的装修与设计

9.1 天猫店铺的基本装修

天猫店铺与淘宝其他普通店铺一样都需要进行基本装修，比如确定风格、设计店招、设计店铺导航等，天猫店铺一定要有自己的独特性，所以在进行基本装修时，每项内容都要认真设计。

9.1.1 确定店铺装修风格样式

淘宝网为天猫卖家的网上店铺内置了多种界面风格，以方便卖家结合店铺整体的设计规划来选择最适合采用的风格，让自己的网店随时有一个新鲜的面貌。

下面介绍设置店铺风格的操作方法。

第1步 进入天猫【我的工作台】，单击【店铺管理】栏中的【店铺装修】链接，如图9-1所示。

图 9-1

第2步 在打开的页面中单击【淘宝店铺】下的【装修】按钮，如图9-2所示。

图 9-2

第3步 进入【旺铺·天猫版】页面，在【配色】选项栏中选择【整体配色方案】图片，如图9-3所示。

图 9-3

第4步 经过以上步骤，就确认了店铺装修的风格样式，如图9-4所示。

图 9-4

9.1.2 设计店铺店招

店招也就是店铺招牌，在店铺装修页面上方会自动显示店招位置，而卖家需要做的，就是发挥自己的设计能力为店铺设计一个漂亮的店招。设计店招可以通过图形设计软件进行创意制作，也可在借鉴其他设计的基础上进行自我创作，形成自己店铺的风格。

1. 如何设计好店招

店招的设计好坏都对店铺的整体形象和运营有着重要的影响。

（1）店铺的店招设计须固定统一的大小

店招就是店铺的招牌，实体店面有自己的招牌，任何店铺也有自己的店招，利用店招来推广店铺的各类产品，宣传店铺的优质服务。淘宝店铺在设计店招的时候往往要固定其大小，一般是990像素×150像素，格式为jpg、gif。

（2）店铺的店招设计须符合两项原则

为了能够使店招代表整体的店铺形象，在设计店招的时候，须符合以下两项原则。

- 店招要直观明确地告诉客户自己店铺是卖什么的，表现形式最好是实物照片。
- 店招要直观明确地告诉客户自己店铺的卖点（特点、优势、差异化）。

（3）店铺的店招设计须新颖独特

随着网上市场发展越来越旺盛，店铺之间的竞争也是异常地激烈，为了能够在激烈的竞争市场中占据一定市场份额，掌柜们在店铺设计上面真是下足了功夫。当顾客浏览你的店铺时，店铺的每一个方面都能成为影响顾客是否选择购买的因素。如果店铺的店招设计得新颖独特，能够吸引顾客的注意，并让顾客留下深刻的影响，这无疑是培养了潜在的目标客户群，或者直接促成了顾客的购买行为，店铺就顺利完成了营销的工作，取得了相应的经济效益。因此，店铺的店招设计一定要新颖，与众不同。

2. 上传店招至店铺首页

店招设计好后，如何把店招上传至店铺内呢？下面介绍上传店招至店铺内的具体操作步骤。

第1步 进入【旺铺·天猫版】页面，从上到下第一个编辑框为店招位置，单击【店招】编辑模块中的【编辑】链接，如图9-5所示。

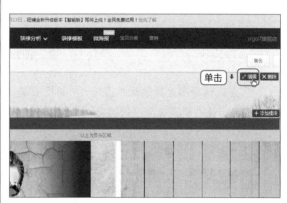

图 9-5

第2步 进入【店铺招牌】编辑页面，单击【自定义招牌】选项，如图9-6所示。

图 9-6

第3步 在【自定义招牌】页面中，❶单击【插入图片空间图片】图标，随即打开淘盘图片空间，❷选择要上传的店招图片，❸单击【完成】按钮，如图9-7所示。

第4步 返回到【店铺招牌】页面，单击【保存】按钮，如图9-8所示。

第5步 经过以上步骤操作后，即可完成店招的上传，如图9-9所示。

9.1.3 店铺导航的设计

除了默认显示的页面分类外,卖家还可以根据需要增加店铺分类导航,从而让买家更直接、更方便购买。

下面介绍店铺导航设计的操作步骤。

第1步 在【旺铺·天猫版】页面,从上到下第二个编辑框为导航位置,单击【店导航】编辑模块中的【编辑】链接,如图9-10所示。

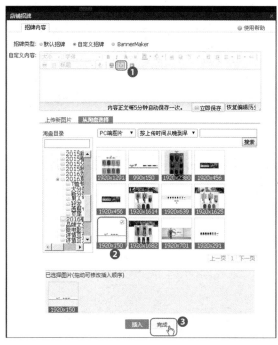

图 9-7

图 9-10

第2步 弹出【导航】对话框,单击【导航设置】选项卡中右下角的【添加】按钮,如图9-11所示。

图 9-8

图 9-11

第3步 进入【添加导航内容】对话框,【添加导航内容】可以设置为【宝贝分类】【页面】及【自定义链接】。下面以添加【宝贝分类】内容为例,勾选宝贝分类标题,单击【确定】按钮,如图9-12所示。

图 9-9

图 9-12

第4步 返回【导航】对话框，单击【确定】按钮，如图 9-13 所示。

图 9-13

第5步 完成店铺导航的设置，可以在导航内查看到添加的【最新上架】宝贝分类，如图 9-14 所示。

图 9-14

9.1.4 添加店铺收藏模块

商家还可以自定义添加店铺收藏模块，这样浏览者可以点击模块，直接收藏店铺。

下面介绍添加店铺收藏模块的操作步骤。

第1步 在【旺铺·天猫版】页面中单击【模块】图标，在出现的菜单栏中，将【自定义区】模块拖动至【旺铺·天猫版】编辑页面相应位置，如图 9-15 所示。

图 9-15

第2步 单击【自定义区】编辑模块中的【编辑】链接，如图 9-16 所示。

图 9-16

第3步 进入【自定义内容区】页面，❶ 单击【插入图片空间图片】图标，随即打开淘盘图片空间，❷ 选择要上传的收藏店铺图片，❸ 单击【插入】按钮，如图 9-17 所示。

第4步 插入成功后，在文本框中选择图片，弹出选项栏，单击【编辑】链接，如图 9-18 所示。

第5步 进入【图片】编辑窗口，如图 9-19 所示。

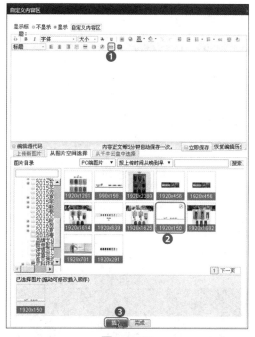

图 9-17

图 9-18

图 9-19

第6步 启动网页浏览器，打开卖家店铺首页页面，在【收藏本店】链接上单击鼠标右键，在出现的下拉菜单中单击【复制链接地址】选项，如图9-20所示。

图 9-20

第7步 回到编辑窗口，在【链接网址】文本框中单击鼠标右键，在出现的下拉菜单中单击【粘贴】选项，如图9-21所示。

图 9-21

第8步 粘贴成功后，单击【确定】按钮，完成店铺收藏模块的添加，如图9-22所示。

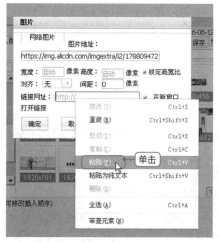

图 9-22

9.2 打造宝贝爆款详情页

实体店是通过导购员为顾客挑选、对顾客加以赞美等手段促成成交,而在天猫平台中,一个好的详情页胜过一位优秀的导购。因此,针对我们的产品和店铺定位,选择合适的详情页,显得至关重要。

9.2.1 了解详情页的分类

在设计宝贝详情页之前,一定要有充分的计划和准备,要清楚地认识到自己的产品适合设计哪一类型的详情页,才能更好地发挥详情页的作用,完成转化。下面我们介绍详情页的分类,卖家可以根据自己的产品选择合适的内容添加到详情页中。

1. 产品展示类

商品展示作为宝贝详情页最基本的模块,分别展示出产品的整体效果、细节、色彩、基本信息、优点、卖点、包装、搭配、效果,这些内容是买家认识产品的基础,几乎所有类目的产品都需要有这些内容,如图9-23所示。

图 9-23

图 9-24

2. 实力展示类

实力展示包括产品的品牌、荣誉、资质、销量、实体店铺、生产基地、生产过程、仓储条件等,主要是展示卖家的企业实力,加深买家对企业的信任感,认识到这不是一家小公司小企业。如有雄厚的企业资质和线下平台的卖家,完全有必要展示出企业实力,如图9-24所示。

3. 吸引购买类

吸引购买是指在详情页中添加产品卖点打动买家、添加情感因素打动买家、添加其他买家评论截图、添加产品线下或线上曾经的热销盛况图。通过添加这些模块,让买家感受到这个产品是有优点的,并且可以为爱人、亲人或朋友带来好处。这个产品好评多、销售量大,是通过大家认可的,坚定新买家的购买欲,图9-25所示为展示吸尘器为家人带来的好处,以吸引买家购买的详情页内容。

图 9-26

5. 促销说明类

促销说明是为了在促进本产品销售的同时,能带动店铺内其他相似产品的销售,通过展示本产品是热销商品、可搭配哪些商品、目前有什么促销活动、优惠方式等,让买家认识到我买这个产品是优惠的、划算的,顺便还能在店铺内多买点别的类似产品。

图9-27所示为关联营销广告位,向买家推荐同类产品让买家进行选择,进行二次转化。

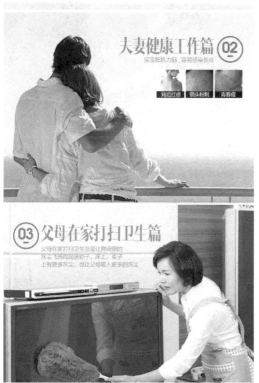

图 9-25

4. 交易说明类

交易说明是指对交易过程中产生的购买、付款、收货、验货、退换货、保修等进行详细说明,让买家产生一种安全的售后服务保障情感,如图9-26所示。

图 9-27

图9-28所示为在详情页中添加的促销活动图,使买家知道目前店铺内有什么活动。

图 9-28

比如，在服装类目，宝贝整体展示是展示商品全貌，产品正面、背面清晰图，根据衣服本身的特点选择挂拍或平铺。运用可视化的图标描述厚薄、透气性、修身性、衣长材质等产品相关信息，如图 9-30 所示。

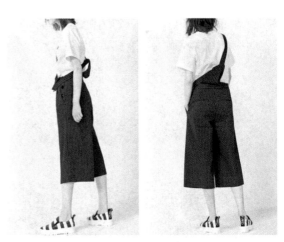

图 9-30

9.2.2 认识详情页的内容组成

在前面简单地认识了详情页的分类后，下面将把详情页中可能需要的内容一一列出，为大家进行介绍。用户学完后可思考您的产品需要放哪些内容，并将相应的内容设计到详情页中，这样就会方便很多，也不用去想我到底该放些什么，从哪里入手。

1. 宝贝整体图片

宝贝整体图片主要是展示产品全貌，如产品正面、侧面、45°、360°旋转的清晰图。若有多个颜色，以主推色为主，其他颜色为辅少量展示，或展示一张多个颜色放在一起的颜色对比图片，如图 9-29 所示，简单明了。

图 9-29

问：服装店的宝贝整体图片展示有哪些技巧？

答：平拍展示是展示衣服在没有穿着在模特身上时的真实效果，当模特展示后，再对衣服进行平拍展示，更能体现衣服的品质感和真实感，如图 9-31 所示说明了买家都喜欢看到怎样的图片展示。

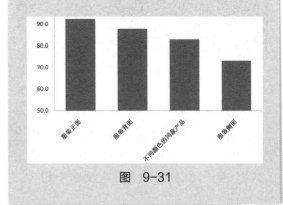

图 9-31

2. 宝贝细节图片

宝贝细节图目的在于提高顾客感官体验，增强产品品质感。要求拍摄效果清晰，近距离拍摄，主要细节元素突出。细节图必须单独拍摄，不允许在原来主图的基础上进行切割完成。正面、反面、局部（凸显材料和质感），如图9-32～图9-33所示。

图 9-32

图 9-33

细节是近距离展示商品亮点，展示清晰的细节（近距离拍摄），如呈现面料、内衬、颜色、扣子/拉链、走线和特色装饰等细节，特别是领子、袖子、腰身和下摆等部位，如有色差需要说明可搭配简洁的文字说明，如图9-34所示。

图 9-34

3. 模特图

模特图的功能在于激发潜在需求，展示效果，激发购买冲动。要求拍摄的是清晰大图、外景拍摄、图片真实，拍摄效果应符合品牌的定位，如图9-35所示。

图 9-35

还可添加模特资料、模特所试穿的尺码、模特试穿感受等，增加模特的真实感，如图9-36所示。

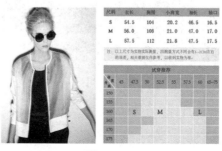

图 9-36

4. 宣传广告图

宣传广告图主要目的是引发顾客兴趣，设计时应针对目标客户群进行设计，谁掏钱、谁用要考虑清楚。广告图中的文案和图形也要精心设计，广告图是提升产品利润的关键，可以营造促销气氛，也可以表现新款上线，还可以作为主推款海报推广，每个店铺必须至少要有一个主推的爆款或者新款的 banner。

店铺活动的主要目的是营造促销的氛围，渲染店铺特色。包括促销活动的通告或预告、新款上线的通告或预告、主推款式的海报，如图 9-37 所示。

图 9-37

通常，在单品页的最上面，我们会通过 1~2 张促销海报将店铺的优惠活动广而告之给访问页面的潜在客户，顺便做一次过滤分流。但有很多商家却不考虑消费心理和客户体验，在页面的最上面堆砌大量的关联推广商品，这无形中对客户浏览自己感兴趣的目标商品页面造成了干扰，如图 9-38 所示。

图 9-38

5. SKU 属性

以文字、表格或图片等多种形式说明产品的材质、规格等相关信息，如图 9-39 所示。

图 9-39

SKU 在淘宝是指宝贝的销售属性集合，供买家在下单时点选，如"规格""颜色分类""尺码"等。在编辑 SKU 属性值时，部分 SKU 的属性值卖家可以自定义编辑，部分属性值不可编辑。在商家后台即可查看到。

6. 产品介绍

介绍产品的主要功能、作用等，使产品与顾客心目中需要购买的东西相匹配，如图 9-40 所示。

图 9-40

7. 使用说明

介绍产品的使用方法、使用流程，使用过程中的注意事项等，避免顾客因使用不当或不会使用给予差评，如图9-41所示。

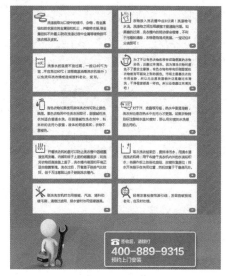

图 9-41

8. 产品卖点

产品卖点应围绕顾客为什么购买（好处设计、避免痛苦点）进行设计，要放大产品卖点，一般是工艺、材质等细节说明，让顾客多了解产品的特性，如图9-42所示。

图 9-42

9. 产品类比

产品类比主要通过与同类产品比较，挖掘本产品的优势，从而坚定顾客购买本产品的决心，如图9-43所示。

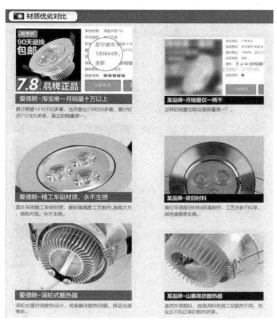

图 9-43

10. 使用场景图

添加场景图，可根据使用者的场景来设计图片，让买家有亲临其境的感受，如图9-44所示。

图 9-44

11. 口碑

展示本产品的出售记录、客户评价，或客户分享、真实的买家秀等，让顾客产生信任。当然这里所指的评价是指真实有效的评价，并不是直接的好评截图，因为 69% 的用户都不希望在商品详情中看到好评的截图，他们的主要顾虑是这些截图信息可能不是真实的。在作图时可以换成图 9-45 这种方式。

图　9-45

12. 产品包装

谁更能吸引你的目光呢？好的包装描述，能马上吸引顾客的购买欲望，让他无法拒绝产品的诱惑，如图 9-46 所示。

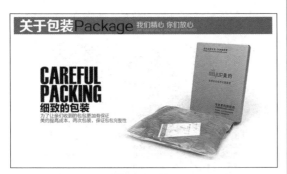

图　9-46

13. 售后说明

售后说明主要是在详情页中添加购物须知、色差说明、退换货说明、邮费说明、洗涤方法、售后保障、正品保障等，解除顾客的后顾之忧，如图 9-47 所示。

图　9-47

14. 品牌文化

此模块中应添加企业文化、品牌故事，塑造品牌效应。如在线上已经是知名品牌，那么更应该添加此模块，提高产品附加值和吸引线下顾客。图 9-48 所示为"妖精的口袋"品牌的品牌文化模块。

图　9-48

15. 活动图片

店铺内有活动更能激发买家购买欲望，但活动内容和活动规则一定要清晰、明了，图 9-49 所示为"初语"的秋装新品发布活动主题,活动内容为全场 1.3 折起包邮,还能领优惠券。

图 9-49

图 9-50 清晰展示了一个女装品牌全场打折、时间为 2 天的活动宣传图。

图 9-50

16. 情感营销

情感营销就是讲故事,塑造顾客拥有后的感觉,目的是提升产品价值。也是给人掏钱购买的理由,如送恋人、送父母、送领导、送朋友。最后发出购买号召,"为什么不立刻、现在、马上在我的店里面购买",替客户做决定,如图 9-51 所示,正是一步步为顾客做决定。

图 9-51

实用经验分享:店铺装修的技巧与误区

对于新手卖家来说,在店铺装修时会出现一些意想不到的状况,所以店主需要了解店铺的装修技巧与误区。

1. 店铺装修的技巧

店铺装修主要有以下几点技巧。

(1)风格要统一

要有与主营产品相符的店铺设计风格,不一样的消费群体所用得主题模块也不同,比如女装类的店铺可以用插画风格、时尚可爱、花边等风格;男装类可以用黑白搭配、有金属质感的设计风格;童装更适合卡通类的风格。

不光产品和店铺风格相符,而且店铺的整体风格也要一致。从店标到主页的风格再到宝贝详情页最好采用同一色系,同样的元素,使店铺有整体感。风格不统一是网店装修的大忌。另外,在分类栏、店铺公告等地方也要考虑整体，不要一会儿搞笑卡通、一会儿粉红浪漫。

（2）色彩的合理使用

在店铺装修中，色彩的合理使用也是非常重要的，好的色彩可以提高宝贝的水准，也可以提升顾客的购买欲望。在夏季我们可以使用冷色系，让买家有清凉感，冷色系也有端庄肃穆的感觉，特别适合男装店铺使用。暖色系一般来讲是一种让人很有亲近感的色系，比如红、黄等色，这些比较适合年轻人群的店铺，同色系中的粉红、鹅黄等颜色是女生比较喜欢的，所以女性用品及婴幼儿用品等店铺是比较适合用暖色系的。

（3）主图要突出

店铺装修得好，确实能吸引买家的眼球，但是，我们要注意店铺毕竟是卖宝贝，不是单一秀店铺装修，别让店铺装饰抢了商品的风头，切忌太花哨。因此，装修店铺时产品的主图一定要突出。

（4）添加背景音乐的利弊

这是一个比较有争议的问题，有些买家因为喜欢你的背景音乐来光顾你的店，而有些买家则会被你的音乐吓跑。音乐文件大小也是一个问题，太大会影响页面打开速度。

（5）避免图片使用得太多

新手卖家可能会觉得店铺图片越多越好看，这其实是一个误区。图片太多质量太高就会影响页面的打开速度，也是实体店和网店的差异，开网店考虑的因素和实体店考虑的不同，因此，网店装修要把握好度。

2. 店铺装修的误区

进入一家天猫店铺首页，先映入眼帘的是店铺的装修，如果装修得好，则会增加买家的购买欲望。在店铺装修上，导航尤其重要。但是在装修过程中，如果不注意细节问题，则容易陷入天猫店铺装修的误区。一般来说天猫店铺装修有6个误区。

①导航混乱，没有清晰明确的顶部导航。

②轮播的图片花里胡哨，无突出特性。

③宝贝详情内页入口太多，流量不能充分集中到几个优势宝贝上。

④忽略了首页搜索功能，请别忘记如果你的店铺宝贝超过100个，在首页店招下部请加入快捷搜索框。因为这样能节约顾客的访问时间，让他能快速找到他想找到的宝贝，其实是在为你增加成交的机会。

⑤首页配色的颜色过多，颜色太过于刺眼，让人觉得进了一个杂货铺。

⑥店铺装修不能抓住重点，完全根据店主的自我喜好想当然地进行设计装修，买家也并不喜欢你的设计风格。

第 2 篇

天猫开店

第 10 章 天猫店铺的营销与推广

本章导读

天猫店铺的营销与推广最根本的还是要提高店铺流量与访客量,而其方法与淘宝店铺推广有异曲同工之妙,大多也都是通过参加活动、吸收会员等方式来进行推广,当然天猫店铺可以参加更多、更广的活动。本章主要结合天猫店铺的特性及权利,给读者重点介绍天猫店铺的营销与推广策略,内容包括:如何提高店铺流量与访客量、"双11"营销、店铺促销优惠活动、聚划算团购活动等。

知识要点

- 提高店铺流量与访客量
- 做好"双11""双12"营销
- 店铺商品促销优惠活动措施
- 其他店铺营销活动
- 建立店铺会员折扣制度
- 店铺其他推广渠道

10.1 提高店铺流量与访客量

要想让自己的店铺访问量越来越多,除了经常在论坛、搜索引擎、微博等网站宣传自己的店铺外,卖家还需要通过在淘宝网及天猫商城中进行推广以获得更多的流量与访客量。所以卖家在经营网店过程中,要做好店内免费及付费的各种推广活动来提高店铺的流量与访客量。

10.1.1 掌握天猫店铺内免费流量的来源

天猫店铺内的免费流量来源多种多样,免费流量大致包括搜索、类目、专题及促销活动。

对于免费流量中的搜索流量与类目流量,店铺可以通过发布商品获取,当买家正有这种需求的时候,就会通过搜索功能来查找产品。因此,从此渠道获得的流量,转化率会比较高。免费流量可以从PC端与无线端来进行推广。

1.PC端自主访问流量

买家在PC端进行自主访问时,可以通过以下方式给店铺增加流量与访客量,所以天猫卖家一定要在以下位置进行推广。

● 店铺收藏:访客通过收藏夹的"店铺收藏"进入店铺。

● 宝贝收藏:访客通过收藏夹的"宝贝收藏"进入店铺。

● 我的淘宝首页:访客从"我的淘宝"首页点击进入店铺。

● 已买到商品:访客从"已买到的宝贝"页面点击进入店铺。

● 直接访问:访客通过输入店铺地址或通过浏览器收藏夹等直接进入店铺。

● 购物车:访客通过"购物车"进入店铺。

2.PC端淘内免费流量

以下位置都能引入流量与访客量,天猫卖家一定要进行"商品推荐"、参加免费活动、认真对待每个客户进行合适的推荐,来增加流量与访问量。

● 淘宝搜索:访客在淘宝搜索宝贝直接进入店铺,比如在淘宝首页搜索框里搜索女装,然后点击搜索出来的宝贝进入店铺。

● 淘宝首页:访客通过淘宝首页进入店铺,比如首页轮播广告及推荐等位置引入的流量。

● 淘宝频道:访客通过市场频道专题页面进入店铺,比如男人、女人、男装、女鞋、箱包、珠宝、美妆、运动、搭配、发现、淘宝品牌等。

● 淘宝类目:访客通过淘宝类目进入店铺,但女装等类目频道的流量归入为淘宝流量。

● 淘宝信用评价:访客通过淘宝的信用评价页进入店铺

● 阿里旺旺:访客通过点击旺旺聊天窗口进入店铺访问相应宝贝所带来的流量,比如与顾客聊天时,给他发送的链接地址。

● 爱淘宝:访客通过爱淘宝 ai.taobao.com 进

入店铺。但如果商品处于淘客、直通车等付费推广中，则归入淘内付费流量。
- 天猫首页：访客通过天猫首页进入店铺。

3. 无线端自主访问流量
- 买家在无线端进行自主访问时，以下位置是进入流量最多的位置。
- 我的淘宝：包括淘宝APP中，"我的淘宝"内查看订单、宝贝收藏、在物流、评价等进入店铺或查看宝贝详情页；天猫APP中，点击"我的淘宝"，通过待付款、待发货、待收货、待评价、全部订单、收藏商品和店铺优惠券等进入店铺或宝贝详情页。
- 直接访问：通过手机浏览器，直接访问店铺或宝贝详情页。
- 购物车：通过淘宝APP或天猫APP中的"购物车访问。

10.1.2 做好天猫直通车、钻展的推广

在天猫推广中，做付费流量是很有必要的，付费引流不能只考虑投入多少，要想赚回利润，还需要考虑由此带来的销售量、人气指数、收藏量，以及销售量等综合因素。

1. 天猫直通车

天猫直通车与淘宝直通车操作方式是相同的，根据本书第5章介绍的淘宝直通车的各种操作解读，可以完成天猫直通车的推广计划，因此，这里不再赘述。图10-1所示为天猫直通车活动页面。

图 10-1

2. 钻石展位

优质店铺就该上淘宝首页，在最显眼的位置推广你的店铺。钻石展位与天猫直通车的作用是一样的，但是展示位置不一样，如图10-2所示为参加钻石展位后页面显示位置。

图 10-2

下面介绍钻石展位的新建全店推广计划的操作步骤。

第1步 进入天猫工作台，单击菜单栏中的【我要推广】链接，如图10-3所示。

图 10-3

第2步 打开页面，单击钻石展位图标下的【立即登顶】按钮，如图10-4所示。

图 10-4

第3步 进入【智·钻】页面（智钻即钻石展位），❶ 单击【计划】菜单选项，❷ 在其页面下单击【新建全店推广计划】按钮，如图 10-5 所示。

图 10-5

第4步 进入【选择广告类型】页面,单击【新建全店推广计划】按钮，如图 10-6 所示。

图 10-6

第5步 进入【计划基本信息】页面，选择【选择推广方式】，输入【计划名称】【每日预算】，设置【投放日期】【投放方式】，如图 10-7 所示。

图 10-7

第6步 在其页面下继续选择【设置地域】，如图 10-8 所示。

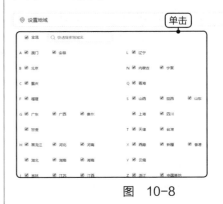

图 10-8

第7步 ❶ 设置【投放时段】，❷ 单击【下一步，设置推广单元】，如图 10-9 所示。

图 10-9

第8步 进入【推广单元设置】，输入【单元名称】,选择【选择定向人群】选项,如图 10-10 所示。

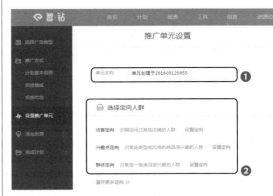

图 10-10

第9步 在【设置推广单元】页面下，继续选择【选择投放资源位】选项，然后选择【设置出价】，确认无误后单击【下一步，上传创意】按钮，如图 10-11 所示。

图 10-11

第10步 进入【添加创意】页面,选择制作创意广告牌,即可完成新建全店推广计划。完成推广计划后店主就可以根据实际情况进行相应的投放。

10.2 网购盛宴,做好"双11"营销活动

"双11"是指11月11日天猫商城推出的一年一度的大型购物节,作为中国营销最成功的"造节运动",自2009年天猫创造了"11·11购物狂欢节"以来,历经几年的演变,如今的"双11",已经彻头彻尾地从普通的营销活动成为了众多传统品牌、互联网品牌、电商平台真正意义上的虚拟战争。至2015年"双11"购物节已创下了912.17亿元的交易额,如图10-12所示。

图 10-12

10.2.1 认识"双11"的重要意义

由"光棍节"演变而来的电子商务全民狂欢购物节——"双11",对于消费者来说是消费狂欢日,因为可以低价买到自己想要的产品。对于电商平台来说是全年目标冲刺日,平台整体交易额会成倍提高。对于商家来说是盛宴,因为你会发现今天的钱赚得特别"容易"。

1. 流量提升

"双11"活动期间,即使你是个名不见经传的小店,即使你不做任何付费(直通车、钻展、淘客……)推广,你都会惊奇地发现你店铺的流量"暴涨"了,因为天猫平台会通过各种渠道提高平台流量,相应你店铺的流量也会提升很多。

2. 转化率提升

"双11"是全民购物狂欢活动,在此氛围下消费者的消费行为都会偏离理性轨道,因此在"双11"活动期间,店铺转化率会比平时提升2~3倍。

3. 店铺/品牌知名度提升

大流量带来的一个直接效果就是你的店铺或者品牌会曝光在更多消费者的眼前,抓住这个曝光机会能在很大程度上提升你店铺或品牌的知名度。

4. 销售额提升

"销售额 = 流量 × 转化率 × 客单价"这个销售万能公式你一定明白,流量和转化率都已经大幅度提高,只要你再做好关联销售提高客单价,那么你的销售额将会成倍数增长。

5. "死店"变"活店"

如果你的店铺前期经营效果不好,也就是行内俗称的"死店","双11"将是你店铺翻身的一

个绝佳机会。只要你做好店铺内功，抓住"双11"的流量、转化率及店铺曝光机会，你的店铺经营效果将会大幅提升，也从没流量、没转化的"死店"变成流量高、转化高的"活店"。

10.2.2 透视"双11"活动的流程

所谓"知己知彼，百战不殆"，要想搞定"双11"活动，你首先必须要弄清楚"双11"活动的基本流程。

1. 活动海选报名时间

每年"双11"活动海选报名时间都在8月中下旬（8月10日至8月28日），每个商家只有一次海选报名机会，错过不再有。因此在每年的8月你都要留意天猫官方发出的"双11"活动报名时间，提前做好报名准备，在报名时间段内及时进行活动海选的报名。海选的入围规则：天猫会根据活动的玩法和策略，优先选择与可以更好为消费者服务的商家合作（优选条件包括但不限于品牌知名度、活动契合度、消费者需求、店铺类型、开店时长、客单价、商家主营类目、商业综合排名、诚信经营情况、是否提供运费险保障等）。天猫与商家之间的选择是双向的，未形成一致意见之前，任何一方均有权自主决定是否与对方开展合作。

2. 设置购物券，签订运费险

在活动海选报名结束后1~2天内可在后台查看报名结果，如果海选成功入围，则可开始设置"11.11购物券"和"签订运费险"。只有你设置了购物券并成功签订运费险后，活动报名才算成功，否则默认放弃活动报名（即使你已经海选入围，只要没有设置购物券和签订运费险都默认报名不成功）。

3. 素材提交及商品报名

活动报名成功后，需要在9月下旬提交活动素材，活动素材按照官方要求的模板制作并提交；参加活动商品报名分为预售商品和正式商品。

①预售商品：报名时间和素材提交时间一致，在9月下旬进行预售商品报名活动，预售商品是在"11.11"活动前进行预热销售的商品，在"11.11"活动当天预售商品是不参加正式活动的。

②正式商品：报名提交时间从10月中旬开始，正式商品是在"11.11"活动当天参加正式活动的商品，该部分商品在活动当天以5折价格进行销售。注意，在此期间不能擅自提高产品的专柜价（也就是发布产品时候的零售价格），否则将会受到严重的处罚。

4. 活动预热

在11月1日至11月10日为"11.11"活动的预热期。活动预热期的销售表现直接决定你最终在活动开始时能进入到主会场还是分会场。

5. 活动正式开始

活动正式开始的时间为11月11日0点。在活动正式开始前你需要根据官方提示，在11月10日21点前使用官方营销工具修改商品销售折扣，否则在活动正式开始后你的促销价格是无效的。

10.2.3 做好"双11"活动准备

积极参加"双11"活动之前，需要做好大量的准备工作，才能做到有备无患，打一场漂亮的"双11"大战，图10-13所示的为2016年"双11"的活动流程节奏，除开图片中的一系列报名准备工作之外，我们还需要进行其他准备。下面介绍"双11"活动前期的一些必要的准备工作。

图 10-13

1. 经营及服务能力

经营及服务能力关系着活动海选是否能顺利入围，包括你店铺流量的获取能力、商品转化率、客服服务能力、售后服务水平等维度都需要不断提高。总之，活动海选是需要选出经营及服务能力都很强的商家来为消费者提供产品和服务的。

2. 产品备货

"双11"活动的流量和转化都会比平时有较大的提高,为了不影响"双11"的活动效果,避免无货可卖的流量浪费或者无货可发的售后争议,你在确定要参与"双11"活动前先要根据自己的实际情况进行备货。备货的方法如下。

① 根据日常经营状况,流量、转化率、客单价进行销售额的预估。比如平时你店铺日UV1000,转化率1%,客单价200,按照UV、转化率活动期间2~3倍、客单价不变的规则进行销售额的预估(销售额 = 流量 × 转化率 × 客单价)。

② 根据产品成本来进行产品备货额的预估,产品备货额 = 销售额 × 产品成本折扣。

3. 活动策划

"双11"虽然是全民购物狂欢的促销活动,但仅仅是电商平台的活动。平台把流量等资源引进来了,如何最大限度地落实到你的店铺?这就需要你提前策划好具有吸引力的活动方案来配合执行"双11"活动。活动怎么策划,不是这里讨论的重点,只需要把握住三点:(1)评估自己的经营实力;(2)定位自己对活动的期望值;(3)活动要具有传播性及吸引力。如GXG在2015年的"双11"活动噱头是"杭州11月11日当天下雨即免单",可谓赚足消费者眼球。

4. 素材准备

无论你是否通过"双11"活动海选,你都需要做活动策划并提前准备活动素材。活动素材可以在"11.11活动中心"去下载模板,根据官方要求进行制作。特别注意:未成功入围海选的商家,活动素材尽量少用官方素材,只要整体风格靠近官方活动素材风格即可,否则可能会遭到官方活动侵权处罚。

5. 客服团队准备

"双11"活动当天流量大,咨询量也大,为了避免因客服回复不及时造成的订单流失,你在活动前要做好活动客服团队人员补充及活动培训工作。建议可以整合资源,准备兼职人员来补充客服团队。

6. 物流团队准备

"双11"活动当天的订单量相比平时会成倍增加,物流团队的工作量会突增,为了能及时发货,你需要对物流团队人员进行补充及培训。比如可以临时把你企业的行政人员补充到"双11"活动后的物流团队中去。

7. CRM软件准备

CRM软件即为客户关系管理软件,也就是用来维护管理你的老客户的软件工具。为了"双11"活动效果更好,你需要给你的老客户(历史购买过的顾客)发送"双11"活动短信;同时,在活动当天如果你的销售目标可能不能顺利完成,这个时候也需要及时给你的老客户发送活动信息,通过召回老客户来冲刺你的销售目标。

8. 活动物料准备

活动物料包含的内容比较多,如活动承诺的赠品、发货的包装、售后服务卡等等,都需要在活动前准备充足。

10.2.4 "双11"报名及招商规则

天猫对参加"双11"的商家有一套既定的规则及条件,并不是所有入驻天猫的商户都有资格参加,天猫"双11"的招商流程为:商家报名→查看海选结果→预售商品→正式商品的申报。

1. 如何报名

下面介绍进行报名窗口的操作步骤。

第1步 进入天猫【我的工作台】后,单击【天猫"双11"全球狂欢】栏中的【招商规则及报名】,如图10-14所示。

第2步 进入【双11来啦-活动导航页面】,单击画报中的【我要报名】按钮(因已完成报名,所以原"我要报名"按钮的位置已经变为"点击查看结果"按钮),如图10-15所示。

图 10-14

图 10-17

图 10-15

图 10-18

第3步 报名完成后可以随时查看报名结果。跟上述步骤一样单击画报中的【点击查看结果】，即可查看结果，如图10-16所示。

图 10-16

2. 招商规则

报名页面会显示招商规则，其中对活动商家的商品类目和价格等内容做一系列严格规定。参加活动的店铺一定要遵循其招商规则。图10-17、图10-18所示可以查看"双11"活动招商规则。

注："双11"全店5折是指"双11"当天店铺内所有商品价格均为专柜价5折及以下，如果出现5折以上的商品，活动当天11月11日0点系统自动做下架处理，活动期间无法上架，活动结束后需商家重新操作上架。一旦选择全店5折后无法修改，请慎重选择。非全店5折是指"双11"当天店铺里的商品不需要全店5折（指价格均为专柜价5折及以下），若出现5折以上商品不会作下架处理，一旦选择无法修改，请慎重选择。

10.2.5 "双11"活动热身、预售

活动报名成功后的活动预热与产品预售是非常关键的，预热和预售的效果直接关系到以下几点。

1. 店铺的曝光率

预热阶段实际上已经拉开了"双11"活动的帷幕，大量的流量已经进入，抓住这个机会让你的店铺充分曝光，以提升品牌知名度及活动销售额。

2. 店铺会场位置

"双11"活动会场分为主会场、分会场、特色会场、外场，毋庸置疑，主会场的流量和转化率都会特别高，会场位置是通过特殊的赛马规则来设定的。

3. 活动当月的业绩

在实际的运营考核中，不会以"双11"当天的业绩来作为当月的业绩考核的，那么整月业绩必须要通过预热和预售阶段的业绩来提升。

4. 活动当天的业绩

预热和预售阶段，有目的地引导顾客进行店铺及产品的收藏、加购物车，能直接拉动活动当天的销售业绩。

天猫官方的预热和预售是从11月1日开始到11月10日结束，但实际上从你预售产品报名成功后，预热和预售就已经开始了，越早做活动预热和预售，你参加活动的效果越好。

10.2.6 "双11"当天一战定胜负

长时间的准备，大量的备货，激烈的热身赛马，你终于迎来了"11.11"的正式活动，从11月11日凌晨0点开始，你和你的团队将彻夜不眠。作为运营的你，需要保证活动的顺利进行，保证活动的预期效果，因此你需要注意以下工作。

①在11月10日21点前，确保活动促销价格信息正确。检查方法:【商家后台】→【营销中心】→【天猫营销工具】，检查你设置的各种营销活动是否正确。

②11月11日0点开始检查店铺各项数据。检查店铺的流量、订单等数据信息，确定客服接待能力是否满足需要，如果咨询量太大，需要及时调整客服人员及优化客服接待流程。

③对于可能出现的顾客无法付款的现象，要引导客服合理安抚顾客情绪，并与无法支付的顾客保持联系，及时催付款。

④11月11日中午12点前对店铺交易数据进行分析，如果销售额未达到目标的50%，则要做出以下几项工作来进行补救。

● 推出更具吸引力的活动。
● 加大流量的引入（直通车、钻展的投放力度加大）。
● 向未回店消费的老顾客发送促销短信。
● 11月11日20点开始梳理未支付订单，指导客服与顾客取得联系，及时催款，尽力让未付款率达到零。

10.2.7 一定做好"双11"活动的售后服务

11月12日0点开始，轰轰烈烈的"双11"活动销售战告一段落。接下来你将面临的是及时发货与售后问题的处理。

①及时发货。尽管天猫规定"双11"的订单必须在10日内完成发货，但是为了有更好的用户体验，商家应该以最快速度配货并将货品发往快递公司。

②积极面对售后。"双11"活动中不乏很多冲动消费者，因此售后退款率肯定会增加的，商家应该以积极的态度面对可能的售后问题，能退款的及时退款，能用其他方式解决的售后问题就用其他方式解决，以期提升店铺的DSR评分。

③延续氛围，促销返场。如果你的销售业绩不是十分理想，如果你的备货实在太多，那么趁着"双11"的余热，做一场延续性的促销活动吧，让那些没来得及下订单的或者没有在你的店铺下订单的顾客继续享受你店铺的"双11"待遇。

10.3 乘胜追击，做好"双12"品牌营销

如果"双11"你没有玩过瘾，如果"双11"你业绩确实太差，如果"双11"后你退货或者备货太多，库存压力太大，你都不必太着急，因为"双12"来了。

"双12"品牌盛典，是天猫在年终举办的营销活动，天猫在当天会邀请众多品牌和实力商家共同参与，在PC及无线多个平台，为消费者打造一场年终品牌盛宴。买家在购物的过程中，不再是分门别类地按照类目标签进行枯燥的搜索和挑选，而是能够进入一个个具体的场景。它打破了以往促销模式。

"双12"同样是全民促销的狂欢盛宴，对于商家来说又是一次赚钱的机会，或者弥补"双11"遗憾的机会。"双12"活动的玩法和"双11"有一定的相似之处，你完全可以按照"双11"的玩法来玩转"双12"，并且会更加轻松。下面以2015年的"双12"活动流程作为示例参考。

（1）报名时间及产品

本次12.12，所有可以参与活动的商家宝贝，都以橱窗宝贝为基础。

（2）报名时间

开始：2015年11月15日12:12

截止：2015年12月10日18:00

（3）报名方法

方法一：登录12.12卖家报名官方页面（http://mj.taobao.com/）。

方法二：卖家进入【卖家中心】→【宝贝管理】→【橱窗推荐】，点击【橱窗推荐宝贝】，将宝贝设置成橱窗宝贝，点击【我要报名】设置大促价，即可成功报名"12.12年终盛典"。系统会自动抓取卖家符合条件的宝贝，显示出它的状态，卖家依照最后一列提示，对应操作即可。

10.4 设置店铺整店商品的促销优惠活动

店铺经营得好不好，信誉等级的高低无疑是最直观的判断方式，那么如何让自己网店迅速提高人气，提升转化率，实现成交呢？下面介绍一些店铺整店商品的促销优惠活动。

10.4.1 店铺"满×××送×××"

店铺整店商品的优惠促销活动可以在天猫官方营销活动中实现。

下面以店铺活动"满500送10元"为例介绍设置活动的操作步骤。

第1步 进入天猫【我的工作台】，单击菜单栏中的【天猫营销工具】链接，如图10-19所示。

第2步 打开【天猫营销中心】页面，单击【店铺优惠】图标下的【立即使用】按钮，如图10-20所示。

第3步 在【店铺优惠】页面中，单击【新建店铺活动】按钮，如图10-21所示。

图 10-19

第10章 天猫店铺的营销与推广

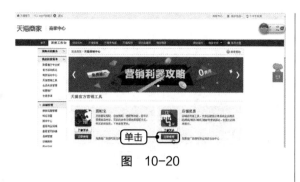

图 10-20

图 10-23

图 10-21

第4步 进入【店铺活动－基本信息】页面，❶ 输入【活动名称】，❷ 设置【活动时间】，❸ 上传【活动页面版头】，❹ 设置完成后单击【下一步】按钮，如图 10-22 所示。

图 10-24

10.4.2 全场打折促销活动

商家也可对店铺商品进行全场打折，其中全场打折也可以有针对性的，比如对店铺 VIP 会员进行打折等。

下面以设置全店会员价为例介绍具体操作步骤。

第1步 进入天猫【我的工作台】，单击【营销中心】栏中的【会员关系管理】链接，如图 10-25 所示。

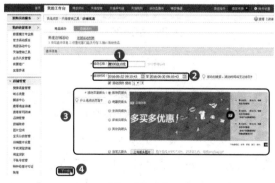

图 10-22

第5步 经过以上步骤操作后，即可成功创建活动，单击【更新】按钮更新活动页面，如图 10-23 所示。

第6步 随即可以在【店铺优惠】页面中查看创建的活动，如图 10-24 所示。

图 10-25

第2步 进入【客户关系管理】页面，单击【营销】栏中的【营销工具】链接，如图 10-26 所示。

图 10-26

第3步 进入【营销工具】页面,单击【定向优惠】栏下的【专享价】图标,如图10-27所示。

图 10-27

第4步 ❶打开【定向优惠/专享活动】设置页面,设置【活动人群范围】,❷如选择并设置【交易客户】,然后设置【人群特征】等信息,如图10-28所示。

图 10-28

第5步 设置完成后,单击【下一步】按钮,如图10-29所示。

图 10-29

第6步 ①在打开的页面中输入【活动名称】,②设置【活动日期】【活动类型】及其他项目,③确认无误后单击【完成创建】按钮,即可完成会员打折活动的创建,如图10-30所示。

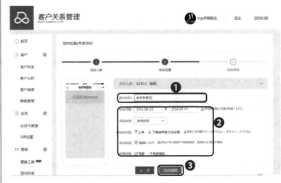

图 10-30

10.4.3 开通"蚂蚁花呗"信用支付

"蚂蚁花呗"是当前最火爆最流行的"赊账消费"工具,它授予消费者消费透支额度,可以在淘宝、天猫先消费,然后下个月再还款,期间不计利息。

对商家而言仍然是在买家确认收货后就会收到全部货款,资金是由蚂蚁微贷垫付的。

如果商家开通了"蚂蚁花呗",那么顾客就可在付款环节中使用"蚂蚁花呗"的方式付款,图10-31所示为买家使用"蚂蚁花呗"进行付款。

图 10-31

下面介绍开通"蚂蚁花呗"的操作步骤。

第1步 进入天猫网站导航,单击【我是卖家】栏中的【我要订购】链接,如图 10-32 所示。

图 10-32

第2步 进入【服务市场】页面,❶ 在搜索栏中输入【蚂蚁花呗】,❷ 单击【搜索】按钮,如图 10-33 所示。

图 10-33

第3步 进入搜索结果页面,单击【蚂蚁花呗】图标,如图 10-34 所示。

图 10-34

第4步 进入订购页面,❶ 选择【服务版本】【周期】,❷ 单击【立即订购】按钮。然后根据购买操作步骤进行订购,即可成功开通"蚂蚁花呗"服务,如图 10-35 所示。

图 10-35

10.5 设置店铺部分商品的促销优惠活动

对于新手卖家来说,网店还没有进入盈利状态,这种情况下,可以设置一些商品优惠活动来进行促销推广。

10.5.1 单品包邮、打折

"单品包邮、打折"是针对某个或某些商品进行的优惠活动。卖家通过这种方式可以吸引更多的买家。

下面以 VIP 专享价单品打折为例介绍设置单品包邮、打折的操作步骤。

第1步 进入【会员关系管理-营销工具】页面,单击【定向优惠】栏下的【打折】图标,如图 10-36 所示。

图 10-36

第2步 ❶ 在打开的【新建活动-活动对象】页面中,选择本次活动的参加对象,如【店铺 VIP 客户】中的【普通会员】,❷ 单击【下一步】按钮,如图 10-37 所示。

图 10-37

第3步 ❶ 在打开的【新建活动-活动内容】页面中,选择【选择活动】,❷ 输入【活动名称】,❸ 设置【活动时间】,❹ 选择要参加活动的【活动宝贝】,如图 10-38 所示。

图 10-38

第4步 ❶ 选择完成后在下拉页面单击【保存】按钮,❷ 输入【促销方式】的打折折扣以及【促销标签】,❸ 确认无误后单击【确认提交】按钮,如图 10-39 所示。

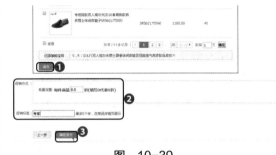

图 10-39

第5步 弹出提示窗口,查看提示内容单击【确认】按钮,即可完成 VIP 专享价单品打折活动的设置,如图 10-40 所示。

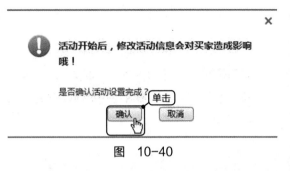

图 10-40

10.5.2 买 A 产品送 B 产品

商家也可以通过设置购买 A 产品赠送 B 产品的方式来吸引更多的买家。

下面介绍卖家设置买 A 产品送 B 产品的具体操作步骤。

第1步 按 10.4.3 章节的内容的相同方式购买【美折促销】第三方营销工具，如图 10-41 所示。

图 10-41

第2步 订购完成后，打开天猫【我的工作台】，在【我购买的服务】复选栏中单击【美折促销】图标，如图 10-42 所示。

图 10-42

第3步 进入【美折】页面，单击【创建新活动】下拉菜单中的【满减/满就包邮】链接，如图 10-43 所示。

图 10-43

第4步 ❶在【设置活动信息】页面中输入【活动名称】，❷设置【开始时间】【结束时间】【活动标签】，❸确认无误后单击【下一步：选择活动商品】按钮，如图 10-44 所示。

图 10-44

第5步 在打开的【选择活动商品】页面中单击选择要参加活动的商品，在商品右侧单击【加入活动】链接即可，如图 10-45 所示。

图 10-45

第6步 选择商品完成后，单击【下一步：设置活动详情】按钮，如图 10-46 所示。

图 10-46

第7步 ❶进入【设置活动详情】页面，设置【条件1】，❷选择【内容1】为【送礼物】，在【送礼物】后的输入框中输入礼物名称，❸选择活动的显示横幅，❹确认无误后单击【完成并提交】，如图 10-47 所示。

图 10-47

第8步 经过以上步骤操作后,即可完成"买A产品送B产品"的活动创建,如图10-48所示。

图 10-48

10.5.3 设置新品预售活动

新品预售是指在产品还没正式进入市场前而进行的销售行为。对于一些产品,可以通过预售来了解该种产品是否有市场,特别是对于一些只能批量化生产的产品而言,通过预售达到一定量后才可以投入生产,有效规避了生产存在的风险。预售过程中没有成功,就表明该产品的实用性以及受欢迎度有待考究与论证。

在天猫店铺中商家也可以利用新品预售的方式先了解市场。

商家只需要在"发布宝贝"时设置相应的开始时间,即可在店铺进行预售。选择"立刻"即为商品,马上上架;选择"设定"即可设置新品预售时间;"放入仓库"即为把商品放入仓库中不马上进行上架,如图10-49所示。

图 10-49

预售成功后,也可在天猫店铺页面中与其他商品一样进行售卖(专指预售购买),并不影响买家的下单。

10.6 其他店铺营销活动

除了设置天猫店铺整店商品的促销活动外,店铺还可以进行其他的优惠活动,比如派发店铺红包、设置店铺优惠券等活动。不但可以大大提高店铺的品牌知名度,而且还能吸引更多的回头客。

10.6.1 派发店铺红包

"红包"是支付宝为卖家提供的一项增值服务，是送给买家用于支付宝的虚拟优惠券。发送红包的资金将从支付宝账户中等额冻结，如在有效期内红包未被使用，冻结资金将解冻。卖家通过派发"红包"可以吸引更多的买家。

下面介绍卖家派发店铺"红包"的具体操作步骤。

第1步 进入【客户关系管理 – 营销工具】页面，单击【权益发放】栏下的【红包营销】图标，如图 10-50 所示。

图 10-50

第2步 在【红包营销 / 红包营销列表】页面中，单击【创建红包营销活动】按钮，如图 10-51 所示。

图 10-51

第3步 ❶ 打开编辑页面，输入【活动名称】【卖家寄语】，❷ 设置【领取条件】，❸ 单击【选择支付宝红包模板】链接，如图 10-52 所示。

图 10-52

第4步 弹出【选择支付宝红包模板】窗口，单击【去创建】链接，如图 10-53 所示。

图 10-53

第5步 ❶ 打开【支付宝红包模板】页面，输入【模板名称】【红包名称】，❷ 设置【红包面额】【发放总量】【领用结束时间】【使用期限】，❸ 单击【确认创建】按钮，如图 10-54 所示。

图 10-54

第6步 在【支付宝支付页面】支付完成后，回到【创建红包营销活动】页面，❶ 设置【投放人群】，❷ 单击【立即投放】按钮，随即完成店铺红包派发的设置，如图 10-55 所示。

图 10-55

10.6.2 使用店铺优惠券

顾名思义，店铺优惠券是一种虚拟电子现金券，它是天猫卖家开通"营销套餐"或"客户关系管理"后开通的一种促销工具，当有买家购买定制了该功能的宝贝以后，会自动获得相应的优惠券，在以后进行购物时，可以享受一定额度的优惠。

下面介绍卖家设置店铺优惠券的具体操作步骤。

第1步 进入【客户关系管理 – 营销工具】页面，单击【权益发放】栏下的【优惠券营销】图标，如图 10-56 所示。

图 10-56

第2步 在【优惠券营销 / 优惠券营销列表】页面中，单击【创建优惠券活动】按钮，如图 10-57 所示。

图 10-57

第3步 在打开的【创建优惠券营销活动】页面中，❶ 输入【活动名称】，❷ 单击【选择优惠券模板】链接，如图 10-58 所示。

图 10-58

第4步 弹出【选择优惠券】窗口，单击【创建店铺优惠券】链接，如图 10-59 所示。

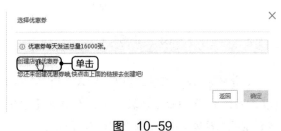

图 10-59

第 5 步 打开【优惠券模板】页面，❶ 输入【名称】，❷ 设置【面额】【使用条件】【有效时间】【发行量】【每人限领】等参数，❸ 单击【保存】按钮，如图 10-60 所示。

第 6 步 在【支付宝支付页面】支付完成后，返回到【创建优惠券营销活动】页面，❶ 设置【投放人群】，❷ 单击【立即创建】按钮，即可完成优惠券的设置，如图 10-61 所示。

图 10-60

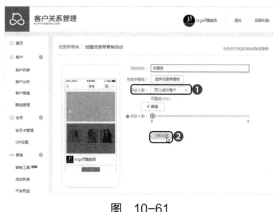

图 10-61

10.7 建立店铺 VIP 会员制度

VIP 会员制度的建立对于网店来说是非常有必要的，能够帮助卖家更好地绑定买家，有效预防买家流失。但是不同网店有不同的情况，一般会员制确定消费额度与提升会员等级时需要根据网店里的商品本身价格来设定。

店铺 VIP 会员主要针对在自己店铺购物的买家，在购买时给予一定优惠。会员制度出台前卖家要仔细衡量，在抓住买家的同时也要考虑经济上的收益。

下面介绍建立店铺 VIP 会员折扣的操作步骤。

第 1 步 进入天猫【我的工作台】，单击【营销中心】栏中的【会员关系管理】链接，如图 10-62 所示。

第 2 步 进入【客户关系管理】页面，单击【会员】栏中的【VIP 设置】链接，如图 10-63 所示。

图 10-63

第 3 步 在打开的设置页面中即可看到 VIP 分为【普通会员（VIP1）】【高级会员（VIP2）】【VIP 会员（VIP3）】【至尊 VIP 会员（VIP4）】4 个等级，如图 10-64~ 图 10-65 所示。

图 10-62

图 10-64

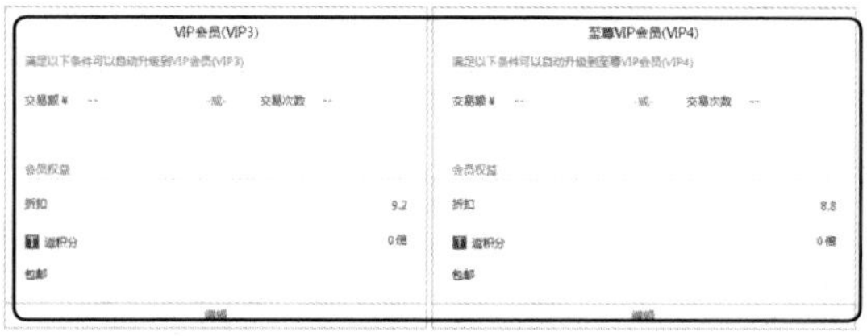

第5步 进入编辑模式，❶ 设置【满足以下条件可以自动升级到普通会员VIP1】的相关条件及【会员权益】，❷ 设置完成后单击【保存】按钮，如图10-67所示。

图 10-65

图 10-67

第4步 选择要编辑的VIP等级类型，如在【普通会员（VIP1）】栏中单击【编辑】链接，如图10-66所示。

第6步 按照上述操作方法，可以分别设置【高级会员（VIP2）】【VIP会员（VIP3）】【至尊VIP会员（VIP4）】的VIP条件设置，如图10-68所示。

图 10-66

图 10-68

10.8 天猫店铺的其他推广渠道

除开店铺内的各种促销活动外，商家还可以通过其他渠道进行推广，比如参加淘宝网的官方活动、寻找优质的分销商等都是不错的推广方式。

10.8.1 参加"聚划算"团购活动

随着团购的火热，淘宝网推出了自己的团购频道——"聚划算"。聚划算成立于 2010 年 9 月，是阿里巴巴集团旗下的团购网站，聚划算是淘宝网的二级域名。该二级域名正式启用时间是在 2010 年 9 月份，是中国最大的以消费者为驱动的团购网站。

聚划算是一个定位精准、以小博大的营销平台，除了主打商品团购和本地服务外，为了更好地服务消费者，还陆续推出了聚名品、聚设计、品牌团、聚新品等业务频道。淘宝网的卖家把它当作推广网店、打造人气宝贝的好方法，买家花很少的钱就能买到自己中意的宝贝，聚划算实现了淘宝网买家与卖家的双赢，如图 10-69 所示为聚划算平台。

图 10-69

很多商家看中了淘宝聚划算的商机和巨大的流量平台。但是，参加聚划算对商家入驻有一定要求，其具体要求可以在"聚划算 – 商户中心 – 规则中心"页面内查看。具备所有要求即可报名参加聚划算，如图 10-70 所示。

下面介绍报名参加聚划算活动的操作步骤。

第1步 登陆淘宝网页面，单击首页顶部导航中的【聚划算】链接，如图 10-71 所示。

图 10-70

图 10-71

第2步 进入【聚划算】页面后，在页面顶端单击【商户中心】选项，如图 10-72 所示。

图 10-72

第3步 进入商户中心，单击【我要报名】按钮，如图 10-73 所示。

第4步 在【我的工作台】选项内,单击【现在入驻】链接，如图 10-74 所示。

图 10-73

图 10-74

第5步 ❶ 在商家资料中输入需要入驻的商家信息，❷ 单击【保存】钮，如图 10-75 所示。

图 10-75

第6步 在弹出的提示对话框中，单击【确定】按钮，如图 10-76 所示。

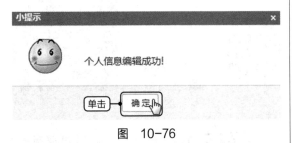

图 10-76

第7步 经过以上操作，即可完成报名商家入驻信息的填写，网站自动跳转回【我的工作台】页面，如图 10-77 所示。

图 10-77

第8步 在【聚划算商户中心】页面，单击左边栏目中的【我要报名】链接，如图 10-78 所示。

图 10-78

第9步 单击需要报名的品类，单击【立即报名】按钮，如图 10-79 所示。

图 10-79

第10步 随即出现【聚划算团购协议】页面，查看协议内容后，①单击勾选【本人已阅读并同意】选项，②单击【提交】按钮，如图 10-80 所示。

第11步 打开【开通"支付宝账户付款"服务】页面，❶ 输入淘宝账号绑定的【支付宝账户】【支付密码】及【校验码】，❷ 单击【同意协议并提交】按钮，如图 10-81 所示。

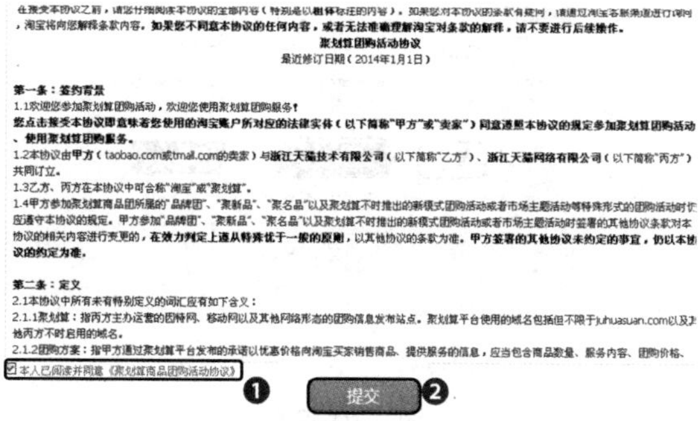

在接受本协议之前，请您仔细阅读本协议的全部内容（特别是以粗体标注的内容）。如果您对本协议的条款有疑问，请通过淘宝客服渠道进行询问，淘宝将向您解释条款内容。如果您不同意本协议的任何内容，或者无法准确理解淘宝对条款的解释，请不要进行后续操作。

聚划算团购活动协议

最近修订日期（2014年1月1日）

第一条：签约背景
1.1欢迎您参加聚划算团购活动，欢迎您使用聚划算团购服务！
您点击接受本协议即意味着您使用的淘宝账户所对应的法律实体（以下简称"甲方"或"卖家"）同意遵照本协议的规定参加聚划算活动、使用聚划算团购服务。
1.2本协议由甲方（taobao.com或tmall.com的卖家）与浙江天猫技术有限公司（以下简称"乙方"）、浙江天猫网络有限公司（以下简称"丙方"）共同订立。
1.3乙方、丙方在本协议中可合称"淘宝"或"聚划算"。
1.4甲方参加聚划算商品团购所涉的"品牌团"、"聚名品"、"聚名品"以及聚划算不时推出的新模式团购活动或者市场主题活动等特殊形式的团购活动不受本协议的规范。甲方参加"品牌团"、"聚名品"、"聚名品"以及聚划算不时推出的新模式团购活动或者市场主题活动时签署的其他协议条款对本协议的相关内容进行了变更的，在效力判定上遵从特殊优于一般的原则，其他协议的条款为准。甲方签署的其他协议未来约定的事项，以本协议的约定为准。

第二条：定义
2.1本协议中所有术语除别定义的词汇应作如下含义：
2.1.1聚划算：指丙方主办运营的团购网、移动网以及其他有网络形态的团购信息发布站点。聚划算平台使用的域名包括但不限于j.huasuan.com以及其他丙方不时启用的域名。
2.1.2团购方案：指甲方通过聚划算平台向淘宝的承诺以优惠价格向淘宝买家销售商品、提供服务的信息，包含商品数量、服务内容、团购价格。

☑ 本人已阅读并同意《聚划算商品团购活动协议》
❶
提交 ❷

图 10-80

开通"支付宝账户付款"服务

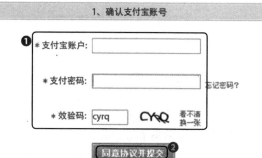

图 10-81

第12步 协议签署成功后选择店铺的宝贝进行报名，然后就可以等待审核结果，审核通过后报名成功，如图10-82所示。

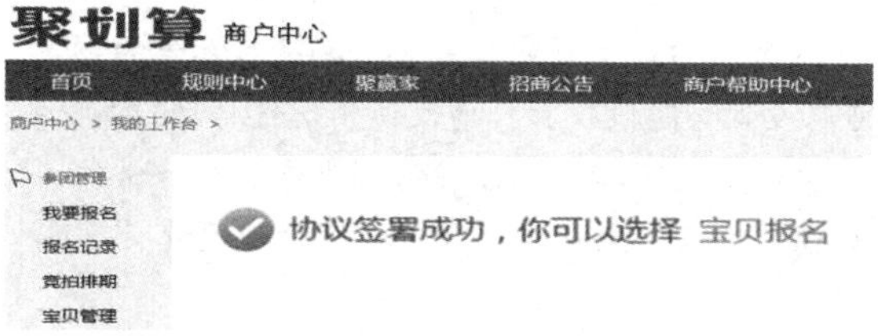

聚划算 商户中心

协议签署成功，你可以选择 宝贝报名

图 10-82

第13步 如果审核成功，将能进入【聚划算】根据自身条件参加活动，如图10-83所示。

聚划算 商户中心

图 10-83

10.8.2 寻找优质分销商

作为天猫商家，为了获得更好的发展，商家可以寻找优质的分销商，通过分销商获得更多的销售额，这也是很好的推广方式。

下面介绍加入供销平台的操作步骤。

第1步 进入天猫【我的工作台】，单击【货源中心】栏中的【分销管理】链接，如图10-84所示。

图 10-84

第2步 进入【天猫供销平台】，单击【供销入驻】链接，如图10-85所示。

图 10-85

第3步 在打开的【供销入驻】页面中单击【我要入驻】链接，如图10-86所示。

图 10-86

第4步 在【我是授权供应商】下单击【供应商入驻】链接，进入【供应商入驻】页面，根据提示操作即可完成入驻，如图 10-87 所示。

供应商入驻成功后，会有很多的分销商主动寻找你，这时商家就可以择优选择分销商了。

图 10-87

实用经验分享：钻展投放时段设置技巧

在推广预算有限的情况下，合理设置投放时段，可以有效提高推广效果。一般来说，可从以下几方面考虑。

（1）店铺人群访问特征

在【生意参谋】的【经营分析】选项下的【访客分析】中，可以查看店铺每小时的流量。不同类目的店铺，人群的访问时间也会有差异。例如，某服装店铺，主营25~35岁男士服装，如图 10-88 所示，PC端和无线端的访客高峰时段略有差异（蓝色为PC端，红色为无线端）。

（2）资源位属性分析

PC/无线端的资源位，每小时的流量分布逻辑与上图大体一致，因此在设置推广计划时，建议结合资源位的PC/无线属性。

图 10-88

（3）店铺接单准备

如果店内宝贝的详情页内容完善，客服对销售的影响不大，可以设置全时段投放。建议使用店铺自动折扣、满减活动，提高静默下单率。经营定制类宝贝或非常依赖客服的店铺则建议重点在客服可承接的时段投放。

（4）计划推广目的

一是配合店铺活动引流、品牌宣传等，关注流量的推广计划，计划竞得流量与可竞流量有直接的关系，如果需要引入充足流量，建议在流量高峰时段推广。

二是日常推广，关注引流成本的推广计划，流量低谷时段的竞争店铺也较少，可以用较低的 CPM（千人成本）和 CPC（每点击成本）获取流量。

综上所述，建议"钻石展位"投放时间如下。

白天和夜间的计划分开设置，白天 9:00-23:00 点的出价较高，夜间 24:00-8:00 点的出价较低。

针对PC/无线端的高流量重点时段，有针对性地创建计划投放。

努力提升店铺静默下单率，减少店铺对投放时段的限制。

注意某些特殊节假日对时段流量的影响，比如春节期间PC端白天的流量基本没有明显高峰，而无线端不降反增。

第 3 篇

微店经营

第 11 章 注册与使用微信公众号

本章导读

随着网络时代的来临，越来越多的人喜欢通过手机来购买商品，于是就兴起了一种新兴购物方式——微店购物。如果错过了淘宝，你还希望再错过"微商"吗？零成本，玩着手机就能赚钱，你不心动吗？本章主要给读者介绍微店运营的基础入门技能，包括如何注册微信公众号、公众账号基本设置及其他公众号功能使用技巧。

知识要点

- 注册微信公众号
- 账号基本设置
- 信息管理
- 系统功能的使用
- 系统服务的使用
- 系统统计的使用

11.1 注册微信公众号

随着微信的普及,大部分人的交际方式就从线下转为线上,QQ转为微信了,当然卖家就需要抓住这个机会,在微信上销售宝贝。下面,给读者介绍微信账号的注册方法。

11.1.1 使用邮箱注册

微信公众号是腾讯公司在微信的基础上新增加的平台,通过这一平台,个人和企业都可以打造一个微信公众号,可以群发文字、图片、视频、语音、图文消息5个类别的内容。要在微信上开店首先需要在平台上申请注册微信公众号。

下面以注册订阅公众号为例,介绍注册微信公众号的操作步骤。

第1步 打开浏览器,在【地址栏】中输入【https://mp.weixin.qq.com】网址,按【Enter】键进入微信公众平台,单击【立即注册】按钮,如图11-1所示。

图 11-1

第2步 ❶ 在【基本信息】页面中输入【邮箱】【密码】【确认密码】及【验证码】,并选中

【我同意并遵守……】复选框,确认信息无误后,❷ 单击【注册】按钮,如图11-2所示。

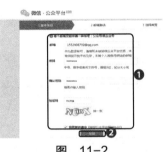

图 11-2

第3步 进入【邮箱激活】页面,单击【登录邮箱】按钮,如图11-3所示。

图 11-3

第4步 系统自动跳转至注册的邮箱中,在收件箱中可以看到微信公众平台发送的激活邮件,根据要求单击激活链接进行激活,如图11-4所示。

第6步 弹出【温馨提示】窗口，单击【确定】按钮，如图 11-6 所示。

图 11-6

第7步 进入【用户信息登记】页面，选择主体类型【个人】，如图 11-7 所示。

图 11-4

第5步 系统自动跳转至微信公众平台注册的【选择类型】页面，在该页面中有 3 个可供选择的类型，单击【订阅号】下的【选择并继续】链接，如图 11-5 所示。

图 11-5

图 11-7

第8步 此时，在其下方随即出现【主体信息登记】和【运营者信息登记】区域，❶ 输入【身份证姓名】【身份证号码】，❷ 验证运营者身份，用绑定了运营者本人银行卡的手机微信扫描图中的二维码，❸ 然后输入【运营者手机号码】及【短信验证码】，如图 11-8 所示。

问：订阅号、服务号、企业号的区别？

答： 微信官方目前一共提供了 3 种类型的公众号：订阅号、服务号、企业号。

① 订阅号：适合企业组织和个人，每天可以群发一条信息，具备信息传播、媒体资讯传播、品牌宣传的作用，开放部分高级接口功能。

② 服务号：适合于企业以及组织，并且需要具备开发能力。每月只能群发 4 条信息，具备客户管理功能，提供强大的产品功能服务，支持微信支付，构建电商体系，拥有微信全部高级接口功能。

③ 企业号：适合企业组织以及事业单位，是企业的 OA 移动办公平台，打通员工关系，上下游合作关系。可无限推送企业信息，但是关注有限制，拥有部分高级接口功能，并且折叠进"企业号"列表。

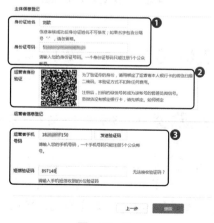

图 11-8

第9步 验证运营者身份后即可弹出【公众号注册身份确认】手机页面,确认无误后点击【我确认并遵从协议】按钮,如图11-9所示。

图 11-9

第10步 点击后,如果信息正确,即可成功完成身份的验证,如图11-10所示。

图 11-10

第11步 返回到电脑中的【主体信息登记】页面,即可看到身份验证成功,单击【继续】按钮,如图11-11所示。

第12步 弹出提示窗口,查看提示后单击【确定】按钮,如图11-12所示。

第13步 进入【公众号信息】页面,❶输入【账号名称】【功能介绍】,❷选择【运营地区】。③确认无误后单击【完成】按钮,如图11-13所示。

图 11-11

图 11-12

图 11-13

问: 公众账号名称,一经注册还能修改吗?

答: 微信公众号明文规定:账号名称一经注册成功就不能修改。若注册时未认证,那么还可以通过缴纳费用进行认证时来修改一次名称。

第14步 弹出提示窗口，即表示成功创建了一个公众账号，单击【前往微信公众平台】按钮，如图11-14所示。

图 11-14

第15步 即可在此页面查看及管理公众号，如图11-15所示。

图 11-15

11.1.2 设置头像

注册完成微信公众号后，就需要设置一个独一无二的头像。

在制作公众号头像时，最好使用能够突出企业或个人微店LOGO或名称的图标，在不影响美观的前提下图形缩放至一个正方形"圆形"之中，这样的比例既适合消息列表显示，又适合资料页面显示。

下面介绍设置公众号头像的操作步骤。

第1步 打开浏览器，在"地址栏"中输入【https://mp.weixin.qq.com】网址，按【Enter】键进入微信公众平台,输入【邮箱账号】及【密码】，确认无误后单击【登录】按钮，如图11-16所示。

图 11-16

第2步 在打开的公众号首页中，单击右上角【账号名称】链接，如图11-17所示。

图 11-17

第3步 建立公众账号成功后，系统自动跳转至【公众号设置】页面，单击【修改头像】链接，如图11-18所示。

图 11-18

第4步 在打开的【修改头像】页面中，单击【选择图片】按钮，如图11-19所示。

第5步 弹出【打开】对话框，❶选中需要使用的头像图片，❷单击【打开】按钮，如图11-20所示。

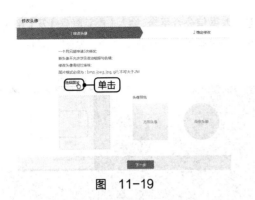

图 11-19

图 11-20

第6步 页面跳转到【修改头像】页面,调整头像图片位置,可预览头像效果,调整完成后单击【下一步】按钮,如图11-21所示。

图 11-21

第7步 进入【确定修改】页面,单击【确定】按钮,即可完成公众号头像的设置或修改,如图11-22所示。

图 11-22

问:公众号头像对图片的尺寸与格式有何要求?

答:公众号头像尺寸没有要求,但需要宽与高相等,即正方形。公众号头像图片格式要求为BMP、JPEG、JPG、GIF等格式,其大小在2MB以内。

11.1.3 设置微信号

卖家申请公众账号之后,设置一个容易记住的ID可方便买家添加自己的公众号。

下面介绍设置微信号的操作步骤。

第1步 在【公众号设置】页面,单击【设置微信号】链接,如图11-23所示。

图 11-23

第2步 弹出【设置微信号】窗口，在文本框中输入微信号，单击【检测】按钮，检测出格式是否合规，是否被使用等，若不符或微信号被占用则需要输入新的微信号，填写无误后单击【下一步】按钮，如图11-24所示。

图 11-24

第3步 微信号一旦设置不能更改，确认使用后单击【完成】按钮，如图11-25所示。

图 11-25

第4步 经过以上步骤操作后，完成微信号的设置，如图11-26所示。

图 11-26

11.1.4 下载微信二维码

卖家也需要下载微信二维码，下载二维码可以更好地宣传自己的公众号，可以更简便地让买家扫描你的二维码，从而关注你的公众号。

下面介绍下载微信二维码的操作步骤。

第1步 在【公众号设置】页面中单击【下载更多尺寸】链接，如图11-27所示。

图 11-27

第2步 弹出【更多尺寸】窗口，选择所需尺寸后面的【下载链接】链接，如图11-28所示。

图 11-28

第3步 弹出【新建下载任务】窗口，设置二维码下载位置，确认无误后单击【下载】按钮，如图11-29所示。

图 11-29

第4步 在下载完成页面中单击【打开】按钮，如图11-30所示。

第5步 即可查看下载完成的二维码图片，如图11-31所示。

图 11-30

图 11-31

11.2 账号安全设置

账号信息设置完成后，账号的安全也会存在很大的隐患，管理员需要了解各个安全功能并加以利用。

11.2.1 绑定微信公众号安全助手

通过公众号安全助手将微信号与公众号进行绑定后，管理员可以在微信号中推送信息，这样就免去了登入公众号网页每日一次推送信息，直接就可以通过微信号进行语音、视频、图片、文字的发送，达到一举两得的效果。

下面介绍具体绑定微信公众号安全助手的操作步骤。

第1步 首先确认已绑定管理员微信号，如图11-32所示。

图 11-32

第2步 使用手机登录管理员微信号，❶输入【微信账号\手机号】及【密码】，❷点击【登录】按钮，如图11-33所示。

图 11-33

第3步 ❶点击【通讯录】图标。❷在【通讯录】界面点击【公众号】链接，如图11-34所示。

第4步 在【通讯录】界面点击右上【添加链接（即"＋"图标），如图11-35所示。

图 11-34　　　　　图 11-35

第5步　在打开的界面的输入框中输入【mphelper】,点击【搜索】按钮,如图11-36所示。

图 11-37

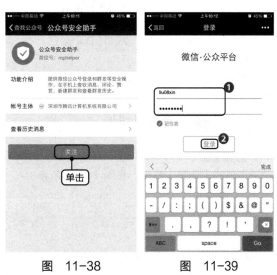

图 11-38　　　　　图 11-39

第9步　随即可以在公众号安全助手公众号中查看及编辑自己公众号的内容,即绑定微信公众号安全助手成功,如图11-40所示。

图 11-36

第6步　在搜索出结果的界面中,点击【公众号安全助手】公众号,如图11-37所示。

第7步　在打开的【公众号安全助手账号信息】界面中,点击【关注】按钮,如图11-38所示。

第8步　弹出【登录】界面,❶输入管理员公众号的【账号】及【密码】,❷点击【登录】按钮,如图11-39所示。

图 11-40

11.2.2 开启风险操作保护

为了使微信公众号更加安全，管理员也需要开启风险操作保护。

下面介绍开启风险操作保护的操作步骤。

第1步 在【微信·公众平台】页面左侧栏中单击【安全中心】链接，如图11-41所示。

图 11-41

第2步 在打开的页面中，单击【风险操作保护】后的【详情】链接，如图11-42所示。

图 11-42

第3步 进入【风险操作保护】页面，单击【开启】按钮，如图11-43所示。

图 11-43

第4步 经过以上步骤，即可开查看已启风险操作保护的功能，如图11-44所示。

图 11-44

问：开启风险操作保护其他人可以直接进行公众号管理操作吗？

答：开启微信保护后，除管理员和运营者可直接扫码验证登录和群发操作外，其他风险操作都需要管理员微信号进行验证及保护公众号安全。非管理员之外的微信扫码后需提交操作申请，系统会发送申请至管理员微信进行验证。

11.2.3 开启风险操作提醒

为了进一步提高微信公众号的安全性，管理员还可以开启风险操作提醒。如果开通提醒后，在公众号存在风险操作时，系统将会提醒管理员，以便更好地保证公众号的安全。

下面介绍开启风险操作提醒的操作步骤。

第1步 在【安全中心】页面，单击【风险操作提醒】后的【详情】链接，如图11-45所示。

图 11-45

第2步 进入【风险操作提醒】页面,单击【开启】按钮,如图11-46所示。

图 11-46

第3步 弹出开启安全提醒窗口,打开手机上的微信客户端,使用【扫一扫】功能扫描该二维码,如图11-47所示。

图 11-47

第4步 扫描后,手机微信会收到【公众号安全保护】发送的信息,点击【确定】按钮,即可为微信公众号开启风险操作提醒功能,如图11-48所示。

图 11-48

第5步 在手机上确认之后,返回电脑页面,可以查看到微信公众号已开启了风险操作提醒功能,如图11-49所示。

图 11-49

11.3 信息管理

有了自己的微信公众号后,管理员就可以进行管理粉丝用户、群发信息、管理信息等常用的操作。

11.3.1 实时消息管理

通过实时消息管理,用户可以对微信公众号中的文字、图片、语言、视频、图文等消息进行收藏、快捷回复等操作。

下面介绍消息管理的操作步骤。

第1步 在【微信·公众平台】页面左侧栏中单击【消息管理】链接,如图11-50所示。

图 11-50

第2步 在打开的页面中，可以看到所有关注公众号的微信号所发来的信息，如图11-51所示。

图 11-51

第3步 单击【最近五天】下拉按钮，在其下拉菜单中可以选择不同的选项，以查看指定时间段的信息，如图11-52所示。

图 11-52

第4步 单击消息后面的【收藏消息】图标 ，即可将其消息收藏为【星标消息】（此时由灰色变为黄色 ），如图11-53所示。

图 11-53

第5步 ①单击消息后面的【快捷回复】按钮 ，即可在其下方显示出【快捷回复】文本框，②输入需要回复内容，如图11-54所示。

第6步 单击【发送】按钮，即可完成快捷回复。此时，该用户的微信号即可接收到回复信息，如图11-55所示。

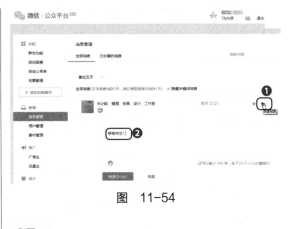

图 11-54

图 11-55

第7步 当收到的消息较多时，❶可在【消息管理】页面右上角的搜索框中输入消息的内容。❷单击【搜索】按钮，即可快速搜到所需要的消息，如图11-56所示。

图 11-56

11.3.2 用户管理

有了知名度后，陆续就有许多粉丝用户关注，这时管理员就需要对所有用户进行分组、备注等操作。

下面介绍新建分组、移动用户、修改备注的操作步骤。

1. 新建分组

第1步 在【微信·公众平台】页面左侧栏中单击【用户管理】链接，如图 11-57 所示。

图 11-57

第2步 进入【用户管理】页面，❶ 单击右上角的【新建标签】按钮，❷ 在弹出的窗口中输入分组名称，❸ 完成后单击【确定】按钮，如图 11-58 所示。

图 11-58

第3步 随即完成分组，可在【全部用户】下查看新建的分组标签，如图 11-59 所示。

图 11-59

2. 移动用户

第1步 ❶ 单击用户名下方的【无标签】下拉按钮，❷ 在其下拉列表中选择用户需要进入的

标签，❸ 确认无误后单击【确定】按钮，如图 11-60 所示。

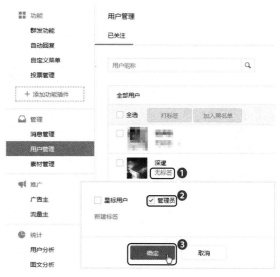

图 11-60

问：用户的标签可以随时更换吗？

答：用户的标签可以随时更换，但若将用户移动至"黑名单"标签中，则代表取消该用户的关注，管理员及用户都将无法收到和发出消息。

第2步 随即此用户已移动至分组标签内，如图 11-61 所示。

图 11-61

3. 修改备注

第1步 在【用户管理】页面，❶ 单击用户后面的【修改备注】按钮，❷ 弹出【备注名称】窗口，

在其文本框中输入备注名，❸确认无误后单击【确定】按钮，如图11-62所示。

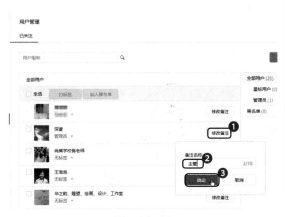

图 11-62

第2步 随即可看到此用户更改后的备注名，如图11-63所示。

图 11-63

11.3.3 素材管理

素材管理指对在公众平台上发布的图文、语音、视频等消息进行管理。

下面介绍管理素材的操作步骤。

1. 新建图文消息

第1步 在【微信·公众平台】页面左侧栏中单击【素材管理】链接，如图11-64所示。

图 11-64

第2步 在【素材管理】页面中单击【新建图文消息】链接，如图11-65所示。

图 11-65

第3步 在【新建图文消息】页面中输入【群发题目】【作者】及【群发内容】，如图11-66所示。

图 11-66

第4步 完成输入后，在【发布样式编辑】下单击【本地上传】按钮，如图11-67所示。

注册与使用微信公众号 第11章

图 11-67

第5步 在【打开】窗口中选择已保存的封面图片,单击【打开】按钮,如图11-68所示。

图 11-68

第6步 随即返回【新建图文消息】页面,单击【预览】按钮,如图11-69所示。

图 11-69

第7步 弹出在手机上预览的效果,确认无误后点击【关闭】图标,如图11-70所示。

图 11-70

第8步 预览完毕返回到【新建图文消息】页面,确认所有内容无误后单击【保存】按钮,如图11-71所示。

图 11-71

第9步 返回【素材管理】页面,刷新页面即可查看保存的素材,如图11-72所示。

图 11-72

page | 243

> **问**：新建的图文消息可以删除或编辑吗？
>
> **答**：新建的图文消息可以删除与编辑，单击消息下方的【编辑】按钮 或【删除】按钮，即可分别对其进行修改和删除。

2. 群发消息

文章保存后，可以选择任何时候发送，如果需要进行发送，那么只需紧接本章"新建图文消息"操作步骤第8步继续操作即可。

第1步 在【新建图文消息】保存页面，单击【保存并群发】按钮，如图11-73所示。

图 11-73

第2步 弹出【温馨提示】窗口，单击【确定】按钮，如图11-74所示。

图 11-74

第3步 弹出【微信验证】窗口，打开手机上的微信客户端，使用【扫一扫】功能扫描该二维码，如图11-75所示。

图 11-75

第4步 扫描后，手机微信会收到【公众平台安全保护】发送的信息，点击【确定】按钮，就可以为微信公众号群发消息，如图11-76所示。

图 11-76

第5步 此时，关注此微信公众号的所有用户都将收到刚刚创建的图文消息，如图11-77所示。

图 11-77

11.4 系统功能的使用

在微信公众号中还有许多功能插件可以使用，比如群发功能及其他高级功能。

11.4.1 群发功能

群发功能是快捷地向多个用户发送相同消息的功能，管理员可以利用该功能定期向用户发送通知、促销消息等，同时也可以通过精准定位，给特定分组的用户发送消息。

下面介绍公众号群发的操作步骤。

第1步 在【微信·公众平台】页面左侧栏中单击【群发功能】链接，如图11-78所示。

图 11-78

第2步 在该页面设置【群发对象】【性别】及【群发地区】，在文本输入框中输入需要群发的内容。输入完成后单击【群发】按钮，如图11-79所示。

图 11-79

第3步 弹出【温馨提示】窗口，单击【确定】按钮，如图11-80所示。

图 11-80

问：在微信公众号中是否能无限制的群发消息？

答：注册微信订阅号的用户，每天只能群发一条消息；注册服务号的用户一月只能群发4次消息。微信后台对相应账号所发信息的条数做了限制的。

另外，微信公众平台为了保障用户体验，所有账号严禁恶意营销以及诱导分享朋友圈，严禁发布色情低俗、暴力血腥、政治谣言等各类违反法律法规及相关政策规定的信息。

第4步 弹出【微信验证】窗口，打开手机上的微信客户端，使用【扫一扫】功能扫描该二维码，如图11-81所示。

第5步 扫描后，手机微信会收到【公众平台安全保护】发送的信息，点击【确定】按钮，即可为微信公众号开启微信提醒，如图11-82所示。

第6步 单击【群发功能】页面中【已发送】选项即可查看已发送内容且所有群发对象都将收到刚刚创建的消息，如图11-83所示。

图 11-81

图 11-82

图 11-83

11.4.2 高级功能

微信公众平台内还有许多高级功能，比如自动回复、自定义菜单、投票管理等功能都是实用性很强、易于操作的功能。

1. 自动回复

自动回复是指快捷地向用户指定的操作发送相应的内容回复。

下面介绍被添加自动回复、消息自动回复、关键词自动回复的操作步骤。

（1）被添加自动回复

第1步 在【微信·公众平台】页面左侧栏【功能】选项中单击【自动回复】链接，如图 11-84 所示。

图 11-84

第2步 进入【自动回复】页面，在【被添加自动回复】下的文本框中输入自动回复的消息，单击【保存】按钮，即可创建被添加自动回复的内容，这表示当有用户添加此微信公众号时，会自动回复该内容，如图 11-85 所示。

图 11-85

（2）消息自动回复

❶ 在【自动回复】页面单击【消息自动回复】选项，❷ 在该选项下方的文本框中输入自动回复内容，❸ 确认无误后单击【保存】按钮，即可创建自动回复的内容，即表示当有用户向该微信公众号发送消息时，会进行自动回复，如图 11-86 所示。

图 11-86

图 11-89

（3）关键词自动回复

关键词自动回复指当用户向你的微信公众号发送的内容中有你设置的关键词时，系统会自动向用户回复设置好的回复内容。

第1步 在【自动回复】页面单击【关键词自动回复】选项，单击在该选项下方的【添加规则】按钮，如图11-87所示。

图 11-87

第2步 下方自动显示【新规则】区域，❶输入【规则名】，❷单击【添加关键字】链接，如图11-88所示。

图 11-88

第3步 弹出【添加关键字】窗口，❶在窗口下的文本框中输入【关键字】（点击【Enter】键可添加多个关键字），依次添加多条关键字，❷完成添加后单击【确认】按钮，如图11-89所示。

第4步 返回【自动回复】页面，即可看到添加的关键字，单击【文字】图标 ✏（如果单击"未全匹配"则变为"完全匹配"），如图11-90所示。

图 11-90

问：关键词右边的"未全匹配"与"完全匹配"有何区别？

答："未全匹配"表示当用户回复"化妆"时或者"怎么化妆"时都会触发"搭配"这个关键词，然后进行自动回复；"完全匹配"指用户只有在回复"化妆"这个关键词的时候，才会触发到设置的"化妆"这个关键词（不能多一字或少一字），这样平台才会自动回复相应的内容。

第5步 弹出【添加回复文字】窗口，❶在文本框中输入关键字自动回复的文字内容，❷单击【确认】按钮，如图11-91所示。

图 11-91

第6步 回到【自动回复】页面，即可查看添加的关键字自动回复内容，如图11-92所示。

图 11-92

第7步 按上述操作继续添加自动回复内容。添加完成后单击【保存】按钮，即可设置好自动回复内容，如图11-93所示。

图 11-93

2. 自定义菜单

微信公众号自定义菜单已经全面开放，订阅公众号也可以设置微信公众号自定义菜单。开启自定义菜单功能后，公众账号可以在会话界面底部设置自定义菜单，菜单项可按需设定，并可为其设置响应动作。用户可以通过点击菜单项，收到你设定的响应，如收取消息、跳转链接。下面介绍开启自定义菜单的操作步骤。

第1步 ❶ 在【微信·公众平台】页面左侧栏中单击【添加功能插件】链接，❷ 在打开的【添加功能插件】页面，单击【自定义菜单】选项，如图11-94所示。

图 11-94

第2步 在打开的页面中，单击【自定义菜单】后的【开启】按钮，如图11-95所示。

图 11-95

第3步 在弹出【温馨提示】页面中，单击【确定】按钮，如图11-96所示。

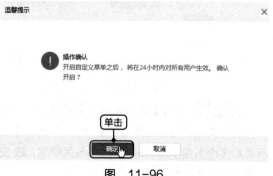

图 11-96

第4步 此时可看自定义菜单功能已通过申请，可正常使用，如图11-97所示。

图 11-97

下面介绍设置以图文消息发送消息的自定义菜单的操作步骤。

第1步 在【微信·公众平台】页面左侧栏中单击【自定义菜单】选项，如图11-98所示。

图 11-98

第2步 ❶在【自定义菜单】页面中输入【菜单名称】，选择【菜单内容】为【发送消息】，❷然后单击【从素材库中选择】链接，如图11-99所示。

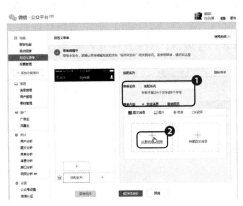

图 11-99

第3步 ❶在打开的【选择素材】页面中选择已添加好的素材，❷然后单击【确认】按钮，如图11-100所示。

图 11-100

第4步 回到【自定义菜单】页面，单击【预览】按钮，如图11-101所示。

图 11-101

第5步 打开手机页面预览效果，确认无误后单击【退出预览】按钮，如图11-102所示。

图 11-102

第6步 回到【自定义菜单】页面,单击【保存并发布】按钮,如图 11-103 所示。

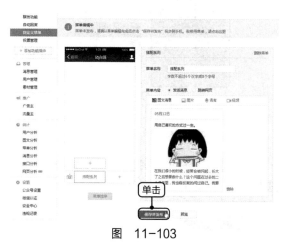

图 11-103

第7步 弹出【温馨提示】页面,单击【确定】按钮,如图 11-104 所示。

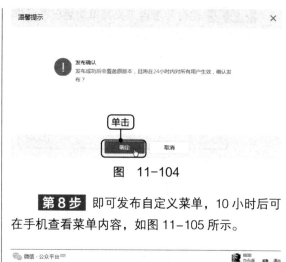

图 11-104

第8步 即可发布自定义菜单,10 小时后可在手机查看菜单内容,如图 11-105 所示。

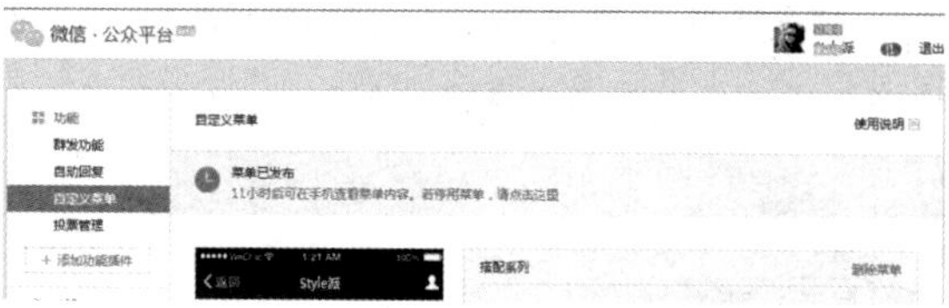

图 11-105

11.5 微信的数据分析

有了关注人群后,我们就需要对使用微信公众号的各项指标进行分析统计,比如关注人数、每天发布的信息被转发、查阅、点击以及转化率等信息。这里就跟大家详细介绍微信公众号的统计查看与使用。

11.5.1 用户分析

用户分析主要指系统进行的新关注人数、取消关注人数、净增加关注人数、累计关注人数的分析报告。

单击【微信·公众平台】页面左侧栏中【统计】选项栏中的【用户分析】,即可查看最近 30 天的新关注人数、取消关注人数、净增加关注人数、累计关注人数的图文数据分析,如图 11-106 所示。

用户分析页面内还可查看所有关注人的属性统计分析。

下面介绍分析用户属性的操作步骤。

第1步 【微信·公众平台】页面左侧栏中统计选项栏中的【用户分析】,在【用户分析】页面单击【用户属性】链接,可分析用户性别分布、语言分布等属性,如图 11-107 所示。

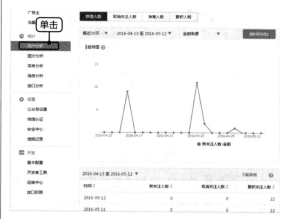

图 11-106

图 11-107

第 2 步 向下滑动鼠标轮，还可分析终端分布（如图 11-108 所示）、省份分布（如图 11-109 所示）、城市分布（如图 11-110 所示）、机型分布（如图 11-111 所示）等属性。

图 11-108

省份	用户数
重庆	7
四川省	7
广东省	2
北京	1
浙江省	1
河南省	1
云南省	1
未知地域	0

图 11-109

城市分布 全国

城市	用户数
重庆	7
成都	3
东莞	2
达州	2
北京	1
杭州	1
驻马店	1
乐山	1
凉山	1
昆明	1

1 / 2 跳转

图 11-110

机型分布 TOP10

由于Android机型的版本编码复杂多变，无法合并Android机型的不同版本，请知悉。

机型	用户数
未知	8
iPad Air(WIFI)	2
iPhone 5S(GSM)	2
iPhone 6	2
OPPO-3007armeabi-v7a	1
OPPO-R7007armeabi-v7a	1
Xiaomi-HM 1SCarmeabi-v7a	1
htc-HTC M8Etarmeabi-v7a	1
samsung-GT-N7100armeabi-v7a	1
vivo-vivo X5Larmeabi-v7a	1

图 11-111

11.5.2 图文分析

图文分析主要指在任意时间段内图文消息群发效果的统计，包括送达人数、阅读人数和转发人数等分析。

单击【微信·公众平台】页面左侧栏中【统计】选项栏中的【图文分析】选项即可查看，如图 11-112 所示。

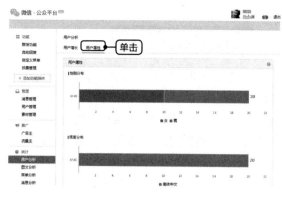

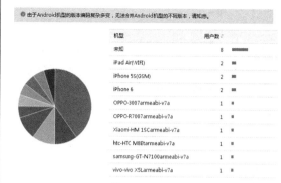

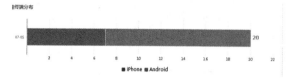

图 11-112

单击【全部图文】链接，可查看所有群发图文消息的阅读人数和转发人数等分析，如图 11-113、图 11-114 所示。

全部图文可以选择选定时间内的图文，或者指定按标题搜索，会显示图文对应指标的数据。

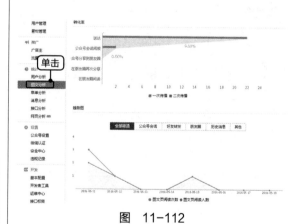

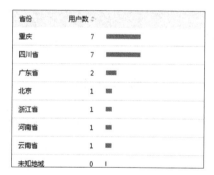

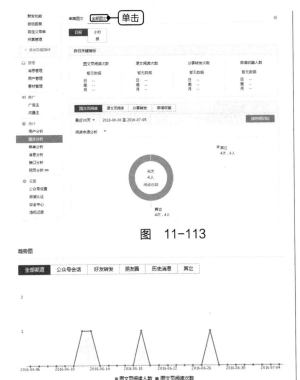

图 11-113

图 11-114

问：各个数据的具体含义

答：送达人数：图文消息群发时送达的人数；图文页阅读人数：点击图文页的人数（不包括重复点击），包括非粉丝人数；图文页阅读次数：点击图文页的次数（同一粉丝重复点击计算在内），包括非粉丝的阅读；图文转化率＝图文阅读人数／送达人数；原文页阅读人数：点击原文页的人数（不包括重复点击），包括非粉丝；原文页阅读次数：点击原文页的次数（同一粉丝重复点击计算在内），包括非粉丝的阅读；原文转化率＝原文页阅读人数／图文页阅读人数；分享转发人数：转发或分享至朋友、朋友圈、微博的用户（不包括重复转发），包括非粉丝分享或转发。分享转发次数：转发或分享至朋友、朋友圈、微博的总次数，包括非粉丝的分享或转发。

11.5.3 菜单分析

微信公众平台服务号有自定义菜单的功能。开发者可利用该功能为公众账号的会话界面底部增加自定义菜单，用户点击菜单中的选项，可以调出相应的回复信息或网页链接。自定义菜单接口将为公众账号的信息展示空间提供更多可能性。

菜单分析则指用户通过自定义菜单进入微信公众号的各项分析。

单击【微信·公众平台】页面左侧栏中【统计】选项栏中的【菜单分析】即可查看相关信息，如图 11-115 ~ 图 11-116 所示。

图 11-115

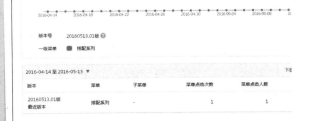

图 11-116

11.5.4 消息分析

消息分析中可查看粉丝人数的变化与当前公众平台粉丝的分布情况。

第1步 单击【微信·公众平台】页面左侧

栏中【统计】选项栏中的【消息分析】,即可查看,如图 11-117 所示。

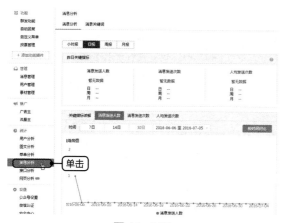

图 11-117

第2步 进入【消息分析】页面后,首先查看日报(即昨日关键指标模块),如图 11-118 所示。

昨日关键指标模块:会针对昨天粉丝主动的消息发送人数、次数变化,以及与前天、7 天前、30 天前进行对比,体现为日、周、月的百分比变化。

图 11-118

第3步 还可点击【消息关键词】,可以查看用户给你发消息的关键词的回复情况,如图 11-119 所示。

图 11-119

第4步 在【消息统计】页面内,还可查看分析关键指标详解趋势图,如图 11-120 所示。

图 11-120

关键指标详解趋势图:可选择 7、14、30 天或某个时间段的消息发送人数、次数变化,也可以选择按时间对比。

消息发送人数:关注者主动发送消息的用户人数。

消息发送次数:关注者主动发送消息的总次数。

人均发送次数 = 消息发送总次数 / 消息发送的用户人数。

11.5.5 接口分析

接口分析指查看调用次数、失败率、平均耗时、最大耗时。

单击【微信·公众平台】页面左侧栏中【统计】选项栏中的【接口分析】,即可查看,如图 11-121 所示。

图 11-121

调用次数:接口被调用总次数。

失败率:调用失败的次数 / 接口被调用总次数。

平均耗时:接口调用的总时长 / 接口被调用成功总次数。

最大耗时:接口调用耗时的最大值。

备注:每日数据统计截至晚上 24 点,会在第二天中午 12 点前显示昨天的最新数据。

实用经验分享：微信公众号用户增长来源分析

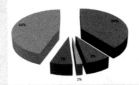

图 11-122

微信后台数据更加详细之后，可根据数据进行详细分析。用户增长主要分为来源分析、图文阅读分析和用户属性分析这3个部分，希望通过实用经验分享，为大家运营微信公众号带来一些实质性帮助，图11-122所示为用户增长来源分析图。

第一部分：用户增长来源分析

用户的5种增长来源分别如下。

（1）搜索公众号名称

搜索微信公众号的名称获得关注，这类型的公众号原本就有一定的品牌基础，当用户有这方面需求时，就会自己通过关键词搜索。比如可口可乐、汽车、减肥、羽毛球、成都（地方号）、移动互联网等。所以在取名的时候，可以取一个和公众号定位相符的名字，有利于被搜索到。如果怕别人也用同样的名字，可以选择注册商标、认证、提高互动率等方式，提高公众号排名。比如用"移动互联网"这个名字，就是一个很好的占位，而且在搜索的时候，一直排在第一名，必然会导入大量精准粉丝，所以在本号的粉丝来源里占了39%。

（2）搜索微信号

通过这种方式关注的用户，理论上应该都是来自微信ID在别处的曝光，比如经常用的互推、微博、人人网、百度贴吧等SNS网站和传统媒体、线下等推广方式。微信ID是一串字母加数字的结合，记忆和输入都很难，所以最好是结合公众号的名称设定ID，不但让人好记还容易输入。尽量减少用户的记忆和输入成本，会在一定程度上增加关注量。

（3）图文消息右上角菜单

这个关注按钮隐藏较深，导致许多人不了解。其实阅读文章时的右上角按钮里隐藏了许多功能，但是需要经过2步才能到公众号介绍页，然而这个按钮不是在所有阅读的情况下都会出现，所以通过这个方式关注公众号的占比很低。

（4）名片分享

名片分享一般应该都是通过口碑传播，如果名片分享数据占比越高，说明这个公众号的质量和影响力越好。

（5）其他

大部分账号的粉丝来源，都是"其他"类最多，一般包括3个渠道，图文消息标题下蓝色链接、微信公众号二维码、广点通系统推广。

①图文消息标题下蓝色链接

这种蓝色链接字体关注的方式是较为常见的一种关注方式，而且很方便，用户点击一下就可弹出关注界面，如图11-123所示。

②微信公众号二维码（包含线上二维码跟线下二维码两部分内容）

a 线上二维码

主要是通过 PC 端进行微信二维码的宣传，从而引导用户关注公众号，比较常见的是在 PC 端页面、视频广告中或通过 QQ 群等方式进行公众号推广，当然微信本身或者移动端也可以进行公众号二维码宣传，直接扫描二维码更加方便。

b 线下二维码

此种营销宣传方式比较多，而且不固定，比如通过宣传单、商品包装盒、快递、线下促销活动海报甚至是电视等，这些都是线下二维码展示的案例。

③广点通系统推广

已开通广点通广告系统的公众号，点击文章最底部的蓝色链接，会跳转到新页面，直接通过右下角的"关注"按钮关注推广的公众号，如图 11-124 所示。

图 11-123

图 11-124

第二部分：图文阅读分析

图文阅读分析主要包含 7 个指标：图文页阅读人数、图文页阅读次数、原文页阅读人数、原文页阅读次数、分享转发人数、分享转发次数、微信收藏人数。

每个指标的数据都来源于 5 个渠道：会话、好友转发、朋友圈、腾讯微博、历史消息。

查看图文阅读人数跟图文阅读次数的数据，如图 11-125、图 11-126 所示。

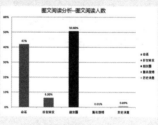

图 11-125

从以上两个柱状图可以看出通过会话（公众号下发的界面）和朋友圈，是图文阅读人数和次数的主要来源渠道，好友转发和历史消息其次，而腾讯微博转化作用可以忽略不计，这与账号是否在腾讯微博宣传和相应微博粉丝数有关。

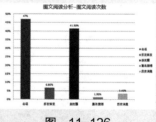

图 11-126

文章标题决定打开量，文章内容质量决定转发量，这其中包括好友转发和朋友圈转发，且标题和内容互相影响。所以除了公众号直接推广界面之外，微信朋友圈也成了一个非常重要的用户来源渠道。可见一个吸睛的标题和质量超高的内容，对文章阅读量的影响力是极高的。这也是为什么许多优秀的公众号的文章阅读量，远高于粉丝数的原因。

微信朋友圈除了可以传播文章之外，还可以通过第三方开发的方式，增加互动活动和小游戏，鼓励用户分享到朋友圈。相信最近大家的微信朋友圈，都被各种小游戏、抽奖活动刷屏，这也是一种很好的传播方式，不过有些人比较反感，所以游戏的设计一定要新颖好玩，而且要参与门槛低，增强好友互动功能，并鼓励分享朋友圈炫耀。

最后还建议卖家可以把历史文章做成专题，或是设置成关键词的自动回复，方便用户分门别类地查看，也可以在一定程度上增加阅读数和用户黏性。

第三部分：用户属性分析

用户属性分析目前包含6种：性别分布、语言分布、终端分布、省份分布、城市分布、机型分布。

下面以"移动互联网"公众号的用户属性分析为例。

① 性别分布，如图11-127所示。

图 11-127

对于科技类公众号，只有接近30%的女生比例，这完全在意料之中，因为科技圈大部分确实都是"宅男"，其他3.73%应该是未设置性别属性。

如果是专门定位为男性或女性服务的公众号，性别比例偏差会较大。

② 语言分布，如图11-128所示。

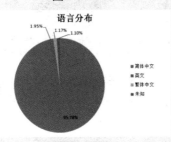

图 11-128

③ 省份分布，如图11-129所示。

用户的省份分布，也比较符合科技圈在北上广最活跃的基本规律，其他的也就是江浙一带相对发达的城市。

如果是地方号，根据比例分析，卖家用户属性分析中此地方比例会加重。

（4）终端分布，如图11-130所示。

Android和iPhone目前处于分庭抗礼的状态，显然开放的Android的用户最多，WP7用户已基本处于挣扎状态。

（5）机型分布，如图11-131所示。

在"移动互联网"公众号的机型分布中使用iPhone的最多，三星和小米其次，其他的应该绝大部分是Android手机。

如果是针对某一机型，或某一操作系统做的公众号，机型或终端分布才会出现巨大偏差。

注：公众号推送消息最好分早中晚有规律地推送，分别为7:00-8:00、12:00-13:00、18:00和20:00-22:30，这4个时段效果会比较好。

为什么需要晚上发：一是因为晚上的私人空间多一些，更容易静下心来思考与阅读；二是避开早高峰和下班高峰，虽然这两个都是好时段，但是如果所有公众号都一起发，就不一定是最佳时段了。

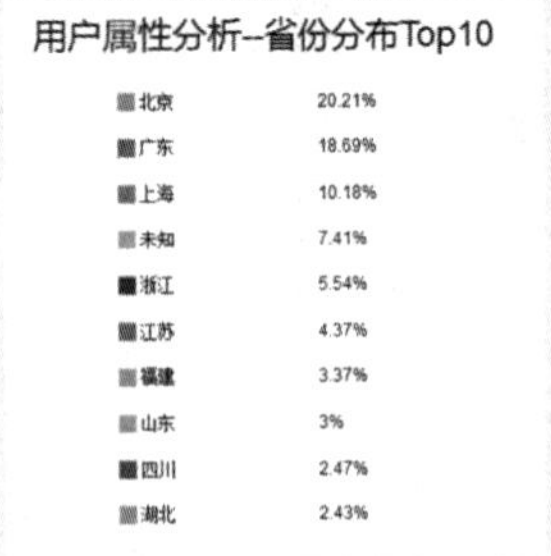

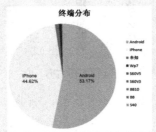

图 11-129

图 11-130

图 11-131

第3篇

微店经营

第12章 开通微店及微店的装修

本章导读

当前,在手机上开微店的APP有很多,但使用最多、开发最早的是由北京口袋时尚科技有限公司开发运营的"微店"。此微店具有功能较完善、操作易上手、营销与交易有保障等优点。本章主要以此APP为例,给读者介绍微店的申请、注册、装修等内容。

知识要点

- 开通微店的基本操作
- 了解微店买家支付方式
- 微店的装修技巧

12.1 开通微店的基本操作

开通微店很简单,只要有一个能上网的智能手机就行,手机号码加平板电脑也可以。目前手机、电脑上都可以注册,当然手机、平板电脑、电脑都可登录(登录网站 v.vdian.com)进行管理。卖家需要下载并安装 APP(免费的)。

12.1.1 注册账号

每一个微店相当于一个网页,都有相对应的网址,买家是通过网址在手机上购物的。下面我们来分别讲解微店的下载途径和注册方式。

1. 微店的下载方式

第1步 利用智能手机(iPhone 版、Android 版)或是平板电脑上微信的"扫一扫"扫描如下图所示的二维码即可下载微店。图 12-1、图 12-2 所示分别为 iPhone 版、Android 版的微店下载二维码。

图 12-1　　　　图 12-2

第2步 然后登录到微店官网 www.vdian.com 下载便可安装,如图 12-3 所示。

图 12-3

另外,也可以到苹果、安卓的应用市场搜索并下载微店 APP 进行安装,图 12-4 所示是苹果手机在 APP store 中进行搜索下载的。

图 12-4

> 问：下载微店的注意事项有哪些？
>
> 答：现在市面上有很多手机应用都叫微店，而北京口袋时尚科技公司开发的微店标志是一个红色图标，里面写了一个大大的"店"字，这个"店"字是白色的。在下载时，也可以稍微看一下"软件详情"，注明是"北京口袋时尚科技有限公司"。

2. 微店的注册

随着科技的发展，电子技术的逐渐成熟，几乎人人都可以注册微店了，注册微店之后也就说明每个人都可以实现自己的"老板梦"了。

下面介绍注册微店的具体操作步骤。

第1步 安装成功后，打开微店 APP 来到登录注册页面，点击【注册】按钮，如图 12-5 所示。

图 12-5

第2步 输入手机号码后，点击【下一步】按钮，如图 12-6 所示。

图 12-6

第3步 系统自动弹出【确认手机号码】对话框，点击【确定】按钮，如图 12-7 所示。

第4步 在跳转的【填写验证码】界面中，❶ 输入手机收到的验证码，❷ 点击【下一步】按钮，如图 12-8 所示。

图 12-7　　　　图 12-8

第5步 跳转到【设置密码】界面，密码可以是纯数字、纯字母或者数字与字母的组合，❶ 在界面中填写密码并确认密码，❷ 点击【下一步】按钮，如图 12-9 所示。

第6步 跳转到【填写个人资料】界面，❶ 依次输入【个人姓名】【身份证号】，❷ 点击【下一步】按钮即可成功注册微店，如图 12-10 所示。

图 12-9　　　　图 12-10

第7步 跳转到【创建店铺】界面，❶ 添加【店铺图标】，❷ 设置【店铺名称】【微信号】，❸ 点击【完成】按钮，如图 12-11 所示。

图 12-11

第8步 此时,系统会自动提示"店铺创建成功",如图 12-12 所示。

图 12-12

问:注册微店有哪些条件?

答:一个手机号只能注册一个微店,注册完微店还可以绑定微信号。微店注册之后是不可以自助注销的,要注销的话需要向客服申请。微店可以在手机或平板电脑上面注册,不过还是要一个手机号。用平板电脑注册,输入自己的手机号码,验证码会发到你手机上,把手机上的验证码填写到平板电脑上,一样可以注册成功。

12.1.2 微店的 11 个功能模块

注册完成后,使用手机号码和密码可登录手机上的微店,当然也可以通过微店网页版(www.vdian.com)登录。

一旦忘记了密码也没有关系,只要先输入自己的手机号码,点击【忘记密码或修改密码】,手机就会收到一个六位数的验证码,然后就可以重新设置密码,如图 12-13 所示。

图 12-13

点击【登录】按钮之后,可以在手机屏幕上看到 11 个大的正方形色块,分别是:微店、商品、订单、统计、客户、收入、营销、商学院、货源、好生意好开始、商会。左下角是【消息中心】图标,右下角则是【设置】图标,如图 12-14、图 12-15 所示。

图 12-14

图 12-15

1. 微店

【微店】功能模块是卖家常用的功能，在后面的讲解中我们会单独介绍。【微店】功能模块即【微店管理】模块。图 12-16 所示为【微店】功能模块。

图 12-16

2. 商品

【商品】功能模块主要用来方便卖家查看及管理出售中商品、已下架商品、分类商品，也可进行新商品添加等操作。图 12-17 所示为"商品"功能模块。

图 12-17

3. 订单

卖家在【订单】这个页面可以看到订单详情，如新订单 Push（推送）、短信通知，扫描条形码输入快递单号，助你管理订单事半功倍。【订单管理】功能模块，这也是卖家常用的功能。图 12-18 所示为【订单】功能模块。

图 12-18

4. 统计

【统计】这个功能主要是让卖家进行数据分析用的。它支持查看最近 30 天的销售数据，包括每日订单统计、每日成交额统计、每日访客统计。卖家可以通过分析这些数据来判断哪款商品热销,用户喜欢什么从而调整自己的店铺或商品。图12-19所示为【统计】功能模块。

6. 收入

【收入】功能模块。在这里可以绑定卖家的银行卡,卖家的收入会在交易次日自动提现到该银行卡,一般是1—2个工作日到账。

需要注意的是:银行卡仅支持储蓄卡,不支持信用卡;填写的银行卡的开户人姓名必须与注册时填写的姓名、身份证号一致,否则无法提现,图12-21所示为【我的收入】功能模块。

图 12-19

5. 客户

在这里,卖家可以看到买家发生过多少笔交易,交易金额总共是多少,是用来维护客户尤其是老客户的。个人觉得这个选项可作为推广依据。店家可以查看客户的收货信息、历史购买数据等,来分析客户喜好,从而有针对性地进行推广,图12-20所示为【客户管理】功能模块。

图 12-21

7. 营销

【营销】功能是微店所有的营销优惠活动,其中包含"满减""店铺优惠券""限时折扣""私密优惠""微客多""满包邮""分成推广"等营销方式,方便微店卖家灵活地应对各种节假日促销活动,图12-22所示为【营销推广】功能模块。

图 12-20

图 12-22

8. 微店商学院

【微店商学院】功能模块是用来让店主学习如何开微店、更好地经营微店的一个学习平台,在此板块有基础操作、视频学习、微店规则、开单工具等学习参考资料,图12-23所示为【微信商学院】功能模块。

图 12-23

9. 货源

打开【货源】模块,即可进行分销,分销是指可以帮助其他卖家进行商品出售的销售渠道,对于资金不足的卖家,可使用这种方法销售商品,大大减少开店成本,图12-24所示为【我要分销】功能模块。

图 12-24

10. 好生意好开始

【商机中心】功能模块可以提供适合自己的商机,是生意成功的开始。卖家可以在此模块内寻找其他可实行的商机,然后开启更宽广的微店之旅,图12-25所示为【商机中心】功能模块。

图 12-25

11. 微店商会

在【微店商会】功能模块中可以添加进入兴趣圈、微店同城会、官方动态等进行学习,了解各个行业、城市的微店主的开店技巧,更好地提高自己微店的销售额。图12-26所示为【微店商会】功能模块。

图 12-26

12.1.3 开通微店担保交易

微店注册成功后,卖家需要开通微店担保交易。开通微店担保交易有助于吸引陌生客户下单,这样可以更好地提高销售率。

下面介绍开通微店担保交易的操作步骤。

第1步 打开微店 APP 并登录后,点击【商品】图标,如图 12-27 所示。

图 12-27

第2步 在打开的【微店管理】界面中,点击【担保交易】链接,如图 12-28 所示。

图 12-28

第3步 进入【担保交易】界面,❶选中【已阅读并同意微店担保交易服务条约】前的复选框,❷点击【开通担保交易】按钮,如图 12-29 所示。

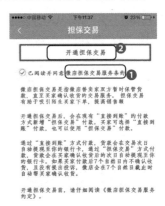

图 12-29

第4步 弹出提示窗口,点击【是】按钮,如图 12-30 所示。

图 12-30

第5步 即可开通微店的【担保交易】交易功能,如图 12-31 所示。

图 12-31

12.2 了解微店买家的支付方式

微店，电子商务发展趋势云销售模式的一个购物网站，改变了中国电子商务的经营模式，只要手指在手机上轻点几下，没几天，想要的东西就送货上门了。卖家在了解自己的收款方法的同时也要了解买家的支付方式。那么，微店的支付方式具体有哪些呢？下面配合细节作详细的介绍。

12.2.1 微信支付

用户只需在微信中关联一张银行卡，并完成身份认证，即可将装有微信 APP 的智能手机变成一个全能钱包，之后即可购买合作商户的商品及服务。用户在支付时只需在自己的智能手机上输入密码，无须任何刷卡步骤即可完成支付，整个过程简便流畅。那么微信支付该如何完成呢？下面介绍微信支付的具体操作步骤。

1. 绑定银行卡微信支付

微店不像淘宝店铺那样需要注册和绑定支付宝，微店在交易时直接绑定银行卡号即可，微店每天会自动将前一天的货款全部体现至你的银行卡。微店支持储蓄卡、支付宝、百度钱包等多种付款方式，无须开通网银，快捷又方便。

第1步 登录我的微信并切换到【我】选项卡，点击选择【钱包】按钮，如图 12-32 所示。

第2步 跳转到【钱包】微信安全支付界面，即可看到【转账】【刷卡】【钱包】功能，点击选择图标【钱包】按钮，如图 12-33 所示。

图 12-33

第3步 点击【添加银行卡】选项，如图 12-34 所示。

图 12-32

图 12-34

第4步 根据提示输入【卡号】，点击【下一步】按钮，如图 12-35 所示。

图 12-35

第5步 即可跳转到【填写银行卡信息】页面，❶ 依次输入【姓名】【证件号】【手机号码】，❷ 点击【下一步】按钮。（如果各项信息完整且无误，系统会自动进入新的界面，否则会提示错误。）如图 12-36 所示。

图 12-36

第6步 在绑定银行卡后，系统会自动向银行绑定的手机号发送一条验证信息，将收到的验证码输入验证栏目中，点击【下一步】按钮，如图 12-37 所示。

图 12-37

第7步 初次使用微信支付，要对微信进行 6 位数字支付密码设置，并重复设置确认，点击【下一步】按钮即可完成绑定，如图 12-38 所示。

图 12-38

第8步 返回【钱包】页面，点击【钱包】查看卡片绑定信息，同时也可以点击【添加银行卡】继续绑定其他的银行卡，如图 12-39 所示。

图 12-39

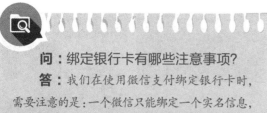

问：绑定银行卡有哪些注意事项？

答：我们在使用微信支付绑定银行卡时，需要注意的是：一个微信只能绑定一个实名信息，一旦绑定就不能再更改。在绑定银行卡之前，必须要先到银行绑定手机号码。在设置银行卡支付密码时，最好设置一个与银行卡不同的密码。

2. 微信支付购物

随着越来越多的人使用手机支付宝钱包，微信平台也推出了支付及类似"余额宝"的功能，一时间与支付宝展开了激烈的竞争。而且微信拥有巨大的用户群体，其支付的用户也在不断地增加。那么是不是也跟支付宝类似，该怎么来使用微信支付购物呢？

下面以使用微信购买干花进行支付为例，介绍操作步骤。

第1步 切换到【发现】选项卡，点击【购物】选项按钮，如图 12-40 所示。

图 12-40

第2步 跳转到京东商城购物界面，输入【干花】，点击【搜索】按钮，如图 12-41 所示。

第3步 打开界面，点击需要购买的商品链接，如图 12-42 所示。

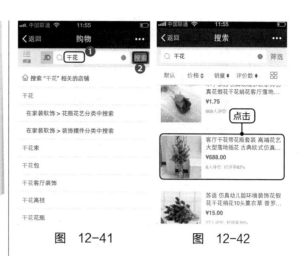

图 12-41　　　　图 12-42

第4步 进入【商品详情】界面，选择好颜色、数量后，点击【立即购买】按钮，如图 12-43 所示。

第5步 进入【确认订单】界面，确认好收货地址、配送方式，点击选择【微信支付】（没有地址的话，单击新增收货地址即可购买），如图 12-44 所示。

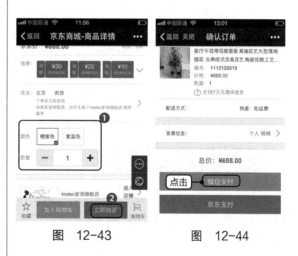

图 12-43　　　　图 12-44

第6步 输入设置的支付密码即可完成微信支付，如图 12-45 所示。

商品购买好了后，我们可以从【个人中心】查询全部订单，对订单信息进行相应了解。当然，在还未付款前，我们还可以对不想要的商品进行"订单取消"，以及查询已购商品的配送情况。

图 12-45

问：微信支付有哪些注意事项？

答：初次使用微信购物如果有京东账户可以直接进行绑定，付款可以选择货到付款，也可以导入易迅网站的购物地址；在使用微信支付购物时，不但需要注意保护个人信息安全，而且一旦在微信付款成功后，微信商城是不支持退款的。

12.2.2 支付宝支付

互联网的日益发展，使越来越多的人选择网购。国内最大的在线交易平台淘宝网推出的支付宝钱包手机客户端，为移动支付带来了便利。

下面介绍用支付宝钱包购物并支付货款的操作步骤。

第1步 在手机上打开支付宝钱包应用，选择【淘宝】进入淘宝网购首页，如图 12-46 所示。

第2步 根据自身需要，在淘宝网上选择想要购买的商品，点击选择商品的图片链接，如图 12-47 所示。

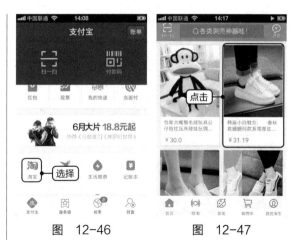

图 12-46　　　　图 12-47

第3步 进入商品详情界面，点击【立即购买】按钮，如图 12-48 所示。

图 12-48

第4步 ❶选择要购买的商品【尺寸】【颜色】【数量】，❷确认无误后点击【确定】按钮，如图 12-49 所示。

图 12-49

第 5 步 确认商品订单的【收货地址】【数量】【配送方式】以及【给卖家留言】等信息无误后，点击【确认】按钮进行购买，如图12-50所示。

第 6 步 跳转到【选择付款方式】页面，点击选【余额宝】选项，如图12-51所示。

第 7 步 在打开的【支付宝】窗口中，输入【支付密码】，点击【付款】按钮即可完成交易，如图12-52所示。

图 12-50

图 12-51　　　　图 12-52

12.2.3 网银支付

当我们拍下宝贝时，有3种方法可以付款。一是微信支付，二是支付宝付款，三是直接网银付款。拍下宝贝后，我们可以选择使用网银支付，具体方法如下。

第 1 步 拍下宝贝后，在淘宝网购物车中，确认拍下宝贝的尺寸、价格及颜色，单击【结算】按钮，如图12-53所示。

图 12-53

第 2 步 在打开的【确认订单信息】页面，确认收货信息无误后，单击【提交订单】按钮，如图12-54所示。

图 12-54

第 3 步 在打开的支付宝【我的收银台】页面，单击【添加快捷/网银付款】链接，如图12-55所示。

图 12-55

第4步 打开【合作银行/机构】窗口，输入已开通网银的银行卡卡号，单击【下一步】按钮，随即根据提示即可完成网银的支付，如图 12-56 所示。

图 12-56

12.3 微店的装修技巧

与淘宝店铺相同，微店也需要进行装修，其中主要包括店铺封面装修、店招装修、导航装修、广告装修、推荐宝贝装修、宝贝分类装修等。

12.3.1 微店的封面装修

微店封面就同淘宝的首页一样，是店铺的门面，可以更好地吸引买家购买商品。

下面介绍微店封面装修的操作步骤。

第1步 登录手机微店，在【微店】界面中点击左侧【微店】图标，如图 12-57 所示。

图 12-58　　　　图 12-59

第4步 进入【微店封面】界面，点击【封面大图】图标，如图 12-60 所示。

图 12-57

图 12-60

第2步 在打开的【微店管理】界面中点击【店铺装修】链接，如图 12-58 所示。

第3步 在打开的【自定义装修】界面，点击【封面】链接，如图 12-59 所示。

第5步 进入【封面设置】界面，点击【修改背景图】链接，如图12-61所示。

图 12-61

第6步 进入【选择背景图】界面，点击【上传图片】链接。这里也可以选择官方默认封面图片，如图12-62所示。

图 12-62

第7步 进入【手机照片】界面，点击选择作为封面的图片，如图12-63所示。

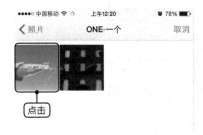

图 12-63

第8步 点开封面大图，点击【选取】链接，如图12-64所示。

第9步 随即回到【封面设置】界面，确认选择无误后，点击【完成】链接，即可完成封面的装修，如图12-65所示。

图 12-64　　　　图 12-65

12.3.2 微店的店招装修

微店的店招也是整个店铺的门面，所以微店主必须要学会如何设置店招。

下面介绍微店店招装修的操作步骤。

第1步 登录手机微店，在【微店】界面中点击左侧【微店】图标，如图12-66所示。

图 12-66

第2步 在打开的【微店管理】界面,点击【店铺装修】链接,如图12-67所示。

第3步 在打开的【自定义装修】界面,点击【编辑】链接,如图12-68所示。

第6步 进入【手机照片】界面,点击选择作为店招的图片,如图12-71所示。

图 12-67　　　　图 12-68

图 12-71

第4步 进入【编辑样式】界面,点击【更换微店招牌】链接,如图12-69所示。

第5步 进入【微店招牌】界面,其中分为【拍照】及【从手机相册选择】两个选项。此处以【从手机相册选择】为例,点击【从手机相册选择】按钮,如图12-70所示。

第7步 点开封面大图,点击【选取】链接,如图12-72所示。

第8步 随即回到【微店招牌】界面,确认选择无误后,点击【完成】链接,如图12-73所示。

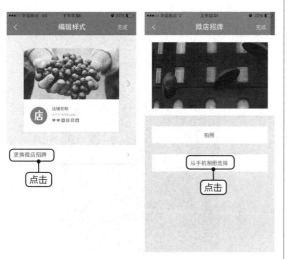

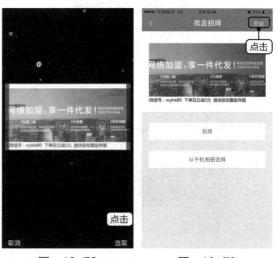

图 12-69　　　　图 12-70　　　　图 12-72　　　　图 12-73

第9步 即可完成微店店招的装修，如图 12-74 所示。

图 12-74

12.3.3 微店的导航装修

设置微店的导航后，顾客能轻易地寻找到自己想要的商品。

下面介绍微店导航装修的操作步骤。

第1步 在打开的【自定义装修】界面中点击【插入】链接，如图 12-75 所示。

图 12-75

第2步 进入【添加模块】界面，随即可看到【图片导航】与【文本导航】两种导航类型。下面以【图片导航】为例进行讲解。点击【图片导航】链接，如图 12-76 所示。

图 12-76

第3步 进入【编辑导航】界面，点击【添加图片】图标，在弹出窗口中分为【拍照】及【从手机相册选择】两个选项。此处以【从手机相册选择】为例，点击【从手机相册选择】链接，如图 12-77 所示。

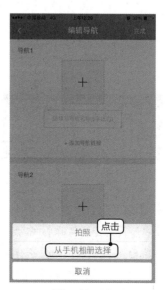

图 12-77

第4步 进入【手机照片】界面，点击选择作为封面的图片，如图12-78所示。

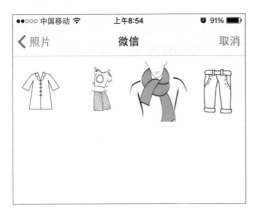

图 12-78

第5步 点开封面大图，点击【选取】链接，如图12-79所示。

图 12-79

第6步 随即回到【编辑导航】界面，❶在文本输入框中输入【导航名称】，❷点击【添加导航链接】链接，❸在弹出窗口中分别有【商品链接】【分类链接】及【店长笔记链接】。以【商品链接】为例，点击【商品链接】链接，如图12-80所示。

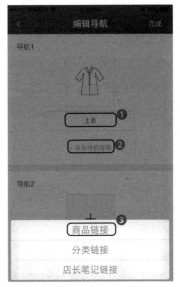

图 12-80

第7步 打开【添加商品】界面，选择相对应的商品链接，如图12-81所示。

图 12-81

第8步 回到【编辑导航】界面，即可看到【导航1】设置成功，如图12-82所示。

第9步 按上述步骤设置【导航2】【导航3】及【导航4】。设置完成后点击【完成】按钮，如图12-83、图12-84所示。

图 12-82

图 12-83

图 12-84

第10步 回到【自定义装修】界面，即可看到设置完成的导航，点击的导航可以打开其相对应的商品链接，如图 12-85 所示。

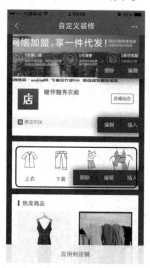

图 12-85

12.3.4 微店的广告装修

下面介绍微店广告装修的操作步骤。

第1步 进入【添加模块】界面，随即可看到【大图广告】【轮播广告】及【两列广告】模块。下面以【轮播广告】为例进行讲解，点击【轮播广告】链接，如图 12-86 所示。

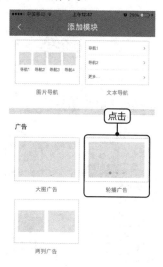

图 12-86

第2步 进入【编辑轮播广告】界面,点击【添加图片】图标,在弹出窗口中分别有【拍照】及【从手机相册选择】两个选项。此处以【从手机相册选择】为例,点击【从手机相册选择】链接,如图12-87所示。

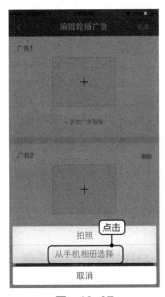

图 12-87

第3步 进入【手机照片】界面,点击选择作为封面的图片,如图12-88所示。

图 12-88

第4步 点开封面大图,点击【选取】链接,如图12-89所示。

图 12-89

第5步 随即回到【编辑轮播广告】界面,点击【添加导航链接】,在弹出窗口中分别有【商品链接】【分类链接】及【店长笔记链接】。以【商品链接】为例,点击【商品链接】链接,如图12-90所示。

图 12-90

第6步 打开【添加商品】界面，选择相对应的商品链接，如图 12-91 所示。

图 12-91

第7步 回到【编辑轮播广告】界面，即可看到【广告1】设置成功，如图 12-92 所示。

第8步 按上述步骤设置【广告2】，设置完成后点击【完成】按钮，如图 12-93 所示。

图 12-92　　　　图 12-93

第9步 回到【自定义装修】界面，即可看到设置完成的轮播广告，左右滑动可以随意切换广告图，如图 12-94 所示。

图 12-94

第10步 在【自定义装修】界面，点击【应用到店铺】，随即成功设置店铺的广告装修，如图 12-95 所示。

图 12-95

12.3.5 微店的宝贝图片装修

手机平台中的各种图片处理软件已成为很多人的最爱，即使不用连接 PC 也能在手机中进行简单的处理。"美图秀秀"这款软件不论是在 PC 平台还是在手机平台都有非常不错的口碑，其便捷的操作和强大的功能给大家留下了深刻的印象。

下面给读者简要介绍一下使用"美图秀秀"快速处理宝贝图片的技能。

1. 调整图片的色调

使用手机拍摄的照片，往往由于光线、镜头类型等原因导致图片与实物颜色存在偏差。不过拍照毕竟是手机的附加功能，拍出来的效果实在无法媲美专业相机拍出的效果，总是或多或少的出现色彩暗淡、图片噪点多、清晰度不高等问题。这些问题都可以使用"美图秀秀"来进行处理。

第1步 在手机桌面上点击打开【美图秀秀】应用工具，如图 12-96 所示。

图 12-96

第2步 进入【美图秀秀】首页，点击【美化图片】模块，如图 12-97 所示。

图 12-97

第3步 从手机上选择商品图片进行美化，点击【商品图片】相册，如图 12-98 所示。

图 12-98

第4步 单击选取需要美化的图片，如图 12-99 所示。

第5步 在页面中点击【增强】图标，如图 12-100 所示。

图 12-99　　　　图 12-100

第6步 进入【增强】页面，点击选择【色温】功能，拖动图标进行调整，如图 12-101 所示。

图 12-101

图 12-103

第7步 点击【智能补光】图标☒进入智能补光功能，一键美化，点击右下角的【完成】按钮☑，即可完成对商品图片的色调调整，如图 12-102 所示。

第9步 点击图片中上部的【自由拖动】图标☒，可以随意拖动对文字大小、方向的调整。完成以上操作,点击右上角的【保存/分享】按钮，如图 12-104 所示。

第10步 即可将调整好的图片保存到相册中，如图 12-105 所示。

图 12-102

图 12-104

图 12-105

第8步 另外，在对商品图片进行调整的同时，我们还可以点击图片下面的功能选项图标【会话气泡】按钮☒，输入适当的文字，作为商品的补充描述，达到吸引买家眼球的目的，如图 12-103 所示。

2. 多张商品图片拼图

有时候我们希望给买家看到更多关于商品的情况，那么就需要进行拼图处理。当前最实用的拼图软件当属美图秀秀，不仅默认模板很赞，而且使用也是非常简单的。

下面介绍使用美图秀秀拼接图片的操作方法。

第1步　点击软件上的【拼图】功能按钮，如图12-106所示。

图　12-106

第2步　点击选择2张图片，单击【开始拼图】按钮，如图12-107所示。

图　12-107

第3步　点击【自由】拼图功能按钮，点击【选背景】功能按钮，如图12-108所示。

图　12-108

第4步　进入背景列表，可以看到有自定义背景、更多背景，这里我们以纯色背景为例，点击选中背景，如图12-109所示。

图　12-109

第5步　点击【自由拖动】图标 调整图片位置及大小，点击【保存/分享】按钮完成拼图，如图12-110所示。

图　12-110

另外，上面介绍了美图秀秀的自由拼图，这里还可以使用模块拼图、海报拼图、图片拼接等功能，方便卖家更好地美化商品图像。

（1）模块拼图

使用美图秀秀本身自带的模块，拼接出不同的商品角度，如图12-111～图12-112所示。

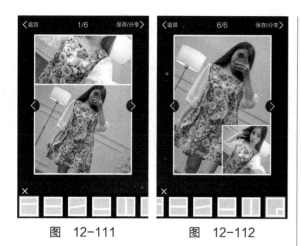

图 12-111　　　　图 12-112

（2）海报拼图

选择"海报拼图"功能，可以 DIY 一张个性十足的海报拼图，如图 12-113 所示。

图 12-113

海报模式是一种新风格，让人们有时尚杂志的感觉，并且内置了多种相关素材可供用户选择，如图 12-114 所示。

图 12-114

（3）图片拼接

"图片拼接"功能图标，支持多张图片拼接，可以随意添加边框，如图 12-115 所示。并且也内置了多种相关素材边框可供用户选择，如图 12-116 所示。

图 12-115　　　　图 12-116

实用经验分享：图片需要进行哪些必要的修饰

对于拍摄的商品图片，我们使用各种图片处理工具进行美化与修饰的目的是使图片更加赏心悦目，同时使宝贝照片的效果更加接近实物，吸引买家。但卖家一定要注意，不要仅仅为了图片更加美观而过分地美化，导致图片与实物出现较大的差距，这样即使买家购买了，也可能出现后续的各种纠纷。

针对微店中的各类商品图片，常用的修饰主要有以下几种。

（1）调整图片色调

调整图片色调：由于光线、相机及显示屏等因素，拍摄出的照片可能与实物在色调上存在一定的差异，这时就需要对图片进行色调的调整，使其尽可能与实物相近。

（2）添加文字

微店中的商品不同于淘宝、天猫、当当网等购物平台的商品，无需过多的修饰，我们可以在图片中添加文字对象，使得图片更加突出主体，吸引买家。

（3）圈出产品中的重要信息

微店的商品详情展示信息量相对简单，只需要在商品图片中圈出产品的重要信息，更直观地告诉买家你的商品的特色。同时，也可以带动店铺访客量，如图12-117、图12-118所示。

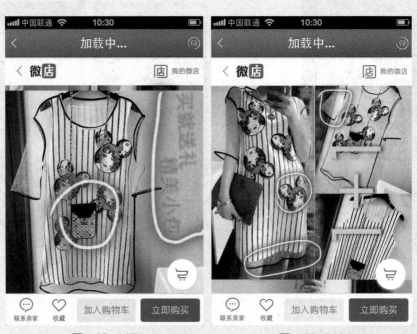

图 12-117　　　　　　　　图 12-118

第 3 篇

微店经营

第 13 章　微店商品的管理与营销推广

本章导读

开通了微店后，一是要有好产品，二是要长期有效地管理与推广微店，这样才能让微店商品有好的销量。简单来说，店铺的推广就是指通过宣传方式让更多人打开你的店铺，认识你的产品并产生购买的过程。本章主要介绍微店商品的管理、微店店内商品推广、微店店外商品推广、订单的实时查看与管理等内容。

知识要点

- 微店商品的管理
- 微店店内商品推广
- 微店店外商品推广
- 实时查看并管理订单

13.1 微店商品的管理

微店的所有操作都可以在手机上进行。店主为店铺进行宝贝分类装修后,买家就可以更直接、更快速地搜索微店中的商品,节约买家与卖家的沟通时间。

13.1.1 商品的添加

创建好微店后,就需要在微店中添加商品了。店铺最基本的设置就是添加商品,一个店铺想要开张,得有商品展示给顾客,下面就介绍如何手动添加商品信息。

1. 商品图片

目前,对微店商品图片的大小、规格、尺寸没有严格的说明。一般的图片都是可以上传的。

第1步 手机登录微店后,打开【商品】界面,点击【添加新商品】按钮,如图13-1所示。

第2步 跳转到添加商品的页面,点击【添加图片】图标 ,上传商品图片,如图13-2所示。

第3步 弹出选择窗口,可以选择【拍照模式】,也可以从手机相册里选择上传,下面以选择从手机相册上传为例,点击【手机相册】链接,如图13-3所示。

第4步 ❶在打开的相册界面中选择需要上传的图片,❷点击【完成】按钮,即可完成商品图片的上传。最多可以上传15张图片,如图13-4所示。

图 13-1　　　图 13-2　　　图 13-3　　　图 13-4

> **问**：商品主图具体指什么图片？
>
> **答**：所谓的"主图"，是指商品的第一张图片，会直接显示在卖家店铺。买家进入你的微店首先看到的就是商品的第一张图片，所以你一定要想好第一张图片放什么。在手机上可以同时上传15张图片，卖家在自己手机相册里先选择哪张图片，哪张图片就在最前面。上传后无法调整顺序，需要调整图片顺序则要将商品全部删除后再上传。

2. 商品描述

商品描述的前20个字是非常重要的，因为这些字和主图会在微店首页显示。这20个字最好还包括商品名称、是否包邮、相关优惠等信息。商品描述最好不要字数太多，可以分段。段落与段落之间最好空一个字节。

第1步 添加商品图片后，回到【添加商品】界面即可查看上传的商品效果，如图13-5所示。

第2步 微店的商品描述没有淘宝上那么复杂，不分商品标题、商铺参数、商铺详情等，就是直接填写文字描述，输入【商品描述】【价格】及【库存】，点击右上角的【完成】即可将商品上传成功，如图13-6所示。

图 13-5

图 13-6

3. 商品价格

商品价格的编写可以具体到分。那么，卖家如何给商品定价？在商品正品的情况下，建议可以比淘宝、天猫、京东等便宜一点，但也不用便宜太多。一来是卖家要盈利；二来微店的买家主要是卖家的熟人朋友，即使是你的商品和正规商城的价格一样，如果你的朋友需要，还是会到你的店铺来购买，这里我们当然不提倡"杀熟"，也不提倡跟淘宝、天猫平台的同类商品比价，因为这些商品真假难分。

4. 商品库存

在设置商品库存数量的时候，建议卖家设置得比实际库存多1—4件。如卖家的某个商品实际只有1件，就可以设置3件至4件，因为A买家只要提交订单，哪怕是没有付款，库存也会减少。A买家的订单没有支付成功，而又找不到原来的订单来支付，就会重新把商品放到购物车里。而如果卖家设置的库存是2，而买家提交了订单，当未支付，接着这个商品又被B买家看中拍下了，这样库存就变为0，不会在首页上显示，A买家就找不到他想要买的商品了，可卖家实际上还有一个库存。

如果商品没有库存了，建议不要直接删除这个商品，把库存直接改为0即可，即表示下架。等重新进货后，只需要改一下商品库存就可以重新上架，而不必再次上传商品图片、设置商品描述、价格等内容。

5. 添加型号

在添加商品型号时需要注意的是：对于不同型号但价格一样的商品，不建议使用这个功能。一般的型号如大小、尺寸、颜色等，卖家可以直接在商品描述里面说明，告诉买家在"买家备注"里面写明型号。如果是一种商品有不同的型号，而且价格不一样，建议把每个型号单独作为一个商品上传到自己的微店，这样可以避免让买家在微店选型号或备注型号，因为在微店选型号、备注型号是一件麻烦的事情，如图13-7所示。

图 13-7

13.1.2 快速预览商品

下面介绍直接预览正在添加的商品的操作方法。

第1步 完成商品的添加后，系统自动跳转到【分享商品】界面，提示成功添加宝贝，点击【完成】按钮，如图 13-8 所示。

图 13-8

第2步 自动跳转到【商品】界面,点击【预览】图标◎，如图 13-9 所示。

第3步 跳转到【预览商品】界面，可以查看商品详情、库存情况、价格等，如图 13-10 所示。

图 13-9　　　　图 13-10

13.1.3 做好商品分类

上传的商品越来越多，种类就越来越多，如果不把商品进行分类的话，那么进入店铺就会给人一种很乱的感觉。

下面介绍宝贝分类的操作步骤。

第1步 登录微店，点击【商品】模块，❶ 点击【分类】选项进入【分类】页面，❷ 在【分类】界面中点击【未分类】商品选项，如图 13-11 所示。

图 13-11

第2步 在【未分类】界面中点击需要分类的商品，如图 13-12 所示。

第3步 进入【编辑商品】界面，选择【分类至】选项，点击【分类至】，如图 13-13 所示。

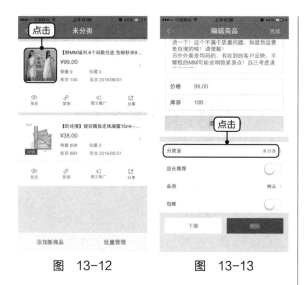

图 13-12　　　　　图 13-13

第4步 弹出提示栏,点击【新建分类】按钮,如图 13-14 所示。

图 13-15　　　　　图 13-16

第7步 回到【编辑商品】界面。即可看到该商品已经分组至【上衣】,点击【完成】按钮,如图 13-17 所示。

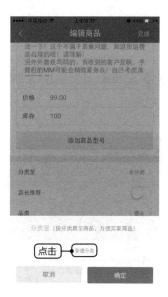

图 13-14

第5步 弹出【新建分类名称】窗口,❶ 输入【上衣】,❷ 点击【确定】按钮,如图 13-15 所示。

第6步 系统自动回到【分类至】提示栏,即可将商品分类至【上衣】,点击【确定】按钮,如图 13-16 所示。

图 13-17

第8步 经过以上步骤操作,即可在分类选项中,查看到设置好的商品分类,如图 13-18 所示。

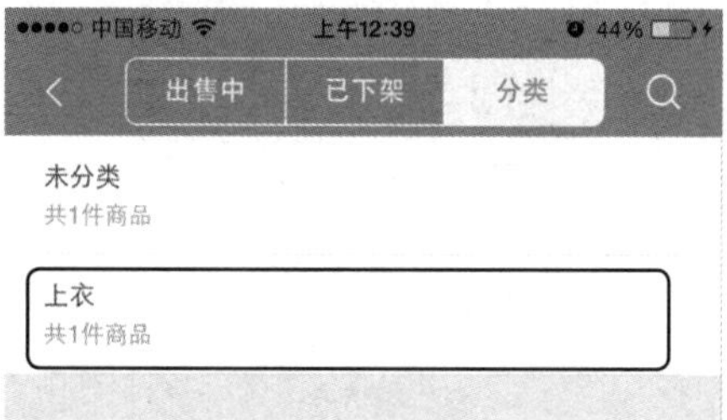

图 13-18

13.1.4 一键分享商品

发布宝贝后,店主可一键分享至交友软件,让更多人可以查看微店中的宝贝。

下面以一键分享至微信朋友圈为例,介绍一键分享商品的操作步骤。

第1步 手机登录到微店后,打开【商品】界面,在【出售中】选项下,点击需要分享的商品下的【分享】按钮,如图 13-19 所示。

图 13-19

第2步 弹出【通过社交软件分享】窗口,点击【朋友圈】图标,如图 13-20 所示。

图 13-20

第3步 页面自动跳转至【微信朋友圈】的编辑发送页面,❶ 输入发送内容,❷ 单击【发送】按钮,如图 13-21 所示。

图 13-21

第4步 发送成功后,即可在朋友圈查看发送的内容,如图 13-22 所示。

图 13-22

13.2 微店店内的活动促销推广

"营销"功能模块中的内容,是微店所有的营销优惠活动方案,其中包含"满减""店铺优惠券""限时折扣""私密优惠""微客多""满包邮"等,方便微店卖家灵活地应对各种节假日促销活动。

13.2.1 商品满减优惠

下面介绍商品满减优惠活动的具体操作方法。

第1步 手机登录微店后,点击【营销】图标,如图13-23所示。

图 13-23

第2步 在【营销推广】界面中,点击【满减】链接,如图13-24所示。

第3步 进入【满减优惠 – 微店】界面,认真阅读满减活动规则,点击【创建】链接,如图13-25所示。

图 13-24　　　　图 13-25

第4步 进入【设置满减】界面,❶输入【活动名称】,❷设置【开始时间】及【结束时间】,❸输入【消费满/减】金额,❹确认无误后点击【完成】按钮,如图13-26所示。

图 13-26

第5步 即可完成微店商品的满减活动设置，如图 13-27 所示。

图 13-27

13.2.2 店铺优惠券

下面介绍店铺优惠券活动的具体操作方法。

第1步 手机登录微店后，进入【营销推广】界面，点击【店铺优惠券】链接，如图 13-28 所示。

图 13-28

第2步 在打开的【店铺优惠券】界面，点击【添加店铺优惠券】按钮，如图 13-29 所示。

第3步 进入优惠券编辑界面，❶输入【券的面额】【订单下限】【券的库存】【领券限制】【有效期】，❷设置【在店铺中公开领取】【展示已领完的券】，❸输入【分享文案】，如图 13-30 所示。

图 13-29　　　　图 13-30

第4步 ❶继续设置是否【支持加入微信卡包】，❷完成后点击【完成】按钮，如图 13-31 所示。

第5步 经过以上步骤，即可完成微店店铺优惠券活动的设置，如图 13-32 所示。

图 13-31　　　　图 13-32

13.2.3 店铺限时折扣

下面介绍店铺限时折扣的具体操作方法。

第1步 手机登录微店后，进入【营销推广】界面，点击【限时折扣】链接，如图 13-33 所示。

第2步 在打开的【限时折扣】界面，点击【添加】按钮，如图 13-34 所示。

第3步 进入【选择折扣商品】界面，选择折扣商品，如图 13-35 所示。

图 13-33　　　　　图 13-34

图 13-36

第5步 随即完成微店店铺限时折扣活动的设置，如图 13-37 所示。

图 13-35

第4步 在打开页面中输入【折后价格】，设置【开始时间】【结束时间】【是否限购】，确认无误后点击【完成】按钮，如图 13-36 所示。

图 13-37

13.3　微店店外的商品推广

对于新手卖家来说，网店还没有进入盈利状态，这种情况下，可以使用一些店铺外部活动来进行促销推广。

13.3.1　利用微博进行推广宣传

微博是一个用户基础极为庞大的线上社交平台，有着数以亿计的活跃用户。微博用户可以以文字、音频、视频等多种形式直接发布微博以及长微博，凭借一定的粉丝数量以及转发率，微博内容便可以在互联网上得到迅速、广泛的传播。

微博的这一传播特性，为微店店主推广产品提供了很好的机会，很多店主利用微博平台进行营销推广活动，都收到了不错的效果。

1. 分享我的微店至微博

利用微博的开放性来引流，首先我们微店主可以将自己的微店分享至微博。

下面介绍将微店分享至微博的操作步骤。

第1步 手机登录微店后，点击【微店】图标，如图 13-38 所示。

图 13-38

第2步 进入【微店管理】界面，点击【分享】图标，如图 13-39 所示。

图 13-39

第3步 在打开的【通过社交软件分享】面板中点击新浪【微博】图标，如图 13-40 所示。

图 13-40

第4步 即可将微店链接转发到微博，点击右上方【发送】按钮即可，如图 13-41 所示。

图 13-41

第5步 打开微博 APP，即可查看到分享的微店链接动态，如图 13-42 所示。

3. 做好大 V 转发

新浪微博上线，至今已有 6 年的时间，常规的推广方法已经难以取得效果。如今，如果希望在新浪微博上快速覆盖大量用户，则需要付费推广，特别是做"大 V"的付费转发，当然我们不需要一个一个去找，然后分别投放。这里向大家介绍微博投放的中间平台，即微博易。

微博易是目前国内最大的微博精准广告自助投放平台。该平台利用大数据分析技术对各社交媒体账号进行评估，对用户群受众进行分析，确定各类账号隐形属性，可以帮助我们找到最匹配的账号进行广告信息"直发/转发"。微博精准广告投放营销要注意以下几点。

①注册微博易账号，然后充值金额，接下来就可以像逛超市一样进行选择，如图 13-43 所示。该平台会列出很多微博账号，这些微博账号经过分门别类，可以通过搜索、排名、推荐等方式筛选出我们想要投放的渠道。然后给这些微博主下单，下单的价格也是像超市一样明码标价，其中注明了硬广和软广的价格。

图 13-42

问：微博引流微信有何限制？

答：微博虽然没有像淘宝那样抵制微信，但也尽量限制微信，比如我们只要在微博文章中提到"微信"二字，那很多重要的微博推广功能都不能用，包括粉丝通、微博私信自动回复、微博私信群发等，所以在用微博引流到微信时需要注意这一点。

图 13-43

微博主也会关注这个平台，一旦产生订单之后，微博主就会审核这个订单，判断是否接单，因为微博主可以直接拒绝接单。

这是第一个渠道，第二个渠道就是任务通。任务通与微博易最大的区别就是，任务通是新浪官方的推广产品，只能投放新浪微博，而微博易则横跨新浪微博、腾讯微博、美丽说、QQ 空间、蘑菇街等多个平台。

②认真考虑选择账号。在选择一个微博账号

2. 在微博中推广的方式

微店店主在做微博推广时，不付费的方式大致有两种，一是自己建立个人微博进行推广；二是去一些人气超强的名博，以评论的形式做推广。

若微博属于开通初期，那么就需要注意的是，在内容上要多花心思，多发一些大家喜闻乐见的原创帖或转帖。不要整天张贴"牛皮癣"一样的硬广告，即使是软广告，也不要太密集。总之，先把人气提升上来，之后再去做广告。一般来说，这个提升人气的过程是缓慢的，店主需要耐心经营。

进行推广时，除了分析他的客户群体跟我们的产品、用户群的匹配度以外，还有一点，就是判断他的性价比。也就是这个账号用户活跃度与他在微博易或者任务通上标出的价钱是不是成正比。

通常情况下，粉丝里面当然可能会有很多水军、僵尸粉等，而我们需要的是真真正正的粉丝，但是这一点我们可能根本无法准确地判断，所以接下来判断这个账号活跃度的一个重要指数就是评论数和转发量。通过观察评论数和转发量，可以大致知道我们选择的这个账号是否活跃。

③需要精准导入流量。清楚投放平台后，还需要精心准备真实、具有感染力的文案内容，文案也要根据转化率不断修改和完善，然后大量投放，将粉丝吸引到我们先前准备的微信账号上，最后，再通过微信成交。

问：如何判断微博账号的活跃度？

答：要想判断一个账号真正的活跃度是多少，这里建议我们微商可以先花一笔钱测试一下这个账号。通常情况下，一般100万粉丝的微博账号转发一条广告信息是300元左右，直接发广告信息的价格相对较高。

13.3.2 利用QQ进行推广宣传

从整体数据来看，QQ的营销能力绝对不能小看。不管是从最原始的以文字为载体的博客形式，到如今集文字、图片、音视频等丰富多彩的展现方式于一身的交友互动平台，还是对比微博的言简意赅和微信的朋友圈营销，QQ将两者集大成且有着自己独特的优势。这种灵活性和时代性使QQ有了非常强大的生命力。

1.QQ基本设置

我们既然要进行QQ营销，那么一些细节问题就显得尤为重要。所谓细节决定成败，说的就是这个道理。尤其是利用QQ做生意的微商们，在一些设置方面肯定不能像一般用户那样全凭个人喜好来设置，更不能不设置。

（1）QQ昵称

关于QQ昵称的设计，最好直接设置成与我们所做行业相关的名字，这样便于大家知道这个QQ是干什么的，比如名为"微商社—自媒体"，这个名字给人的第一印象就是，这个QQ是做微商自媒体的；第二印象是这个品牌可能就是"微商社"；第三印象是这可能是一个发布微商相关资讯的QQ。这样设置的目的，一是更加直接明了；二是更具真实性和利于建立信任感。

（2）QQ头像

无论是在虚拟网络还是在现实生活中，以貌取人都相当常见，QQ头像是我们给别人的第一印象，最好使用真人头像或者行业相关的图片，比如前面提到的"微商社—自媒体"QQ所使用的头像就是专门针对微商这个品牌设计的适用于头像的LOGO，如图13-44所示。这个QQ空间就是做微商自媒体的营销账号，用这样的QQ头像给人的感觉是非常直观，提高印象分和可信度。例如销售面膜，完全可以放上面膜的照片或者是美女的照片，总之头像一定要结合行业，因地制宜。

图 13-44

（3）QQ签名

将店铺的地址设置为QQ签名，如"我的微店 http://weidian.com/s/322393734?wfr=c"或是产品相关信息等，如图13-45所示。这样QQ好友通过好友列表或者聊天窗口，就能看到我们的店铺地址，或者产品相关信息，如果有兴趣的话，就会进入店铺中去看看了。

2. 将商品信息发送给好友

将产品相关信息发送给自己的 QQ 好友，如"这是我的微店，有空去看看"或"刚到的新款，有空去看看"等。

由于 QQ 中的好友大多为熟人，因此宣传内容不必太过华丽，简单直观即可，如图 13-47 所示。当然我们卖家也可以让自己的朋友为自己宣传。

图 13-45

（4）性别和地址设置

想做好 QQ 营销，对于性别和所在地等看起来似乎不是那么重要的信息，也要把握好细节，最大限度地做到给访客真实感和信任感。关于性别方面，不管是男性还是女性，最好将性别设置成女性。为什么呢？根据心理学的相关研究发现，如果我们的生意跟男性有关，一般情况下女士跟男士打交道相对会更加容易一些，也可以这样说，对于男性而言，异性相吸的影响可能更加明显。如果做的生意跟女性有关，比如护肤品、鞋包、服装等，女人也更加能理解女人的心思，便于沟通。

所在地址最好直接写成发货所在地，这样便于顾客知道我们的发货地。真实的地址更容易让人产生信任感。毕竟是网络交易，信任的培养非常重要，如图 13-46 所示。

图 13-47

3. 将商品信息发送给好友

在 QQ 群中宣传。QQ 群也是宣传微店非常好的途径，只要编辑一个宣传信息，就可以让群里面的所有成员都看到，至于采用哪种宣传方式，则需要根据QQ群的类型来决定，如图 13-48 所示，发送店铺链接至群中。还可以发送产品图片至群中，如图 13-49 所示。

图 13-46

图 13-48

图 13-49

4. 将QQ空间资料设置为产品介绍

QQ空间是当下一种十分大众化的网络载体，有数据表明，其下载次数高达7亿多次，玩家人数近6.3亿。人们通过QQ空间来表达个人的见解、抒发情感、与网友分享自己对生活及工作的感悟，同时借助浏览他人的QQ空间，去发现自己需要的东西，结交更多的朋友。这些都是QQ空间带给人们的便利，如图13-50所示。

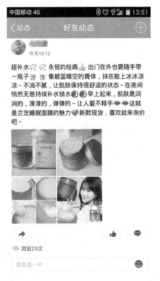

图 13-50

然而，随着使用者越来越多，QQ空间的内容也变得越来越杂乱。之所以会出现这种现象，主要是因为缺乏定位，所以在发展过程中失去了方向感。因此，无论是企业还是个人，如果想通过QQ空间这个超级社区来做好品牌、把产品卖出去，

在开始着手之前，就要想清楚怎么去定位。需要注意以下几个方面。

（1）明确空间潜在客户的类型

俗话说，知己知彼，百战百胜。做生意也是如此，我们要知道自己的目标客户群是什么样的一群人、具备什么特点等，只有掌握足够的目标客户相关信息，我们才能很好地给他们提供相应的产品及服务。

（2）明确空间内容的来源

如果空间是个人的，那么空间内容最好是由自己来写。如果空间是企业官方空间，那么，我们需要有一个明确的计划，制定相应的要求，让公司每个部门都参与到空间的写作中来。其中，最核心的关键人物——公司的最高决策者，是非常有必要在空间中把自己写的文章分享出来的，哪怕偶尔写一两篇文章。因为最高决策者通常是公司的灵魂与首脑，是公司文化、理念、精神的最高传授者，会对客户产生正面、积极的影响力。

（3）明确空间内容的更新频率

对于喜欢写作的人来说，尤其是企业空间，每周最好3—4篇文章更新。当然，有些人不喜欢或不善于写作，那么每周最少也要更新2次内容。假如你哪天心血来潮，一口气写了5篇文章，建议先保存起来，然后每周发2篇左右，而不需要一次性全部发完。大家应该明白，空间营销是一种需要长期坚持的事情，我们宁可减少更新次数，也要保证能够持续更新，这样才能让潜在客户和老客户看到我们的空间始终是有新鲜血液注入的。如果只靠当初刹那间的一腔热情，写一段时间后就不再更新，那么营销就会变得事倍功半。

（4）明确空间的发展目标

商场如战场，我们要打有目标的仗，否则成功的概率就会很小。如果不知道自己的目标是什么，人们很容易陷入蛮干的境地，由此导致的结果可想而知。那么，在借助QQ空间推广微店时，我们应该如何确定自己的发展目标呢，这里为我们新卖家提供以下发展方向：

- 创造并增加空间流量
- 打造独具特色的品牌
- 提高与客户的互动频率
- 提升产品成交率

最后,以产品的销量作为最终的目标及主要考核指标,因为只有将产品卖出去,才能创造利润,而其他的目标,都是为之服务的。

5.QQ空间的非常规设置技巧

主页、日志、相册、留言板、说说、个人档、音乐等都要设置完善,既然要做微商,那么一定要有"所有的交流互动工具都是我们的营销工具"这样的念头。如果我们想要在QQ空间中做好营销,那么相关的设置都需要做到精益求精,并充分利用。在产品的推广过程中,需要掌握以下几个设置技巧。

（1）使用空间的生日功能

这是一个非常巧妙的方法,可以有效增加空间的曝光率。我们可以随时修改资料中的生日,将日期改成最近几天,这样可以使自己出现在好友生日提醒中,从而促使一些人点击查看。

（2）借助空间名人的名气

此技巧需要卖家提前加一些空间达人的账号,经常关注这些人的活动,适时为对方点赞、回复、赠送礼物,这样能提高自己的曝光率,吸引对方的关注,借助对方的名气来增加自己空间的流量,从而起到产品推广的作用。

（3）巧设空间名称与头像

如果自己的产品有明星代言,我们可以将该明星的名字融入自己空间名称中,并且将空间头像改为明星头像,这样可以起到一定的明星效应。

（4）分享链接

QQ空间有分享的功能,我们可以通过这一功能,向好友分享视频、网站等有趣的内容。需要注意的是,要想增加好友的互动率,就要选择对方喜闻乐见的内容。这样可以培养好友的忠实度,为产品积累稳固的客户基础。

（5）转载文章

转载他人空间中有价值的文章,然后对该文字进行编辑,在文章末尾附上自己产品推广的链接。这样一来,当这篇文章被大量转载时,产品信息的曝光率也就相应增加,从而形成一种隐性的产品推广方式。

（6）保持空间的新鲜度

除了发布说说、分享或转载文章外,卖家也要注重原创,随时保持空间的新鲜度,经常与空间好友互动,这样可以有效提升空间活跃度,增加产品曝光率。

13.3.3 店主自主推荐

在进入编辑商品页面时,可以点击下面的"店长推荐"。"店长推荐"这个功能在上传新商品时,是不会出现的。当买家进入店铺,可以看到两大商品展示模块。一是"店长推荐",如图13-51所示。另一个是"热卖商品",如图13-52所示。

图 13-51　　　　图 13-52

所有上传的商品都会自动归结为"热卖商品"展示模块,而"店长推荐"展示模块的商品则需要卖家主动设置。

卖家还可以通过其他方式进行自主推荐,最常用的推荐店主店铺的方式是通过卖家分享的商品或店铺链接、扫描二维码、通过口袋购物APP

搜索店铺名称进店,卖家可以自主对其微店及微店商品进行推荐。

下面介绍店主自主推荐商品的操作步骤。

1. 通过卖家分享的商品或店铺链接推荐

这是店主自主推荐常用的方式,就是通过卖家分享到社交媒体上的商品或是商品链接来推荐,如图 13-53 所示为可以分享的社交媒体。同时,卖家还可以复制商品或店铺链接通过短信发送给好友,如图 13-54 所示。

2. 通过扫描店铺二维码推荐

通过扫描店铺的二维码进店购买。进入店铺设置选择店铺二维码,点击扫描"二维码",如图 13-57 所示。

图 13-57

点击右上角的 × 按钮,即可取消查看二维码;点击下方各个分享平台图标即可分享二维码;点击右下角即可保存二维码,如图 13-58 所示。

图 13-53　　　　图 13-54

除此之外,卖家也可以发送给微信、QQ 好友,点击"发送"按钮即可发送,如图 13-55、图 13-56 所示。

图 13-55　　　　图 13-56

图 13-58

13.3.4 加入分成推广

加入分成推广后，可以让推广者帮助微店主推广商品，获得更多订单。

下面介绍加入分成推广的操作方法。

第1步 手机登录微店后，进入【营销推广】界面，点击【分成推广】链接，如图13-59所示。

图 13-59

第2步 在打开的【分成推广】界面，点击【同意】按钮，如图13-60所示。

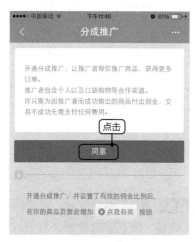

图 13-60

第3步 进入【设定佣金比例】界面，输入佣金比例，点击【确定】链接，如图13-61所示。

图 13-61

第4步 弹出提示窗口，确认无误后点击【是】按钮，如图13-62所示。

图 13-62

第5步 经过以上步骤操作，成功加入分成推广营销，如图13-63所示。

图 13-63

13.4 实时查看并管理订单

卖家登录微店,单击"订单管理"模块,里面包含有"待处理订单""未付款订单""已完成订单""已关闭订单"等,同时还有一个"搜索"功能。在本小节详细介绍这些功能。

13.4.1 待处理订单

待处理订单就是买家已经付款的订单,需要卖家处理并发货。买家已经付款的订单,微店会自动发短信到卖家手机上,提醒卖家尽快处理发货。

下面讲解待处理订单的操作步骤。

第1步 手机登录微店后,找到订单,点击【待发货】选项,如图13-64所示。

图 13-65　　　　图 13-66

第4步 如选择快递方式发货,❶ 勾选快递发货方式,❷ 扫描或输入【快递单号】,❸ 择【快递公司】,❹ 确认无误后点击右上角的【发货】按钮即可发货,如图13-67所示。

图 13-64

图 13-67

第2步 跳转到【订单详情】页面,点击选【发货】按钮,如图13-65所示。

第3步 发货方式有两种,一种是快递,另一种是无须物流,如图13-66所示。

第5步 确认订单的信息,完成后点击【提醒买家】链接,给买家发信息并提醒注意查收,如图13-68所示。

图 13-68

订单虽已完成，交易却才刚开始。店主需要在第一时间内发货，之后还要积极关注发货情况。万一顾客没有收到货物，向店主询问，店主若是一问三不知，顾客很容易产生不满情绪。

作为店主一定要做到对顾客的货物运输情况了如指掌，即使顾客不主动询问，也要及时将物流情况反馈给顾客，从而增加顾客对店铺的信任。你可以下载一款相关的快递追踪软件，随时随地对商品物流进行查询。

如果顾客询问的是其他问题，则须掌握顾客的基本情况才便于回答。这时候，你可以使用微店【订单管理】中的搜索功能，如图 13-70 所示，迅速掌握顾客的基本情况。

图 13-70

具体操作方法为：在搜索框里输入顾客的姓名、手机号或微信号，搜索到相应顾客的订单信息，单击任意一个订单，就会显示该订单目前的状态。无论顾客有什么疑问，你都可以及时为顾客进行解答。

问：什么是无需物流方式发货？

答：因为微商属于熟人的圈子，买家也有可能是你的朋友或是附近的人。因此，有些订货就不需要联系快递公司发货，卖家自己可以把货送到买家。这个时候就可以单击"无需物流"来处理待处理的订单。

问：什么是已关闭订单与未付款订单？

答：已关闭订单：一天内买家拍下不付款的订单，微店就会自动转到已关闭订单里面。所以，如果卖家没有及时处理未支付的订单，可以打开已关闭订单查看，对于那些没有填下完整收件人信息的、已经关闭的订单，可以不管，但是对于那些已经填写完整收件人信息的订单，卖家应该主动联系，询问买家未支付的具体情况。

未付款订单：未付款其实也需要卖家及时处理，尤其是已经填写完整的收件人信息的未付款的订单。买家填写了完整的收件人信息，就说明买家非常有意购买，只是还没有付款，可能是在某个付款环节出了问题。这时候，卖家应该主动联系该买家询问原因，帮助解答。

13.4.2 已完成订单

当店主成功处理完所有的"待处理订单"以及"未付款订单"后，这些订单就会自动更新为"已完成订单"，如图 13-69 所示。

图 13-69

订单管理在经营店铺中起着十分重要的作用，通过订单管理，店主可以及时了解订单的最新情况，根据不同的情况做出不同的处理。

另外，即使店主不在线上，微店平台也会将订单信息以短信形式及时发送到店主的手机上。也就是说，无论何时何地，店主都可以通过手机，轻松掌控店铺所有订单的信息。因此，想要让自己的微店生意红火，就必须好好掌握订单管理的各种方法与技巧。

13.4.3 一键导出订单

订单不多时，在手机上直接处理即可，但如果订单达到一定数量，或者需要他人代为发货时，微店【订单管理】中的【一键导出订单】就可以发挥作用了。下面，我们就来看看如何操作【一键导出订单】功能。

第1步 登录微店网页版。想要一键导出订单，微店主需要登录到微店网页版才能完成。首先，在网站上搜索"微店网页版 + 微店平台名"，并点击它，便可进入你的微店登录页面。

第2步 登录到自己的微店。在微店登录页面，微店主需要输入自己的手机号码，点击【下一步】按钮，输入密码之后，就可以进入自己的微店了。

第3步 一键导出订单。在微店"一键导出订单"的具体操作方法如下。

● 一键导出订单：进入微店之后，点击【订单管理】，进入【订单管理】页面。如果想要导出订单，就需要选择订单日期，并从已付款、未付款、已发货、已关闭4种订单中，勾选出自己即将导出的订单类型。然后，单击【导出】按钮，就会弹出下载页面。选择好下载信息保存在电脑中的位置后，就可以单击【下载】按钮开始下载。下载完成后，订单信息就会以 Excel 表格的格式保存到电脑上。

● 处理导出来的订单：对导出来的订单，如果是已完成订单，那么店主可以直接以 Excel 表格的形式，快速打印出快递单，以方便发货。其中，如果需要别人代为发货，也可将打印出来的快递单发送给对方，以方便对方发货。

这里除了已完成订单之外，店主还可以导出待处理订单、未付款订单以及已关闭订单，以方便进行相关的客户管理和分析。

实用经验分享：使用淘宝搬家助手快速同步微店产品

微店开了，重新上传宝贝又太麻烦，如果之前已经开了淘宝店铺，那么怎么快速将淘宝店铺中的宝贝快速搬家到微店呢？具体操作如下。

第1步 手机登录微店后，在打开界面点击【设置】图标，如图13-71所示。

第2步 打开【设置】界面，点击【淘宝搬家助手】链接，如图13-72所示。

第3步 打开【搬家助手】界面，其中分为【快速搬家】和【普通搬家】，这里以【快速搬家】为例进行介绍。点击【快速搬家】图标，如图13-73所示。

第4步 进入【淘宝账户登录】界面，输入【账户】【登录密码】，点击【登录】按钮，如图13-74所示。

第5步 在打开的【搬家助手】界面，点击【获取验证码】按钮，如图13-75所示。

图 13-71　　　　图 13-72　　　　图 13-73　　　　图 13-74

第6步 查看手机短信,在文本框中输入短信中的验证码,点击【提交】按钮,如图13-76所示,系统提示预计2小时内完成搬家。

图 13-75　　　　图 13-76

第3篇

微店经营

第14章 微店的售后、包装与物流

本章导读

微商的产品在交易时,通常情况下是通过物流公司送达到买家手中的,当然卖家也就需要通过物流来发货。物流过程是微店交易中最难控制的一个环节,也是卖家需要深入了解的。了解并掌握一些商品包装与物流发货技巧,不但可以节约一定的运费,而且发货也会更加方便安全。本章主要给读者介绍运货方式的择优选择、理性对待顾客退换货及防止货物丢失的技巧等内容。

知识要点

- 商品定价必须考虑的要素
- 运货方式的择优选择
- 微店的售后服务
- 商品包装的讲究
- 理性对待顾客退换货
- 大件商品的打包技巧
- 货物损坏与丢件的处理方法及预防"丢包"事件

14.1　合理节约快递成本

商品的物流价格是商品定价必须考虑的要素。

选择快递公司发货，是目前多数微店卖家主要采用的物流方式，但对于卖家而言，尤其是生意较好的卖家，每个月在运费上的开销也是非常多的，因而卖家有必要考虑如何有效降低快递运费，从而降低店铺开支。

1. 对比多家快递公司

不同快递公司的资费标准各不相同，一般来说，收费越高的快递公司，货物运输速度也就越快。很多卖家在选择快递公司发货时，往往习惯选择同一家快递公司，这样不但无法了解其他快递公司价格并进行参照与对比，而且由于所选快递不存在竞争，在运费上也不会让步太多。

选择多家快递公司还有一个好处，就是我们在发货时，可以同时联系多家快递业务员上门取件，故意让快递业务员知道存在竞争，有些情况下，快递业务员之间的价格竞争，最终受益的就是发货人。

2. 快递公司讲价技巧

目前，几乎所有快递公司都是可以灵活讲价的，不过要想成功降低快递费用，我们还需要了解与快递公司讲价的一些技巧。下面介绍常用的一些讲价方法，卖家可根据实际情况作为参考。

● 直接找快递业务员讲价，而不要找快递公司客服或前台人员讲价。

● 在讲价过程中，适当夸张自己的发货量，因为如果发货量较大的话，业务员为了稳定业务，一般会在价格上有一定让步的。

● 用其他快递公司价格对比，在讲价时可以和业务员谈及其他快递公司要低多少，即使是虚构，也要表现出很真实的样子，一般还是可以将价格讲下来一些的。

3. 关注快递优惠活动

一些快递公司，在不同时期的价格可能会有所调整，如年前、年后等，有时候为了推广，快递公司还会与当地的一些论坛或者网站合作来推广各种优惠，如某快递公司曾推出过500元包250件的服务，这样算来下只要3元一件，非常划算。

广大卖家在上网的同时，可以利用空闲时间多看看快递公司网站，或者当地知名度较高的交易网站或论坛，一旦有优惠活动，就能第一时间掌握，如图14-1所示。

图　14-1

14.2 选择好的快递公司

选择好的快递公司才能保证店铺的日常经营活动更加顺畅，因为遇到不负责任的小公司，那么商品在运输途中或是在买家发起物流投诉时会显得被动。选择好的快递公司的原则大致包括以下几点。

1. 看评价

在选择快递公司时，卖家可以先在网上看看网友对这些公司的评价，这对选择还是有帮助的。网上有各种各样针对快递服务的调查和问答，比如可以在百度知识里面查看有没有比较可信、安全、离自己比较近的快递公司，然后进行筛选，如图14-2所示。

图 14-2

2. 看规模

在查看快递公司信誉的时候，卖家应该选择至少两家以上的快递物流公司来进行比较，看其在全国的网点规模覆盖率如何，因为这将直接影响到卖家的营业区域。图14-3所示为顺丰速运网站首页。

图 14-3

3. 看特点

卖家还需要依照快递公司的特性来选择，比如申通快递走江浙沪效率很高，如果卖家的商品都是发往那个范围就可以考虑，如图14-4所示。

图 14-4

14.3 微店的售后服务

一个完整的销售过程，应包括售前、售中、售后3部分，售后服务是整个商品销售过程的重点之一。好的售后服务会带给买家非常好的购物体验，增加顾客的信任感，使这些买家成为你的忠实用户。

卖家应该建立一种"永远真诚为顾客服务"的观念，重视和把握与买家交流的每一次机会，因为每一次交流都是一次难得的建立感情、增进了解、增强信任的机会。

14.3.1 建立微信客户档案

每次成交之后，一定要做好记录，把买家的联系方式、发货地址、收款发货的日期、发货的运单号、自己当时的承诺等，都一一记录在案，这样既方便解答买家的询问，也便于老买家下次购物时直接按照地址发货。卖家还可以把买家的职业、年龄、性别等都记录下来，据此综合分析买家情况，总结出有针对性的各种营销策略。

客户是店家的重要资产，信息就是力量。如何加强组织以提高利润？资料库营销是运用储存的有关网店与买家关系的所有信息来辅助个性化沟通，以创造销售业绩的一种营销方式，资料库让店家"看得见"买家与潜在买家，为营销成功增添了胜数。

客户档案的建立和管理也有规律可循，首先应该按买家的个性、喜好及消费能力分级分类。如果想让客户资料发挥更大的功能，最好加以分类：哪些是你的"忠诚买家"，哪些是顺便上门消费的，哪些人是心血来潮偶尔来一次的。然后根据每类买家的具体情况确定优惠政策和章程，包括如何成为会员，会员如何升级，有什么样的奖惩制度，对老买家有哪些优惠服务，以及定期组织促销活动等。

14.3.2 重视对老买家的维护

卖家一定不要认为老买家已经是熟客，已经认同自己的网店并且有了成交的历史，就不再有流失的危险，所以把精力都用在开拓新买家上面。开拓新买家固然很重要，但是如果因此而丢掉了老买家，那就得不偿失了。据调查，网店 80% 的业绩都是由老买家创造的。因此失去老买家，也就失去了利润的最主要来源，并且留住现有买家，比盲目去开发新买家更能节省大量成本。所以，一定要重视对老买家的维护，一旦老买家选择离开，再想让他回心转意，就要花费相当大的力气。

培养一个新客户难，但是做好老客户的关怀工作很容易，老客户感觉卖家人好，而且东西也不错，他肯定愿意到你店铺来。所以店铺服务一定要给买家留下深刻的印象，那么下次再买东西时还是会想起你的店铺。所以可以通过以下方式进行对老买家的维护。

● 定时发送一些关怀信息给自己的客户，提醒他们一些生活上的注意事项或者节假日进行问候，如图 14-5 所示。

图 14-5

● 定时推荐合适的宝贝给买家，如图 14-6 所示。

图 14-6

● 及时回复消息，做到有问必答

14.4 微店商品的包装讲究

买家购买宝贝后,你是把宝贝随便找个快递直接发货,还是用心地包装,为买家选择合适的快递呢?虽然这是网店经营的小细节,但却是收获买家信任的重要的一步。

14.4.1 认识包装的重要性

看卖家经营店铺用不用心,就看看商品发出来的包装是否精致。包装这个环节千万不要小看,它关乎到商品是否能够完好无损地送到买家手中。如果包装马虎而导致商品在运输途中损坏,那可就得不偿失了。

当然这里所说的包装当然不是指商品本身自带的外包装,而是指为了商品的运输安全,对它进行的二次包装,如图 14-7 所示。

图 14-7

合理的包装除了能保证商品的安全以外,还能因为运输重量的不同使邮寄费用产生变化,而邮费也是销售成本的一个组成部分。做生意不易,钱都是省出来的,如果包装得合理,也能节省不少开支。

14.4.2 常使用的包装材料

首先要了解常用的包装材料,常见的包装材料主要有卡通箱、编织袋、泡泡纸、牛皮纸以及内部的填充物等。

1. 卡通箱

卡通箱是使用比较普遍的包装方式,其优点是:
- 安全性强,可以有效地保护物品。
- 环保,可回收。
- 重量轻,运输成本低。
- 一些特殊箱还可实现防静电、防潮、保险等需求。
- 印刷精美,实现运输包装和商品包装的结合。
- 成本低(相对主要包装种类:塑料,木头)。
- 效率高(生产速度高于别的包装,制作周期短于同类包装)。

缺点:国内防水箱还制作较少且怕利物刺穿,在卡通箱内也可以适当添加填充物,对运输过程中的外部冲击产生缓冲作用。

如图 14-8 所示为各个大小的卡通箱。

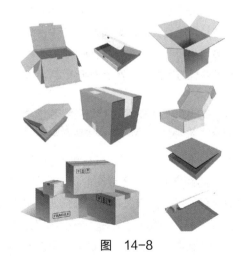

图 14-8

2. 编织袋

编织袋适用于各种不怕挤压与冲击的商品,优点是成本低、重量轻,可以节省一点运费,缺点是对物品的保护性比较差,只能用来包装质地柔软耐压耐摔的商品。如图 14-9、图 14-10 所示。

图 14-9

图 14-13　　　　图 14-14

5. 其他包装材料

对于一些商品，在包装时需要考虑到防水与防潮因素，如服饰、数码产品、未密封的食品等，这类商品在包装后，可以采用胶带对包装口进行密封，如图 14-15 所示。

图 14-10

3. 泡泡纸（袋）

泡泡纸（袋）不但价格较低、重量较轻，还可以比较好地防止挤压，对物品的保护性相对比较强，适用于包装一些本身具有硬盒包装的商品或者易碎商品，如数码产品、红酒、化妆品等。另外泡泡纸也可以配合纸箱进行双重包装，加大商品的运输安全系数，如图 14-11、图 14-12 所示。

图 14-15

14.4.3　特殊商品的包装方法

产品离不开包装，根据包装物和用途的不同，我们选择的包装材料与技巧也不尽相同。那么不同的商品有哪些包装方式呢？

1. 皮包、衣服、鞋子类产品

这类产品在包装时可以用不同种类的纸张（牛皮纸、白纸等）单独包好，以防止脏污。如果要用报纸的话，里面还应加一层塑料袋。

当遇到形状不规则的商品，比如皮包等，如图 14-16 所示，可预先用胶带封好口，再用纸包住手提袋并贴胶带固定，以减少磨损。

图 14-11　　　　图 14-12

4. 牛皮纸

牛皮纸多用于包装书籍等本身不容易被挤压或摔坏的商品，可以有效防止商品在运输过程中的磨损。

对于使用纸箱包装的商品，一般内部会添加填充物以缓解运输过程中的挤压或冲击，填充物可以因地制宜来选择，常用的填充物主要有泡沫、废报纸等，如图 14-13、图 14-14 所示。

当商品是衣服时，就要先用塑料袋装好，再装入防水防染色的包裹袋中，用布袋邮寄服装时，宜用白色棉布或其他干净整洁的布，如图 14-17 所示。

图 14-16　　　　　图 14-17

2. 首饰类产品

首饰产品一般都需要附送首饰袋或首饰盒，通过以下方法可以让你的服务显得更贴心。

- 一定要用卡通箱包装

对于首饰来说，3层的12号纸箱就够用了。为了节约成本，建议可以在网上购买，一个12号的3层纸箱，在邮局可能要卖到2元钱，而在网上0.20元甚至更便宜都可以买到，如图14-18所示。

图 14-18

- 一定要用填充物填充
- 以便让首饰盒或首饰袋在纸盒里不晃动。比如使用泡沫、报纸等作为填充物，如图14-19所示。

图 14-19

- 纸箱四个角一定要用胶带包好

因为邮寄的时候有很多不确定因素，比如在运送过程中刚好有一瓶液体商品和你的货品一起运送，一旦这个液体货品的包装不严密，出现泄露，你的货品很可能受到影响或被浸泡。所以，纸箱的四角一定要用宽胶带包好，这样也可以更好地防止撞击，如图14-20所示。

图 14-20

- 附送一张产品说明卡

运送时附带一张首饰保养及使用说明书，这样显得比较专业，也会给买家留下好的印象，如图14-21所示。

图 14-21

3. 易变形、易碎的产品

这一类产品包括瓷器、玻璃品、字画、工艺品等。针对这类产品，包装时要多用些报纸、泡沫塑料或者泡棉、泡沫网，这些东西重量轻，而且可以缓和撞击。

另外，一般易碎怕压的东西四周都应用填充物充分地填充，这些填充物也比较容易收集，比如包水果的泡沫网，还有一些买电器带回来的泡沫等。那些塑料的东西膨胀效果好，自身又轻，如图14-22、图14-23所示。

图 14-22

图 14-23

液体漏出来也会被棉花吸收，并有塑料袋做最后的保护，不会流到纸盒外面污染到别人的包裹。图 14-24。

图 14-24

问：哪些属于较好的填充物？

答：一般易碎怕压的东西四周都应用填充物充分地填充，这些填充物也比较容易收集，比如包水果的泡沫网、平时购物带回来的方便袋、一些买电器带回来的泡沫等。这些都是较好的填充物，注意尽量多用聚乙烯的材料而少用纸壳、纸团，因为纸要重一些，而那些塑料的东西膨胀效果好，自身又轻。

比如香水，可以到五金行或是专门的塑料用品商店，买一些透明的气泡纸，在香水盒上多裹几圈，然后用透明胶带纸紧紧封住，这样可以确保更安全，图 14-25 所示为专业物流的包装过程。

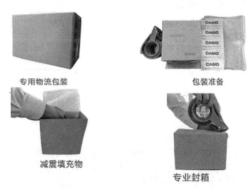

图 14-25

4. 电子类产品包装

贵重的精密电子产品包括电话、手机、电脑屏幕、相机等，这类商品在运输包装时主要目的是保护产品以承受流通过程中各种机械因素和气候因素影响，确保产品数量和质量完整无损地送到消费者手中。

在对这类怕震动的产品进行包装时，可以用泡棉、防静电袋等包装材料把物品包装好，并用瓦楞纸在商品边角或者容易磨损的地方加强包装保护，还要用填充物，如报纸、海绵、防震气泡布这类有弹力的材料将纸箱空隙填满。这些填充物可以阻隔及支撑商品，吸收撞击力，避免物品在纸箱中摇晃受损。

5. 液体类产品

液体类产品有专门的邮寄办法：先用棉花裹好，再用胶带缠好如图 14-24 所示。在包裹时一定要封好割口处，可以用透明胶带使劲绕上几圈，然后再用棉花，最后再包一层塑料袋，这样即使

6. 食品类产品

● 非真空类食品

食品的包装最重要的是做到干净和抗挤压。某些食物的保质期很短，如巧克力、干果、牛肉干之类的非真空包装食品，发送这类货物要注意两点。

一是包装要干净。不管是装食物的袋子，还是邮递用的纸箱，都要够干净。如果放在一个脏兮兮的纸箱里，不仅影响食欲，买家收到货后肯定会质疑食物的卫生安全问题。有了这层阴影，下次肯定不会再光顾你的店铺了。

二是份量一定要足。千万不能缺斤少两，最好在货物中附一个明细清单，里面应注明食品品名和定购量。清单一式两份,客户一份自己留一份,如图 14-26 所示。

图　14-26

● 真空类食品

真空类食品一定要使用真空袋包装，否则食品还没有到达买家手中，就已经不能食用了，如图 14-27 所示。

图　14-27

14.4.4　微店商品的包装技巧

对宝贝进行二次包装时，卖家也可以通过一些宝贝包装技巧使客户产生好感，留住顾客或者为店铺节约成本。

1. 通过包装增强买家好感

商品最终到达买家手中后，包装会在很大程度上影响买家对商品的好感，所以卖家在对商品包装时，还需要为买家做考虑，毕竟赢得一分好感，很多时候就相当于赢得了一个回头客。通过商品包装增强买家好感的主要建议有以下几个方面：

● 无特殊需要，不要自作主张，把商品的价格标签放入包装盒内。有时候会出现不必要的尴尬，比如买家购买商品是用来送礼的，买家将商品直接发货给他的朋友，而他们一般是不愿意让朋友知道这件礼物的价格是多少及在什么地方买的。

● 不管用什么包装寄东西，盒子都应该干干净净，如果包装破破烂烂会让人疑惑商品是不是已经压坏了，甚至怀疑产品的质量问题。所以包裹一定要干净整洁，在不超重的前提下尽量用硬壳包装。太过破烂的包装不但会让买家收货时对货物是否损坏产生怀疑，而且对商品的质量、买家的服务都会产生疑虑。

● 对于使用比较复杂的商品，如果在给买家的包裹中有针对性地写一些提醒资料，比如不同质地的衣服洗涤与收纳、个别数码类商品的使用注意等，这会让买家觉得卖家服务很周到，进而发展成为老顾客，甚至会给买家带来新的顾客。

● 如具备条件的话，可以在商品包装中放入小卡片、小饰品等送给买家，会让买家有一种超值的感觉。小礼品实用就好，千万不要把自己用过的东西当礼品，这样显得不尊重买家，不但收不到好的效果，还可能适得其反，如图 14-28 所示。

图　14-28

总而言之，我们在包装商品时，从自身心理出发就应该将商品作为一件礼物来包装，在我们已经保障好商品质量的同时，赢得买家的好感也是非常重要的。

2. 节约包装材料技巧

微店物流费用也是一笔不小的开支，因此每个环节的开支都需要节省。下面来看看几个包装材料可以不花钱的技巧心得。

（1）生活中留心积累

平常生活中也会遇到各种各样的包装材料，比如瓶装水纸箱、过期广告纸袋、公司收到的快递包裹箱等，这些质地不错的包装材料都可以用在自己网店物流包装中，如图14-29所示。

（2）变废为宝巧包装

比如废弃的矿泉水纸箱，经过简单改造后，用来包装寄送一些小件商品也是非常不错的。拿到纸箱后再按照图14-30所示的步骤操作即可。

图 14-29

图 14-30

14.5 发货方式多选择

目前网上购物使用的运输方式主要有快递公司、平邮以及EMS 3种，如果距离较近也可以选择同城交易。不同地区不同物流的收费也不同，对于卖家来说，由于经常需要通过物流发货，因此需要对不同的物流方式、资费标准以及服务进行相应的了解，从而选择出最适合自己的发货方式。

14.5.1 使用平邮发货更省钱

平邮是邮政中一项寄送信与包裹业务的总称。包括普通的寄信（也就是平信）和普通的包裹，寄送时间都比较慢。平邮是所有邮政递送业务中速度最慢的业务，一般发货后7—15日才能收到货物。唯一优点就是运费较为低廉，目前由于快递公司收费较为低廉，平邮已经很少被卖家采用，而且对于卖家来说，发普通包裹需要自己到邮局办理，相对来说较费时间，如图14-31所示为中国邮政国内普通包裹详情单。

图 14-31

14.5.2 使用快递发货更迅速

选择快递公司来配送货品是现在网店卖家最主要的物流方式。相比其他物流方式来说，快递公司的配送比较灵活，而且在价格上也有一定的优势。其整个配送流程如图14-32所示。

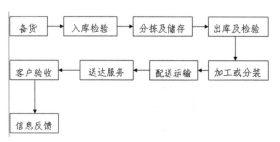

图 14-32

1. 一般快递公司

快递公司是超过95%的卖家的选择，特点就是快速、高效，价格也不贵，目前国内主要的几家快递公司为顺丰速运、申通快递、圆通速递、中通快递、韵达快递等。图14-33所示为圆通速递官网。

图 14-33

2. 顺丰速运公司

顺丰速运是目前所有快递里面速度最快的一个，而且丢失快递的概率也最低，但也是价格最高的一个快递。

目前顺丰速运发货速度较快，全国范围内一般2天左右收货，但收费略高；其他快递速度略慢，全国范围内一般2~4天收货，但收费略低。

如果你是追求更快速，且商品利润较高，推荐选择顺丰。如果你的产品利润不是很高，买家也没有特别要求必须用顺丰速运发货，那可以选择其他快递公司。图14-34所示为顺丰速运官网。

图 14-34

3. 邮政EMS快递

EMS是中国邮政的特快专递业务，其速度与快递公司相差不远，但是服务和效率有些地方不如快递公司。它主要是采取空运方式加快递送速度，根据地区远近，一般1~7天到达。

由于邮政属于国营企业，因此该业务在海关、航空等部门均享有优先处理权，相比其他快递更加高速，能够为用户特快传递国际、国内紧急信函、文件资料、金融票据、商品货样等各类文件资料和物品。邮政EMS快递除了安全性高以外，最大的特色就是能够覆盖全国所有地点，包括比较偏远的山区，这是其他所有快递公司所不具备的。因此EMS相较其他快递的服务收费都要高一些，图14-35所示为邮政EMS网站。

图 14-35

14.5.3 同城交易

作为微商，同城交易在所有交易中往往占据了一定的比例，因为一些买家可能是自己的朋友或附近的人，同城送货运费便宜；而且如果条件允许的话，还可以让买家上门购买或者卖家送货上门。

在绝大多数城市中，同城快递的费用一般在 5 元左右，而且次日即可收到货，这无疑缩短了买家的收货等待时间，而且由于在同一地区，相互交流起来也会较方便，对于产品的售后服务，如果买家在使用过程中遇到了问题，也便于维修与处理。

由于同城交易有着无可比拟的优越性，对于我们微商来说，非常有必要抓住并巩固这一顾客群体。

14.6 理性对待顾客退换货

如果买家购买商品后，出于某种原因觉得商品不合适，那么卖家就需要根据自身商品的售后保障类型提供相应的退货或换货服务。买家退货一般是由于商品质量或其他原因导致商品在指定时间范围内出现破损或其他故障，或者买家觉得商品不合适，这时需要根据商品的故障或退换货原因来与买家进行协调。至于是退货还是更换，则需要根据实际情况来决定。

卖家在制作店铺公告或者商品页面中的备注内容时，一般都会提供退换货承诺说明。如果买家的退货原因确实符合卖家所承诺的退换货条件，那么本着诚信经营的原则，卖家有义务与买家协商并退货或更换商品。但如果买家出于自身原因退换，如人为损坏商品、未保持商品的完整性等，对于这类情况，则一般可以拒绝，也可根据实际情况与买家采用其他方式协商处理。

买家退换货的情况有两种：一种是未确认收货前的退换货，这时由于卖家并没有收到来自买家的付款，因此对于买家的退换货要求需积极与买家协商处理。如果遇到无理取闹的买家，就需要向淘宝网投诉并等待网站工作人员协商解决。另一种是买家已经确认收货并评价，但商品在使用过程中（指定时间范围内）出现质量问题。对于这类情况，卖家也需要具体分析并以良好的态度与买家协商解决。如果是商品自身原因，那么应当积极为买家退换；如果是买家原因，那么可以向买家详细说明与协商，切不可因为已经收到货款而强硬拒绝买家的任何退换货请求。

另外，物流公司在运输过程中导致商品的损坏或者污损也是买家退换货的常见原因之一。如果责任属于物流公司，那么当买家提出退换货要求后，卖家应当积极联系物流公司并协商处理以及索赔，其间最好能够给买家一个较好的答复与解决方法，不能因为物流公司的原因，而最终将损失转嫁到买家身上。

退换货的过程是卖家与买家协商交流的过程，是否能够得到好的解决在很大程度上也取决于双方交流的态度。对于退换货的买家，卖家应该以诚恳的态度面对，对于能够换货解决的交易，应说服买家更换商品，尽量避免退款。更换商品，卖家依旧可以赚取利润。如果退款，就没有任何利润了。

在退换货的过程中还有个很重要的问题，那就是退换货过程中产生的运费应该由谁来承担。这里提供以下建议供广大卖家参考：

（1）卖家原因

这类情况包括卖家在发货时发错商品，如尺码、型号、规格错误等，这时一般需要卖家来承担退换货过程中产生的所有运费。

（2）物流原因

在物流运输过程中出现商品污损或丢失等情况，退换货时运费也应该由卖家先承担，再由卖

家和物流公司协商索赔。

（3）买家原因

这类情况包括买家选购商品失误导致的错误，如购买服饰时尺码选择错误等，以及买家收到货后对商品进行了使用或影响了商品的完整性，那么这时一般需要买家来承担退换货过程中的运费。

总之，不论出于何种原因的退换货，卖家必须以理性的心态来对待，当买家提出退换货请求后，需要认真分析退换货的原因并给出良好的解决方案。在不断销售商品的过程中，偶尔遇到退换货的买家是很正常的。我们要认真分析原因，尽可能避免以后出现类似的退换货的情况。

14.7 大件商品的打包技巧

大件商品因为本身体积或重量的问题，一般都需要用特殊制作的纸箱子来包装，好比很多商品在采购后供应商都会给提供包装箱，比如说电视机等家用电器。

但不论是专门的包装还是自己制作的包装，因为大件商品有可能走的是公路或铁路的物流运输路线，大箱子很有可能被压在众多箱子的最下面，或成为搬运工的垫脚石。所以对包装的要求还是很高的，够厚够结实、密封良好是最重要的。

下面介绍大件商品的正确打包步骤与技巧。

①用气泡膜或薄海绵包住整个商品。如果商品为分体式，那么一定要用胶带将各部分粘上固定，避免物品在箱子里晃动。

②准备好纸箱，将底部用硬的塑料泡沫垫上。

③小心地将商品放入纸箱，并用较厚的海绵垫或塑料泡沫插入商品四周有空隙的地方，以做缓冲。

④四周以及边角用塑料泡沫垫卡死，避免物品在纸箱内晃动，发生碰撞。顶部也用海绵垫或塑料泡沫垫盖上。

⑤封上纸箱。条件比较好的可以用打包带打好外包装，便于安全搬运。

需要注意的是，有些特别贵重的商品必须用木箱包装。在委托物流公司或货运公司送货的时候，如果是保价额度高的商品，他们首先会开箱检查货物是否完好，然后会要求使用木箱包装。木箱也可以请货运公司来订做，不过这可是需要另外支付费用的。

14.8 货物损坏与丢件的处理方法及预防"丢包"事件

店铺的生意日益兴隆，快递就会越来越多，所以在运输的过程中，或多或少会因为一些原因造成货物损坏和丢件。下面就具体了解运输过程中货物损坏与丢件的处理方法。

1. 货物损坏

通常来说，如果快递公司在运输过程中损坏商品，那么买家是无论如何也不可以签收的。因为一旦买家签收，就意味着快递公司已经完成本次运输，不再负担任何责任。因此对于易碎类商品，

卖家在销售前有必要告知买家损坏拒绝签收。如果一旦在运输过程中商品发生损坏，那么就可以与快递公司协商赔偿问题。

视不同情况，与快递协商赔偿是件非常费时费力的事情，如果发货方没有对商品进行保价的

话，那么最终争取到的赔付金额也不会太多，通常对于没有保价的商品，赔付是根据运费的倍数来赔偿的，而这个赔偿数额可能远远低于商品价值。由于快递公司丢失或损坏货物的概率非常低，因而多数卖家在发货时，一般都没必要对商品保价，而一旦出现货物损坏情况，也只能尽力与快递公司周旋，争取到尽可能多的赔付金额。

另外，一些快递或物流公司对运输过程中的商品损坏是不予赔偿的，如玻璃制品等，这时卖家在发货时就需要对一些易碎商品加固包装，在最大程度上防止运输过程中出现商品损坏。而对于一些价值较高的贵重易碎物品，通常建议对商品进行保价。

2. 货物丢失

快递出问题，可能最麻烦的就是丢件，当已经知道丢件的情况下，可以按照以下方法处理。

①拿出你的诚意，压下你自己的烦恼，向客户解释。

虽然遇到这种情况，卖家比客户更难处理，但是卖家应该第一时间打电话给客户，向客户解释，说明会给他一个满意的答复。对他造成的不便，让他见谅。话中尽可能让客户知道其实你比他更着急，你会得到什么损失等。这样做，解决快递问题后，最起码也能给客户留下负责任的印象。

②给快递公司压力，让他们帮你更好地解决。

丢了的东西已经是要不回来了，要想办法怎么解决问题。给客户联系后，就需要给快递公司联系，询问快件出现什么问题、如果出现什么问题那应该怎么处理等，要求快递公司妥善处理。

一般如果货物丢失，快递公司派送方会被罚款，因此只要给发件方施压，自然两边公司就要协调解决，这就可以在很大程度上得到一定的补偿。

3. 如何预防"丢包"事件

在运输商品的途中，难免会出现"丢包"事件。

货物丢失的情况一般分为两种，一种是整件丢失，另一种是包装还在，而内件却不见了。

有一位微店卖家就曾经遇到过这种情况：通过快递公司发出的包裹，在机场货运处和同装一大袋的另外若干件包裹，被其他快递公司整包误提。顾客6天后还没收到货，于是卖家联系快递公司得知掉件后，火速通知厂里赶工一只同款商品。这位卖家先行赔付给顾客，同时与快递公司交涉解决事宜。幸好，半个月后这些"被拐"的商品们找到了，并继续发往目的地。顾客于是收到了两件商品。这下证明了卖家的"清白"，也得到了顾客的强烈好评。后来，顾客把多出来的商品主动寄还给了卖家。所以，在与快递公司合作前，应该设想好各种可能发生的突发情况，然后和承运方事先约定，出现货物丢失的情况该如何赔偿，如果接下来的合作中出现其中某种情况，就有一个索赔的依据了。

而内件丢失可以被认为是调包。发生这种情况的原因，主要是由于物流从业人员素质的良莠不齐，导致出现个别快递公司业务员私自拆开顾客包裹，盗换或窃取物品。快递公司的免责条款和象征性赔偿在这种情况下对卖家很不公平，索赔多半也是没多大效果的。

所以，卖家在发货时要慎重选好可靠的承运方，而且要严格地将保护工作做到位。要想事故少，安全要搞好，消除隐患才能最大程度地减少损失。

实用经验分享：专人直送的闪送快递

"闪送"服务属北京同城必应科技有限公司旗下的一个项目，致力于为用户提供全程可监控的专人直送服务。图14-36所示为"闪送"快递网站首页。

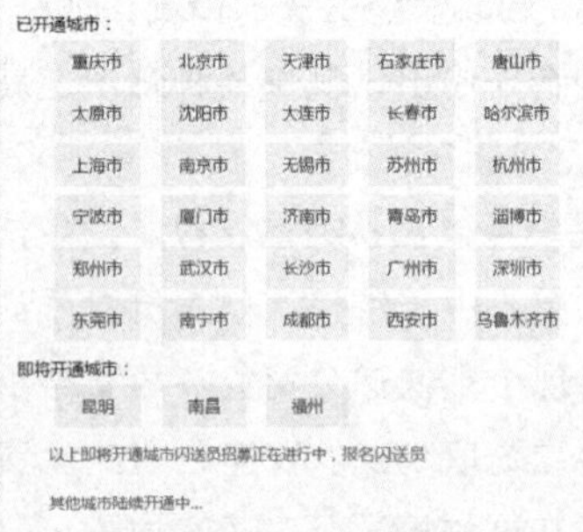

图 14-36

闪送，是当今一种新型的快递模式，成立于2014年3月，为用户提供专人直送、限时送达的同城递送服务。客户无论在城市的什么位置，需要递送何种物品，都可以发起闪送服务请求。只要客户在微信、APP或闪送官网成功下单，系统就会把订单推送到客户周围的闪送员手机上，闪送员就近进行抢单。从取件到送达，全程只由唯一的闪送员专门完成，平均送达时间在60分钟以内，将货物安全快速地送到收件人手中。

（1）闪送收费标准

闪送员上门收件或送件时，按公司的收费标准跟客人直接结算。图14-37所示为微信下单优惠宣传广告。

图 14-37

- 微信首单只需9元
- 5千克以内，5千克以下，¥19
- 超过5千克，每增加5千克，增加10元
- 超过5千克，每增加1千克，增加5元
- 5千米内60分钟送达，每加5千米送达时间增加30分钟

（2）闪送存在的地域限制

在目前，闪送所覆盖的城市有北京、上海、广州、成都、深圳等。所以有很多地方暂时没有办法享受此快递服务，如图14-38所示。

闪送快递免去了传统快递服务的中转、分拣，避免了配送过程中存在的诸多安全性问题。当用户有加急件或者需要专人直送的服务需求时，可通过Web在线下单或者手机APP客户端随时随地下单，发出加急送件需求。

图 14-38

由系统根据客户需求基于位置信息就近分配闪送员上门为其服务，用户可以通过手机客户端全程监控闪送员的位置，闪送员承诺在规定时间内完成包裹的送达。

订单发出后30分钟左右闪送员即可上门，10千米以内一般在60分钟左右送达，安全快捷，满足了当前众多用户专人、快速的需求。

附录　电子商务常见专业名词解释（内容见光盘）